Der Vergleichsvertrag
in Südkorea und in Deutschland

Europäische Hochschulschriften Recht

European University Studies in Law

Publications Universitaires Européennes de Droit

Band/ Volume **6309**

Sang Eun Lee

Der Vergleichsvertrag in Südkorea und in Deutschland

PETER LANG

Bibliografische Information der Deutschen Nationalbibliothek
Die Deutsche Nationalbibliothek verzeichnet diese Publikation in der Deutschen Nationalbibliografie; detaillierte bibliografische Daten sind im Internet über http://dnb.d-nb.de abrufbar.

Zugl.: Köln, Univ., Diss., 2022

D38
ISSN 0531-7312
ISBN 978-3-631-87975-7 (Print)
E-ISBN 978-3-631-88336-5 (E-PDF)
E-ISBN 978-3-631-88337-2 (EPUB)
DOI 10.3726/b19975

Peter Lang – Berlin · Bruxelles · Lausanne · New York · Oxford

Diese Publikation wurde begutachtet.

www.peterlang.com

Meiner Familie

Vorwort

Die vorliegende Arbeit wurde im Wintersemester 2021/2022 von der Rechtswissenschaftlichen Fakultät der Universität zu Köln als Dissertation angenommen. Für die Veröffentlichung ist das bis April 2022 erschienene deutsche Schrifttum eingearbeitet, während die koreanischsprachige Literatur aufgrund der weltweiten Corona-Pandemie bis Februar 2019 berücksichtigt werden konnte.

Herzlich danken möchte ich meinem Doktorvater, Herrn Prof. Dr. Hanns Prütting, für die Betreuung meiner Promotion sowie für seine Geduld bis zur Fertigstellung dieser Arbeit. Ferner danke ich Herrn Prof. Dr. Christoph Thole für die außerordentlich schnelle Erstellung des Zweitgutachtens.

Besonders herzlicher Dank gebührt meiner Familie, insbesondere meiner Mutter, die mir das Studium in Deutschland überhaupt ermöglicht hat. Ebenfalls danke ich von ganzem Herzen dem Vater meines Lebensgefährten, zugleich meinem guten Freund, Dr. Helmut Steinberger, der mir immer wieder Kraft und Motivation zur Fertigstellung dieser Arbeit gegeben und den fertigen Entwurf mehrfach Korrektur gelesen hat.

Leverkusen, im Mai 2022
Sang Eun Lee

Inhaltsverzeichnis

Abkürzungsverzeichnis

a.A.	andere Ansicht
AAMP	Abhandlungen für Advanced Management Program
Abs.	Absatz
AcP	Archiv für die civilistische Praxis
a.F.	alte Fassung
AGG	Allgemeines Gleichbehandlungsgesetz
ALS	Asia Law Studies
Alt.	Alternative
Anh.	Anhang
ArbuR	Arbeit und Recht
Art.	Artikel
Aufl.	Auflage
Bd.	Band
Begr.	Begründer
begr.	begründet
BAG	Bundesarbeitsgericht
BB	Der Betriebs-Berater
BGB	Bürgerliches Gesetzbuch
BGH	Bundesgerichtshof
BGHZ	Entscheidungen des Bundesgerichtshofs in Zivilsachen
bzw.	beziehungsweise
DB	Der Betrieb
DBvS	Der Bereich von Staatsprüfungen
ders.	Derselbe
d.h.	das heißt
DRiZ	Deutsche Richterzeitung
EGBGB	Einführungsgesetz zum Bürgerlichen Gesetzbuche
Einf.	Einführung
Einl.	Einleitung
EKG	Erforschung der koreanischen Geschichte
ErbbauRG	Erbbaurechtsgesetz
f., ff.	folgende
FamFG	Gesetz über das Verfahren in Familiensachen und in den Angelegenheiten der freiwilligen Gerichtsbarkeit
Fn.	Fußnote

Fortf.	Fortführer
fortgef.	fortgeführt
FS	Festschrift
gem.	gemäß
ggf.	gegebenenfalls
GrünhutsZ	Zeitschrift für das Privat- und Öffentliche Recht der Gegenwart
GVG	Gerichtsverfassungsgesetz
HGB	Handelsgesetzbuch
h.M.	herrschende Meinung
Hrsg.	Herausgeber
hrsg.	herausgegeben
i.S.d.	im Sinne des
i.S.v.	im Sinne von
i.V.m.	in Verbindung mit
JA	Juristische Arbeitsblätter
JR	Juristische Rundschau
JuS	Juristische Schulung
JW	Juristische Wochenschrift
JZ	Juristen Zeitung
KDR	Koreanisch-deutsche Rechtswissenschaft
KRW	Südkoreanischer Won
LG	Landgericht
LHR	Legal History Research
LJ	Law Journal
LPartG	Lebenspartnerschaftsgesetz
LSJ	Law School Journal
MDR	Monatszeitschrift des Deutschen Rechts/Monatsschrift für Deutsches Recht
m.E.	meines Erachtens
m.w.N.	mit weiteren Nachweisen
n. Chr.	nach Christus
n.F.	neue Fassung
NJW	Neue Juristische Wochenschrift
Nr.	Nummer
OCR	Oriental Culture Research
OGH	Oberster Gerichtshof
OLG	Oberlandesgericht
ProdHaftG	Produkthaftungsgesetz

RabelsZ	Rabels Zeitschrift für ausländisches und internationales Privatrecht
RG	Reichsgericht
Rn.	Randnummer
RUG	Recht und Gesellschaft
S.	Seite
SNU Law	Seoul National University Law
sog.	sogenannte/n/r/s
StGB	Strafgesetzbuch
StPO	Strafprozessordnung
SZ	Studien zum Zivilrecht
u.a.	unter anderem
Überbl.	Überblick
UKlaG	Unterlassungsklagengesetz
Urt.	Urteil
usw.	und so weiter
u.U.	unter Umständen
übers.	übersetzt
v.	vom
v.a.	vor allem
VBVG	Vormünder- und Betreuervergütungsgesetz
v. Chr.	vor Christus
verf.	verfasst
VersAusglG	Versorgungsausgleichsgesetz
Vorbem.	Vorbemerkung
WEG	Wohnungseigentumsgesetz
WM	Wertpapier-Mitteilungen
YLR	The Yonsei Law Review
z.B.	zum Beispiel
ZGB	Zivilgesetzbuch
ZHR	Zeitschrift für das gesamte Handelsrecht
zit.	zitiert
ZPO	Zivilprozessordnung
ZVG	Gesetz über das Vollstreckungsverfahren in Zivilsachen
ZZP	Zeitschrift für Zivilprozess

Einleitung

Ausweislich des Deutschen Wörterbuchs von Jacob und Wilhelm Grimm[1] bedeutet der Vergleich schon seit jeher auch einen „durch Ausgleichung" herbeigeführten „Zustand", damit einen „Vertrag" oder ein „Übereinkommen". Weiter heißt es ausdrücklich: „Der Vergleich ist im Gegensatz zu der durch Streit und Prozess herbeigeführten Entscheidung, deren Ausführung durch Zwangsmittel durchgeführt wird, eine freundschaftliche Übereinkunft."

Als Vergleich wird dementsprechend sowohl im südkoreanischen als auch im deutschen Recht gemeinhin ein Vertrag verstanden, der – unter Verzicht auf einen autoritativen Streitentscheid durch einen Richter – die privatautonome Beilegung eines Rechtskonflikts herbeiführen soll. Allerdings ist eine derartige gütliche Streitbeilegung zur Verwirklichung der materiellen Gerechtigkeit weniger geeignet als ein Gerichtsurteil. So läuft der wahre Berechtigte Gefahr, sein Recht nicht vollumfänglich durchzusetzen, während der wahre Verpflichtete seiner (strittigen) Pflicht nicht vollumfänglich nachkommen muss. Aus rechtsstaatlicher Sicht wird es daher in Südkorea gelegentlich für angebracht erachtet, die außergerichtliche Streitbeilegung mit Vorsicht zu genießen[2]. In der südkoreanischen Bevölkerung existiere auch heute noch ein vornehmlich auf die japanische Kolonialisierung Koreas zurückzuführendes Misstrauen gegenüber formalem Recht; eine voreilige unreflektierte Förderung der außergerichtlichen Streitbeilegung könne die in Südkorea noch nicht vollständig etablierte Rechtsstaatlichkeit gefährden[3].

Trotz dieser Nachteile sollte man sich – dem wohl überall vorherrschenden Trend folgend – im Klaren sein, dass die gütliche Streitbeilegung zahlreiche Vorteile mit sich bringt: Gegenüber einer richterlichen Entscheidung stellt sie für die Parteien in der Regel eine schnellere und kostengünstigere Konfliktlösung dar, ermöglicht es ihnen, einvernehmlich flexible Regelungen zu finden, und wird damit deren individuellen Bedürfnissen und Interessen am besten gerecht. Sie trägt daher regelmäßig mehr zum Rechtsfrieden zwischen den Parteien bei als ein streitiges Urteil.

---

1 Deutsches Wörterbuch von Jacob Grimm und Wilhelm Grimm, Zwölfter Band, I. Abteilung, Leipzig, 1956, S. 448 f.

2 *Munhyeok Ho*, Zivilprozessrecht, S. 5 f.; *ders.*, Grundzüge des Zivilprozessrechts, S. 4.

3 *Munhyeok Ho*, Zivilprozessrecht, S. 6.

Die außergerichtliche (genauer: vorgerichtliche) Streitbeilegung wird gerade in Südkorea besonders häufig praktiziert, wie es aus den Zivilprozessstatistiken[4] hervorgeht. In Südkorea wurden in den Jahren 2011 bis 2020 nur ca. 3-4 % der erstinstanzlichen Zivilverfahren durch gerichtlichen Vergleich erledigt. In der Berufungsinstanz liegt die Vergleichsquote bei ca. 6-8 %, während in diesen zehn Jahren insgesamt lediglich fünf Revisionsverfahren durch einen Vergleich beendet wurden. Der Grund für diese relativ niedrige Vergleichsquote in Südkorea liegt hauptsächlich darin, dass der Rechtsweg dort gewöhnlich erst dann beschritten wird, nachdem eine einvernehmliche außergerichtliche Streitschlichtung endgültig gescheitert ist[5].

---

4 Abrufbar unter https://www.scourt.go.kr/portal/justicesta/JusticestaListAction.work?gubun=10, zuletzt abgerufen am 28.02.2022.

5 Statt aller *Giyeong Lee* in: ParkKo, Vorbem. zu Art. 731 - 733 S. 158; ferner *Sangsu Kim*, ZPO, S. 287.

A. Untersuchungsgegenstand

Die vorliegende Arbeit beschäftigt sich zunächst mit der historischen Entwicklung des südkoreanischen Rechts, das in seiner gegenwärtigen Form – vornehmlich im Bereich des materiellen Zivilrechts – überwiegend kontinental-europäisch geprägt ist, wenn auch einige anglo-amerikanische Rechtsinstitute integriert wurden. Folgerichtig ordnet die bisher in Südkorea herrschende Auffassung das südkoreanische Recht dem kontinental-europäischen Rechtskreis zu. Andererseits ist nicht außen vorzulassen, dass das kontinental-europäische Recht erst gegen Ende des 19. Jahrhunderts im Zuge der japanischen Kolonialherrschaft in Korea rezipiert wurde und bis dahin das traditionelle chinesische Recht auf die koreanische Rechtsentwicklung einen außerordentlich starken Einfluss ausgeübt hatte. Hier darf man sich fragen, ob dieses traditionelle koreanische Recht in der neueren Rechtsentwicklung in Südkorea tatsächlich vollständig an Bedeutung verlor, sodass das moderne südkoreanische Recht keinerlei Beziehung dazu aufwiese; ist das traditionelle koreanische Recht nunmehr als abgelebtes Recht anzusehen? Der erste Teil dieser Arbeit verfolgt somit u.a. das Ziel, den bereits vor Beginn der Rezeption westlichen Rechts erreichten Entwicklungsstand des koreanischen Zivilrechts anhand der seinerzeit geltenden Zivilrechtsnormen aufzuzeigen und die hier aufgeworfene Fragestellung zu beantworten.

Daran schließt sich die rechtsvergleichende Darstellung des südkoreanischen und deutschen materiellen Vergleichsrechts an, welches den eigentlichen Untersuchungsgegenstand dieser Arbeit bildet. Der Schwerpunkt liegt dabei auf der Analyse der gesetzlich geforderten Tatbestandsvoraussetzungen des Vergleichsvertrags. Daneben werden auch materiell-rechtliche Wirkungen des Vergleichsvertrags einschließlich der neuerdings kontrovers diskutierten Frage nach dessen Feststellungscausa thematisiert.

Während der Prozessvergleich nach deutschem Recht als solcher hier nicht behandelt wird, bedarf es schließlich einer Erörterung des gerichtlichen Vergleichs nach südkoreanischem Recht, zumal anders als in Deutschland dieser in der südkoreanischen Rechtsprechung und Literatur überwiegend als reine Prozesshandlung aufgefasst wird[6].

6 Dazu Zweiter Teil B. II. 2.

B. Gang der Darstellung

Diese Arbeit gliedert sich in drei Hauptteile. Der erste Teil befasst sich mit der historischen Rechtsentwicklung in Südkorea. Hier wird das traditionelle koreanische Recht, welches in der Zeit von 1392 bis 1894 galt und unter starken chinesischen Einflüssen stand, in seinen Grundzügen vorgestellt. Im Anschluss daran werden zentrale Bereiche des koreanischen Zivilrechts einschließlich des Zivilprozessrechts in der Zeit von 1392 bis 1894 einzeln betrachtet. Danach erfolgt im Rahmen der Besprechung der Rechtskreiszugehörigkeit des südkoreanischen Rechts eine kritische Auseinandersetzung mit der in der südkoreanischen Literatur vertretenen Theorie vom ostasiatischen gemeinen Recht, die hierzulande noch so gut wie unbekannt sein dürfte.

Der zweite Teil hat den materiell-rechtlichen sowie gerichtlichen Vergleich nach südkoreanischem Recht zum Inhalt. Bei der Frage, wann die tatbestandlichen Voraussetzungen eines Vergleichsvertrags erfüllt sind, wird auf die besonders praxisrelevanten, in der südkoreanischen Rechtswissenschaft meistdiskutierten Problematiken eingegangen. Angesichts der zwischen Südkorea und Deutschland bestehenden Divergenz der vorherrschenden Ansicht in Bezug auf die Rechtsnatur des gerichtlichen Vergleichs schließt der zweite Teil mit der Abhandlung desselben.

Der dritte Teil untersucht die einzelnen Tatbestandsmerkmale des § 779 BGB. Dabei werden die wesentlichen, hier sowohl die Wissenschaft als auch die Praxis längere Zeit beschäftigenden Fragen aufgegriffen und dazu im Einzelnen Stellung genommen. Abschließend wird der Frage nachgegangen, wie der Vergleichsvertrag auf das bisherige, streitige oder ungewisse Rechtsverhältnis einwirkt. Dazu wird die jüngst an der herrschenden Lehre von den Feststellungsverträgen geäußerte Kritik auf ihre Berechtigung hin überprüft. Es wird gezeigt, inwiefern sich der Vergleich als Feststellungsvertrag einordnen lässt und worin die causa der vergleichsweise gewährten Zuwendungen zu sehen ist.

C. Anmerkungen

Südkoreanische Personennamen und Begriffe werden grundsätzlich nach der revidierten Romanisierung transkribiert. Der Familienname steht zuletzt, wobei der regelmäßig zweisilbige Vorname ohne Bindestrich zusammengeschrieben wird. Südkoreanische Gesetze werden ohne Zusatz „K" bezeichnet.
Die einschlägige südkoreanische Literatur wurde soweit berücksichtigt, wie sie bis Anfang 2019 in der Bibliothek der Law School der Kyungpook National University, Daehakro 80, Buk-gu, 41566 Daegu/Südkorea frei zugänglich war. Darüber hinaus sei auch angemerkt, dass in südkoreanischen rechtswissenschaftlichen Arbeiten – soweit ersichtlich – nicht immer die jeweils aktuellste Auflage der einschlägigen Literatur herangezogen wird.

Erster Teil: Südkoreanisches Rechtssystem

A. Geschichtliche Entwicklung des südkoreanischen Rechts

I. Vorbemerkung[1]

In der Chronik der Drei Königreiche[2] ist dokumentiert, dass bereits 373 (n. Chr.) Gesetze sowie Verordnungen auf dem Gebiet des Goguryeo Königreichs[3] erlassen wurden. Da diesbezüglich im Übrigen keine Quellen überliefert sind, bleiben jedoch alle Einzelheiten zu jener Gesetzgebung schlechthin verborgen. Man geht lediglich davon aus, dass dieses antik-koreanische Recht maßgeblich durch das seinerzeit geltende chinesische Recht beeinflusst wurde[4].

Darüber, ob die koreanische Rechtsgeschichte somit den ersten Schritt im 4. Jahrhundert - und nicht früher - getan hat[5], kann man insoweit streiten, als es zuvor im ersten Königreich Koreas, nämlich Go-Joseon acht erzieherische Verbotsregeln[6] gegeben

---

1 An dieser Stelle sei schon Folgendes zu vermerken: In der südkoreanischen rechtswissenschaftlichen Literatur gibt es (m.E.) keine einheitlichen Zitierweisen. Nicht selten entbehren wissenschaftliche Texte der genauen Quellenangaben in Fußnoten. Lediglich am Ende der Arbeit sind die darin herangezogenen Quellen genannt. Dort wurden weder wörtliche noch sinngemäße Zitate strikt als solche gekennzeichnet.

2 Samguksagi (Chinesisch: 三國史記, Koreanisch: 삼국사기), hrsg. und (mit-)verf. von *Busik Kim*, 18. Bd., 6. Darstellung einzelner Könige des Goguryeo Königreichs, König Sosurim, 1145 in: Samguksagi nebst dessen Urschrift (in koreanischer Sprache), Teil II, Darstellungen einzelner Könige der Goguryeo sowie Baekjae Königreiche, hrsg. von *Ogim Jo*, ins Koreanische übers. von *Jangryeol Park* u.a., Seoul, 2012, S. 133. Bei dieser Chronik handelt es sich um das älteste erhaltene Geschichtswerk (Süd-)Koreas, das aus 50 Bänden besteht. Seine Urschrift wird heute als eine der bedeutenden Kulturgüter Südkoreas geschützt, zum Ganzen Enzyklopädie über die Koreanische Kultur, hrsg. von der Akademie der Koreanischen Studien, 11. Bd., Seoul, 1991, S. 282 ff.

3 Goguryeo war eines der alten Drei Königreiche Koreas, das von 37 v. Chr. bis 668 bestand.

4 Statt aller *Shimada*, Asiatische Rechtsgeschichte, S. 177.

5 Davon geht offenbar *Shimada*, Asiatische Rechtsgeschichte, S. 177 aus.

6 Sog. 8 (Pal)-Jobeobgeum (Koreanisch: 8조법금). Von den acht Verboten sind lediglich drei überliefert: 1. Wer einen anderen tötet, wird mit der Todesstrafe bestraft. 2. Wer eine andere Person körperlich verletzt, leistet dieser einen Schadensersatz mit Hingabe von Getreide. 3. Wer eine fremde Sache stiehlt, unterwirft sich als Sklave dem Sacheigentümer, hierzu Enzyklopädie über die Koreanische Kultur, hrsg. von der Akademie der Koreanischen Studien, 23. Bd., Seoul, 1991, S. 396.

hat[7], welche nach bislang nahezu einhelliger Auffassung *Jizi* (Chinesisch: 箕子) bzw. *Gija* (Koreanisch: 기자) angeordnet haben soll[8]. Immerhin gilt als sicher, dass schon in Go-Joseon acht Verbote bestanden. Aus diesem Grund darf die Aussage, die Wiege der koreanischen Rechtsgeschichte liege eigentlich in der Periode des altkoreanischen Urkönigreichs[9], auch dann als nicht völlig unberechtigt angesehen werden, wenn die fraglichen Verbote nach heutigem Verständnis keine Rechtsnormen gewesen sein sollten. Darüber, dass das koreanische Recht erst im 4. Jahrhundert den Weg vom Gewohnheitsrecht (ungeschriebenen Recht) zum Gesetzesrecht (geschriebenen Recht) eingeschlagen hat, herrscht gleichwohl grundsätzlich Einigkeit[10].

Die geschichtliche Entwicklung des südkoreanischen Rechts zeichnet sich durch fünf (freiwillige oder unfreiwillige) Rezeptionen ausländischen Rechts aus, die nach dem geläufigen Geschichtseinteilungsschema wie folgt skizziert werden können: Die erste erfolgte schon im koreanischen Altertum und bestand darin, die Rechtsvorschriften der einzelnen chinesischen Kaiserreiche zu übernehmen[11]. Die Rezeption des chinesischen Rechts wurde sodann in Korea (vom Mittelalter) bis in die frühe Neuzeit hinein aufrechterhalten. Insbesondere nahm die Rezeption der Groß-Ming-dynastischen Rechtstradition einen maßgeblichen Einfluss auf das mittelalterliche koreanische Rechtssystem[12]. In der anschließenden Epoche (von 1876 bis 1945: sog. späte Neuzeit) fand weiterhin die durch die japanische Kolonialherrschaft über Korea bedingte, unfreiwillige Rezeption des kontinental-europäischen Rechts statt[13]. Nach der Beendigung der japanischen

---

7 So will insbesondere *Geungsig Jeong*, Anmerkung zur koreanischen Rechtsgeschichte in: *Shimada*, Asiatische Rechtsgeschichte, 186, 187 meinen, dass die (süd-)koreanische Rechtsgeschichte bis in die Zeit des Go-Joseon zurückgehe; ferner *Jaejin Lee*, Das Verständnis des koreanischen Rechts, S. 25.

8 Enzyklopädie über die Koreanische Kultur, hrsg. von der Akademie der Koreanischen Studien, 23. Bd., Seoul, 1991, S. 396. Allerdings mehren sich gegenüber dieser früher herrschenden Auffassung kritische Stimmen, Doosan Welt Enzyklopädie, hrsg. von dem Doosandonga Forschungsinstitut für Enzyklopädie, 5. Bd., Seoul, 1996, S. 162.

9 Nur am Rand sei bemerkt, dass es weiter unklar bleibt, wann Go-Joseon gegründet wurde. In (Süd-)Korea wird weitgehend anerkannt, dass das Reich im Jahr 2333 v. Chr. entstanden sei.

10 U.a. *Jaejin Lee*, Das Verständnis des koreanischen Rechts, S. 25; *Byeongho Park*, Das Recht und der Rechtsgedanke in der Frühen Neuzeit, S. 23.

11 Unten II. 2. a).

12 Unten II. 2. a).

13 Vereinzelt spricht man bei einer solch kolonialbedingten Modernisierung von „kolonialer Modernisierung (colonial modernity)", *Gi-Wook Shin* (revidierte Romanisierung

Kolonialzeit (ab 1945) wurden schließlich sowohl kontinental-europäische wie auch anglo-amerikanische Rechtsvorstellungen in Südkorea adoptiert[14].

II. Traditionelles koreanisches Recht

1. Relevanz des traditionellen Rechts für das moderne südkoreanische Recht

Die spätere Rezeption westlichen Rechts in Korea wirft die Frage auf, ob die erst am Ende des 19. Jahrhunderts nach Korea verpflanzten westlichen Rechtsordnungen die (alt-)koreanische Rechtstradition, die (ursprünglich) stark von der konfuzianischen Lehre geprägt wurde, vollständig verdrängt haben, mit der Folge, dass das geltende südkoreanische Recht in keinerlei Beziehung zum traditionellen koreanischen Recht steht.

In der südkoreanischen Rechtsgeschichtslehre scheint man bisher vorwiegend anzunehmen, dass das traditionelle koreanische Recht „keine historische Kontinuität" aufweise[15]; die fehlende Kontinuität der Rechtstradition habe gegenwärtig zu bewältigende (ernste) rechtliche Probleme wie etwa allgemein abgeschwächtes (Subjektiv-)Rechtsbewusstsein oder mangelnde Rechtstreue ausgelöst[16].

Das moderne südkoreanische Recht beruht im Wesentlichen auf den westlichen Rechtssystemen, nämlich dem kontinental-europäischen einerseits und dem anglo-amerikanischen andererseits[17]. Rein formal betrachtet mag das

---

des Koreanischen: *Giuk Sin)/Michael Robinson*, Colonial Modernity in Korea, hrsg. von *Gilsun Sin*, ins Koreanische übers. von *Myeonhoe Do*, Seoul, 2006, S. 37 ff.

14 Unten IV.

15 Dies geht aus den Ausführungen *Geungsig Jeongs*, SNU Law 38/3, 4 (1997), 228 sowie *Huigi Sims*, RUG 14/1 (1997), 135, 144 ff. hervor.

16 Man sei sehr skeptisch gegenüber dem traditionellen Recht, *Geungsig Jeong*, SNU Law 38/3, 4 (1997), 228 (man glaube, die fehlende historische Kontinuität der koreanischen Rechtstradition habe zu einer Diskrepanz zwischen dem Rechtsbewusstsein des Volkes und dem Rechtssystem geführt); auch *Byeongho Park*, Das Recht und der Rechtsgedanke in der Frühen Neuzeit, S. 75, 497.

17 Allgemeine Auffassung, statt aller *Byeongho Park*, Koreanische Rechtsgeschichte, S. 22. Die geltende koreanische Rechtsordnung enthält eine Vielzahl von angloamerikanischen Rechtsinstitutionen. Gleichwohl wird vorherrschend vertreten, dass das koreanische Recht grundsätzlich zum kontinental-europäischen Rechtskreis gehöre, *Junyeong Mun*, Die Entstehung von Gerichten und Staatsanwaltschaften, S. 23. Näheres unten B. I.

traditionelle koreanische Recht deshalb im heutigen Recht kaum eine Rolle spielen; traditionelle koreanische Rechtsvorstellungen bleiben nur partiell im Sachen-, Familien- und Erbrecht erhalten[18].

Zwischen dem traditionellen und dem modernen südkoreanischen Rechtssystem besteht unstreitig kein enger unmittelbarer Zusammenhang. Daraus lässt sich jedoch nicht ohne Weiteres folgern, dass das traditionelle koreanische Recht bloß als stillstehendes, abgelebtes Recht aufzufassen wäre und diesem somit überhaupt keine oder nur eine ganz untergeordnete Bedeutung für das geltende südkoreanische Recht beigemessen werden könnte[19].

In der südkoreanischen Lehre mehren sich mittlerweile die Stimmen, die befürworten, das südkoreanische Rechtssystem im Lichte des traditionellen Rechts neu aufzustellen[20]. Um dies bewerkstelligen zu können, bedarf es eines neuen Verständnisses von den traditionellen koreanischen Rechtsvorstellungen, das nur durch eine Neuinterpretation des traditionellen Rechts gewonnen werden kann[21]. Dies erfordert wiederum fundierte Kenntnisse des traditionellen koreanischen Rechts.

Im Rahmen dieser Arbeit ist indessen nicht beabsichtigt, einen umfassenden Einblick ins traditionelle koreanische Recht zu vermitteln[22]. Vielmehr sollen sich folgende Ausführungen zunächst auf Grundzüge des koreanischen Rechts in der Periode der Joseon-Dynastie beschränken, welches bis zur Entstehung der weiteren Bereiche der Politik sowie der Gesellschaft erfassenden Reformbewegung[23] in Korea galt. In der Folgezeit geriet der Staat unter japanisches Protektorat, im Zuge dessen das kontinental-europäische Recht, vornehmlich das deutsche Recht, ins koreanische Recht eingeführt wurde. Es sind zudem keine

18 *Byeongho Park*, Koreanische Rechtsgeschichte, S. 19.

19 Ähnlich *Huigi Sim*, RUG 14/1 (1997), 135, 150 f., der allerdings die Frage nach der (Dis-)Kontinuität der koreanischen Rechtstradition ausdrücklich offen lassen will.

20 So nach der Beobachtung *Geungsig Jeongs*, SNU Law 38/3, 4 (1997), 228, 243.

21 *Geungsig Jeong*, SNU Law 38/3, 4 (1997), 228, 243.

22 Eine eingehende Erläuterung des traditionellen koreanischen Rechts findet sich bei *Byeongho Park*, Koreanische Rechtsgeschichte, S. 25 ff.

23 Sog. Gabogaehyeok (Chinesisch: 甲午改革, Koreanisch: 갑오개혁, Deutsch: Reform(en) des einunddreißigsten Jahres im Sechzigjahreszyklus „Gabo"). Diese Reformbewegung, die es in Korea zwischen Juli 1894 und Februar 1896 gab, brachte neben dem (relativ weniger beachtlichen) wirtschaftlichen Wandel einschneidende politische sowie gesellschaftliche Veränderungen mit sich, dazu Doosan Welt Enzyklopädie, hrsg. von dem Doosandonga Forschungsinstitut für Enzyklopädie, 1. Bd., Seoul, 1996, S. 361.

Quellen des traditionellen altkoreanischen Rechts vor der Joseon-Dynastie vorhanden. Anschließend werden das *joseonische* materielle Zivilrecht sowie Zivilprozessrecht näher erläutert, um zu zeigen, dass im spätmittelalterlichen Korea das Zivilrecht nicht nur mäßig entwickelt worden war.

2. Grundzüge des koreanischen Rechts in der Zeit von 1392 bis 1894

a) Rezeption des chinesischen Rechts

Das frühere koreanische Recht wurde stark vom chinesischen Recht geprägt, das seinerseits auf konfuzianischen Wertvorstellungen basierte[24]. Schon im Altertum wurde das chinesische Recht ins koreanische Recht integriert; es wurden namentlich der Kodex der Wei Dynastie sowie solcher der Jin-Dynastie ins koreanische Recht verpflanzt[25]. In der Zeit des Frühmittelalters kam u.a. der Tang-Kodex nach Korea[26]. Die Rezeption des chinesischen Rechts setzte sich weiterhin im jeweiligen Zeitalter des Goryeo[27] sowie der Joseon-Dynastie[28] fort. Der erste König der letzteren Dynastie, *Taejo Seonggye Lee* gab sogar öffentlich bekannt, dass das chinesische Ahndungs- bzw. Strafrecht[29] in Joseon – zumindest mittelbare – Geltung beanspruchen könne, weil das *joseonische* Recht darin

24 *Byeongho Park*, Das Recht und der Rechtsgedanke in der Frühen Neuzeit, S. 497.

25 *Byeongho Park*, Das Recht und der Rechtsgedanke in der Frühen Neuzeit, S. 497.

26 *Byeongho Park*, Das Recht und der Rechtsgedanke in der Frühen Neuzeit, S. 497.

27 Dieses im Jahr 918 errichtete Königreich existierte bis 1392.

28 Joseon-Dynastie (oder Joseon) wurde 1392 gegründet. Der Niedergang des Reichs im Jahr 1910 ging mit der japanischen Kolonie einher. Von 1897 bis 1910 nannte sich Joseon-Dynastie offiziell „Daehanjeguk (Chinesisch: 大韓帝國, Koreanisch: 대한제국, Deutsch: Großes Koreanisches Kaiserreich)".

29 Der Ming-Kodex, Da Ming Lü (Chinesisch: 大明律, Koreanisch: 대명률). In der Ming Dynastie gab es freilich daneben ein weiteres Gesetzbuch: Die Ming-Statuten, Da Ming Ling (Chinesisch: 大明令, Koreanisch: 대명령). In diesem Gesetzbuch sind allgemeine Verwaltungs(gebots-)regelungen enthalten, *Jiman Jo*, Strafrecht in Joseon, S. 26, der wie folgt formuliert: „Da Ming Lü ist grundsätzlich ein Strafgesetz. Dies folgt aus dem chinesischen Gesetzesrechtssystem, nämlich dem Ryulryeonggeoksik [Chinesisch: 律令格式, Koreanisch: 율령격식, Deutsch: Gesetz, Ordnung, Befehl, (Gesetzes-)Ausführungsvorschrift] System. Bei dem Lü [also 律] handelt es sich um ein Strafgesetzbuch, während das Ling [also 令] ein Nichtstrafgesetz ist. Weiterhin gilt das Lü als ein Verbotsgesetz, wohingegen das Ling verschiedene Handlungsgebote vorsieht. Nach dem Lü wird ein Täter bestraft. Demgegenüber regelt das Ling allgemeine Verwaltung."

seinen Ursprung habe[30]. Ende des 14. Jahrhunderts galt das damalige chinesische Recht damit in Korea als verbindliches Recht[31].

In Korea des Spätmittelalters fanden andererseits mehrfache Kodifikationen statt. Nennenswerte Gesetzeswerke sind beispielsweise Gyeonggukdaejeon (Chinesisch: 經國大典, Koreanisch: 경국대전) von 1485, Sokdaejeon (Chinesisch: 續大典, Koreanisch: 속대전) von 1746, Daejeontongpeon (Chinesisch: 大典通編, Koreanisch: 대전통편) von 1785, Daejeonhoetong (Chinesisch: 大典會通, Koreanisch: 대전회통) von 1865[32]. Diese Gesetzeswerke lehnen sich jedoch eng an den Ming-Kodex an.

b) Einfluss des Konfuzianismus auf das koreanische Recht

Der Konfuzianismus, der sich als leitende Gründungsideologie der Joseon-Dynastie darstellte, war in Joseon nicht nur als (neues) moralisches System von Bedeutung; konfuzianische Anschauung prägte vielmehr auch unmittelbar das Rechtssystem der Joseon-Dynastie[33].
Allerdings hat man demnach einzig öffentlich-rechtliche Beziehungen für regelungs-, genauer kodifizierungsbedürftig erachtet[34].Was das Ahndungs- bzw. Strafrecht in Joseon angeht, so war die (unmittelbare) Auswirkung des Konfuzianismus auf das Joseon-dynastische Recht die logische Konsequenz der umfassenden Rezeption des Ming-dynastischen Rechts, das seinerseits auf der konfuzianischen Tradition basierte[35]. In dieser Tradition hat man das Recht bloß als Zwangsmittel zur Realisierung der konfuzianischen Wertvorstellungen (Chinesisch: 禮, Koreanisch: 예) aufgefasst[36]. Daher wird kaum erstaunen, dass

---

30 *Jiman Jo*, Strafrecht in Joseon, S. 2.

31 *Shimada*, Asiatische Rechtsgeschichte, S. 178.

32 *Byeongho Park*, Das Recht und der Rechtsgedanke in der Frühen Neuzeit, S. 33 f.; *Shimada*, Asiatische Rechtsgeschichte, S. 178 f.

33 Allgemeine Auffassung, statt aller *Junyeong Mun*, Die Entstehung von Gerichten und Staatsanwaltschaften, S. 57 f.

34 Nach der konfuzianischen Vorstellung gab es grundsätzlich zwei Rechtsgebiete: Staats- und Strafrecht, *Junyeong Mun*, Die Entstehung von Gerichten und Staatsanwaltschaften, S. 57; ferner *Taekmin Kim*, Allgemeine Grundsätze im Asiatischen Recht, S. 3 (es habe dem traditionellen chinesischen Rechtsgedanken entsprochen, Konflikte zwischen zwei oder mehreren Privatpersonen als Verletzung des öffentlichen Interesses oder des Gemeinwohls zu betrachten).

35 U.a. *Geungsig Jeong*, SNU Law 42/4 (2001), 27, 47.

36 *Junyeong Mun*, Die Entstehung von Gerichten und Staatsanwaltschaften, S. 57; auch *Jonggo Choe*, SNU Law 40/2 (1999), 67, 72, der von rechtlichem Zwang der

es sich bei dem Ming-Kodex seinem Wesen nach um ein Strafgesetz handelt; verbotene Zuwiderhandlungen gegen die ethisch-sittlichen Normen des richtigen Sozialverhaltens mussten zwingend geahndet werden[37]. So lag der Schwerpunkt des koreanischen Rechts seinerzeit – ähnlich wie jener des chinesischen Rechts[38] – auf dem Bereich des Strafrechts[39].

Andererseits spielte der Konfuzianismus auch auf der Staatsebene die wichtigste und entscheidendste Rolle: Dieser bildete die Staatsdoktrin der Joseon-Dynastie. Zwar war der König als heiliges, himmlisch legitimiertes Landesoberhaupt bei der Ausübung seiner Hoheitsrechte grundsätzlich autonom und frei, jedoch traf ihn namentlich die (ungeschriebene) Pflicht, sich dabei strikt an den konfuzianischen Vorstellungen zu orientieren[40]. Das oberste politische Staatsziel der Joseon-Dynastie bestand darin, nach den (konfuzianischen) Tugenden zu regieren; der König hatte seine Hoheitsgewalt mit dem ganzen Universum in Einklang zu bringen[41].

Dass die oben beispielhaft genannten Joseon-dynastischen Gesetze allesamt öffentlich-rechtlicher Natur sind, wurde bereits angedeutet. Die konfuzianischen Wertvorstellungen (bzw. Tugenden) waren „allgemeingültige Regeln", zugleich „institutionalisierte Ordnungen" für menschliches Zusammenleben und

---

konfuzianischen herrschenden Moral („legal enforcement of Confucian dominant morals") spricht.

37 Näher zum Inhalt und Wesen des Ming-Kodexes *Jiman Jo*, Strafrecht in Joseon, S. 26 ff. In China soll man bis zur Neuzeit unter dem Begriff „Recht" ausschließlich das Strafrecht verstanden haben, *Taekmin Kim*, Allgemeine Grundsätze im Asiatischen Recht, S. 3. Bei der Frage nach dem Grund dieser Beobachtung tritt *Taekmin Kim*, Allgemeine Grundsätze im Asiatischen Recht, S. 4 f. dafür ein, dass in der chinesischen Antike – anders als in antikem Griechenland sowie im Römischen Reich – ein besonderes, dringendes Bedürfnis nach strafrechtlichen Regelungen bestanden hätte, um die chinesische Herrschaft über die schwächeren Nachbarvölker sicherzustellen. Dem kann m.E. uneingeschränkt gefolgt werden.

38 Freilich steht in der (chinesischen) Rechtsgeschichtslehre zur Debatte, ob ein (neben dem Strafgesetz stehendes, eigenständiges) altchinesisches Zivilgesetz im eigentlichen Sinne anzuerkennen ist, *Taekmin Kim*, Allgemeine Grundsätze im Asiatischen Recht, S. 6, Fn. 10, der diese Frage verneint. Sie kann hier dahinstehen.

39 *Junyeong Mun*, Die Entstehung von Gerichten und Staatsanwaltschaften, S. 57 f.

40 U.a. *Geungsig Jeong*, SNU Law 42/4 (2001), 27, 39 f., 42; *Byeongho Park*, Das Recht und der Rechtsgedanke in der Frühen Neuzeit, S. 435 ff. Wer zum König berufen war, musste sich schon von seiner Kindheit an eine umfassende Kenntnis von der konfuzianischen Lehre verschaffen, *Geungsig Jeong*, SNU Law 42/4 (2001), 27, 33, 42.

41 *Byeongho Park*, Das Recht und der Rechtsgedanke in der Frühen Neuzeit, S. 439.

konnten damit als „Recht im weiteren Sinne" angesehen werden, wohingegen man unter dem Begriff „Recht im engeren Sinne" ausschließlich solche Regeln verstanden hat, die vom Staat im Wege der Gesetzgebung geschaffen wurden[42]. Dieses kodifizierte Recht erfasste nur öffentliche Rechtsbeziehungen[43], zu denen auch strafrechtliche Angelegenheiten zu zählen sind.

In der *joseonischen* Rechtsordnung stand einzelner Bürger (Privatperson, Individuum) folglich zum Staat stets in einem Subordinationsverhältnis. Daraus wird gefolgert, dass Privatpersonen als solche damals kein Rechtssubjekt gewesen seien, sondern kämen nur als Rechtsobjekt in Betracht[44].

c) *Theorie von der sog. joseonischen (bzw. konfuzianischen) Rechtsstaatlichkeit*

Es entspricht nunmehr allgemeiner Ansicht, dass mit der während der Joseon-Dynastie häufig erfolgten Gesetzgebung der Boden bereitet wurde, um in Korea später allmählich den Konstitutionalismus herausbilden zu können[45]. Man kann auch sagen, dass die bis zur Gründungszeit der Joseon-Dynastie andauernde Rechtszersplitterung mit den (wiederholten) Kodifizierungen zum endgültigen Ende gekommen ist[46].

Bei dem Begriff „Rechtsstaat" handelt es sich indessen um einen solchen, der sich seit der bürgerlichen Revolution in den europäischen Ländern als

42 *Junyeong Mun*, Die Entstehung von Gerichten und Staatsanwaltschaften, S. 57.

43 *Junyeong Mun*, Die Entstehung von Gerichten und Staatsanwaltschaften, S. 57.

44 *Byeongho Park*, Das Recht und der Rechtsgedanke in der Frühen Neuzeit, S. 111.

45 *Geungsig Jeong*, Anmerkung zur koreanischen Rechtsgeschichte in: *Shimada*, Asiatische Rechtsgeschichte, S. 188; *ders.*, SNU Law 42/4 (2001), 27, 43; *Jiman Jo*, Strafrecht in Joseon, S. 2; *Junyeong Mun*, Die Entstehung von Gerichten und Staatsanwaltschaften, S. 54, 58; *Byeongho Park*, Das Recht und der Rechtsgedanke in der Frühen Neuzeit, S. 33 f. 81 ff. Alle Genannten bezeichnen die Joseon-Dynastie als (konfuzianischen) „Rechtsstaat". Mit dem Begriff „Rechtsstaat" sei hier lediglich das Regieren durch das Recht („rule of law") gemeint. Hingegen nimmt *Pyong-Choon Hahm* (revidierte Romanisierung des Koreanischen: *Byeongchun Ham*), The Korean Political Tradition and Law, S. 15 ff. (21) an, dass die herkömmliche koreanische Politik gerade auf die Anti-Rechtsstaatlichkeit ausgerichtet gewesen sei („direct antithesis of what the Rule of Law means in the West today").

46 *Geungsig Jeong*, SNU Law 42/4 (2001), 27, 47; *Byeongho Park*, Das Recht und der Rechtsgedanke in der Frühen Neuzeit, S. 34, 37, 83 (in Joseon sei schließlich die „Rechtsvereinheitlichung" erfolgt); (im Anschluss daran) *Jiman Jo*, Strafrecht in Joseon, S. 2; ferner *Junyeong Mun*, Die Entstehung von Gerichten und Staatsanwaltschaften, S. 54.

Gegenbegriff zu „Polizeistaat" entwickelte. Insofern weist *Geungsig Jeong* nicht zu Unrecht darauf hin, man könne mangels einer derartigen Revolution in Korea für die Beurteilung der Frage, ob es dort überhaupt Bestrebungen gab, den (grundsätzlich) absoluten Monarchen einer rechtlichen Bindung zu unterwerfen, welche rechtsstaatliche Züge aufweist, nicht entscheidend auf diejenigen Kriterien abstellen, die den Rechtsstaat gerade im Gegensatz zum Polizeistaat kennzeichnen würden[47]. Von daher stellt *Geungsig Jeong* die herkömmliche, „allgemein kritiklos akzeptierte" These, eine konfuzianisch ausgeprägte Staatszielbestimmung lasse sich von vornherein nicht mit dem Rechtsstaatsprinzip vereinbaren, in Abrede und geht u.a. der grundlegenden Frage nach, ob dem König der Joseon-Dynastie tatsächlich eine absolute Herrschaft, d.h. „eine Macht ohne jedwede ideelle oder institutionelle Begrenzung" eingeräumt wurde[48]. Nach *Geungsig Jeong* ist die Frage gleichwohl zu verneinen: Zunächst erlegte das himmlisch legitimierte Königsheil dem König in der Ausübung seiner Hoheitsgewalt wiederum „*innere Schranken*" auf; als „*Träger des Mandats des Himmels*" musste er bei seinem hoheitlichen Handeln stets dem „(allgemeinen) Volksempfinden" entsprechen[49]. Das Mandat des Himmels bewirkte so auf der anderen Seite eine (innere) Bindung des Königs an das jeweils herrschende Volksempfinden[50].

Dem König des Joseon Königreichs oblag weiterhin die Pflicht, bei der Wahrnehmung seiner Herrschaftsgewalt dem konfuzianischen Leitbild zu genügen; demnach hatte er sein hoheitliches Handeln an der „*Gerechtigkeit im konfuzianischen Sinne*„ auszurichten[51]. Um dies zu gewährleisten, richtete man insbesondere drei spezielle Ämter, Saheonbu (Chinesisch: 司憲府, Koreanisch: 사헌부), Saganwon (Chinesisch: 司諫院, Koreanisch: 사간원), Hongmungwan (Chinesisch: 弘文館, Koreanisch: 홍문관) bei königlichen Palästen ein, die „faktisch" sowohl Kontroll- als auch Beratungsfunktionen in hoheitlichen Angelegenheiten

---

47 *Geungsig Jeong*, SNU Law 42/4 (2001), 27 ff.

48 *Geungsig Jeong*, SNU Law 42/4 (2001), 27, 28 ff.

49 *Geungsig Jeong*, SNU Law 38/3, 4 (1997), 228, 236 f.; *ders.*, SNU Law 42/4 (2001), 27, 40 ff. (42) (es bestünde eine ethische/moralische Beschränkung der Herrschergewalt).

50 *Geungsig Jeong*, SNU Law 42/4 (2001), 27, 40, 42. Interessant scheint, dass die Qualifikation des Königs anhand von Naturereignissen bewertet wurde. So hat man z.B. Sonnen- oder Mondfinsternisse ganz negativ als dessen fehlende Befähigung gedeutet, *Geungsig Jeong*, SNU Law 42/4 (2001), 27, 41.

51 Bereits oben b).

wahrnahmen[52]. Außerdem konnte der König unbeschadet seiner formell autonomen Stellung (wichtigste) politische Entscheidungen erst dann treffen, nachdem er einzelnen nächstniedrigeren Amtsträgern[53] angehört hatte[54]. Damit war eine königliche Willkürherrschaft praktisch generell ausgeschlossen.

Im Ergebnis dürfte es mithin nicht zu weit gehen, wenn gesagt wird, dass der König der Joseon-Dynastie keine unbegrenzte, absolutistische Macht innehatte[55]: Er hatte nicht nur ethische (bzw. moralische) Machtschranken zu beachten. Sondern er unterlag – jedenfalls faktisch! – vielmehr auch institutionellen Einschränkungen, die sich aus dem jeweiligen Reichsgesetz ergaben[56].

Neben den so (wenigstens faktisch) machtbeschränkend wirkenden Mechanismen lässt sich nach der Auffassung *Geungsig Jeong*s weiter eine Vielzahl von Merkmalen anführen, an denen das Bestreben zur Einhaltung dessen, was dem Rechtsstaatsprinzip entspricht, ersichtlich wird[57]. Zu benennen sind: Die (mehrfachen) Kodifikationen, die Rezeption des Groß-Ming-dynastischen Rechts (und die daraus folgende Anwendung der einheitlichen Strafrechtsordnung), die weitestgehende Anerkennung der Ansichten, „Altes Recht sei gutes Recht“[58]

52 Näheres *Byeongho Park*, Das Recht und der Rechtsgedanke in der Frühen Neuzeit, S. 436 f. („rechtlich institutionalisierte Machtbegrenzung“). Dem folgt *Geungsig Jeong*, SNU Law 42/4 (2001), 27, 42.

53 Etwa Samuijeong (Chinesisch: 三議政, Koreanisch: 삼의정) und Yukjopanseo (Chinesisch: 六曹判書, Koreanisch: 육조판서). Derartige hohe politische Beamte kann man unter dem Überbegriff „Jaesang (Chinesisch: 宰相, Koreanisch: 재상, Deutsch: dem König untergeordneter Kanzler)“ zusammenfassen. Diese Beamten konnten eigenverantwortlich politische Entscheidungen über unwesentliche Punkte treffen, näher *Geungsig Jeong*, SNU Law 42/4 (2001), 27, 52.

54 Der König war zwar einzig und allein der Entscheidungsträger, jedoch hatte er bei seiner Entscheidung stets die Auffassungen der Beamten nächstniedererer Ordnung zu berücksichtigen, zum Ganzen *Byeongho Park*, Das Recht und der Rechtsgedanke in der Frühen Neuzeit, S. 436 f.; (im Anschluss daran) *Geungsig Jeong*, SNU Law 42/4 (2001), 27, 42.

55 *Geungsig Jeong*, SNU Law 42/4 (2001), 27, 40, 42, 52. Freilich wird nicht zu leugnen sein, dass das Recht nicht selten willkürlich angewandt wurde, um unter Berufung auf das Königsheil die Herrschergewalt zu verstärken, *Geungsig Jeong*, SNU Law 42/4 (2001), 27, 58.

56 *Byeongho Park*, Das Recht und der Rechtsgedanke in der Frühen Neuzeit, S. 436 f. (437), der den König als „bloßes [unsicheres] Organ innerhalb des bürokratischen Regierungssystems“ betrachten will; (ihm folgend) *Geungsig Jeong*, SNU Law 42/4 (2001), 27, 42.

57 *Geungsig Jeong*, SNU Law 42/4 (2001), 27, 42 ff.

58 Sog. Jojongseongheon (Chinesisch: 祖宗成憲, Koreanisch: 조종성헌).

sowie „Allgemein als schön empfundenes Recht sei gutes Recht“[59] und schließlich die grundsätzliche Forderung nach Gesetzesbindung des Königs[60].

Zwar kann keinem Zweifel unterliegen, dass das Joseon Königreich kein Rechtsstaat war: Solange das Königtum besonders viel Beachtung fand, waren rechtsstaatliche Erfordernisse schlichtweg nicht mehr gewahrt[61]. *Geungsig Jeong* bemerkt deshalb, dass die Rechtsstaatlichkeit zuweilen ein nur in der Vorstellung existierendes, ideales Prinzip war[62]. Man wird aber wenigstens annehmen müssen, dass sich ein dem (deutschen) „Rechtsstaat“ entsprechendes Konzept[63] in der Joseon-Dynastie herausgebildet hat, das nach *Geungsig Jeong*[64] mit dem Begriff „*joseonische* Rechtsstaatlichkeit“ zu bezeichnen ist. Mit Rücksicht auf den größten Einfluss des Konfuzianismus auf das Joseon-dynastische Rechtssystem erscheint auch angezeigt, von einer „konfuzianischen Rechtsstaatlichkeit“[65] zu sprechen.

---

59 Sog. Yangbeobmiui (Chinesisch: 良法美意, Koreanisch: 양법미의). Dazu führt *Geungsig Jeong*, SNU Law 42/4 (2001), 27, 50 f. m.N. aus: „Das Gesetz muss [nach dem Yangbeobmiui] hinsichtlich seines Zwecks sowie Anwendungsbereichs, ähnlich wie vier Jahreszeiten, das Vertrauen des Menschen besitzen. [...] Dies bedeutet insbesondere auch, dass sich ein einzelner Bürger der Beständigkeit des Gesetzes bewusst ist, und darauf vertraut. Das heißt schließlich, dass das Gesetz das Bewusstsein des Volkes widerspiegelt. [...] Um die öffentliche Meinung zu ermitteln, führte man daher – wenn auch gelegentlich – vor dem Erlass bzw. Vollzug eines Gesetzes eine landesweite Volksbefragung durch.“

60 Dazu *Byeongho Park*, Das Recht und der Rechtsgedanke in der Frühen Neuzeit, S. 446 ff. (451): „Es ist damit wohl erkennbar, dass der König unbeschadet seiner gesetzgebenden Gewalt grundsätzlich an Recht und Gesetz gebunden war. Das Recht war von Vorfahren herrührendes altes Recht, sodass dessen Verletzung eine Pietätlosigkeit beinhaltete. Ferner erfolgte die Setzung des Rechts aufgrund des Mandats des Himmels. Daher bedeutete ein Verstoß gegen das Recht zugleich einen Himmelsverrat. Daraus folgt, dass der König den Gesetzen, die er erließ, unterstand; er hatte es selbst zu beachten.“; ferner *Geungsig Jeong*, SNU Law 42/4 (2001), 27, 56.

61 *Geungsig Jeong*, SNU Law 42/4 (2001), 27, 58.

62 *Geungsig Jeong*, SNU Law 42/4 (2001), 27, 58.

63 *Geungsig Jeong*, SNU Law 42/4 (2001), 27, 59, Fn. 78 kennzeichnet dieses Konzept als „Rule of law“, was sich nach seiner Auffassung in Korea im 16. Jahrhundert etabliert haben soll.

64 *Geungsig Jeong*, SNU Law 42/4 (2001), 27, 29.

65 *Junyeong Mun*, Die Entstehung von Gerichten und Staatsanwaltschaften, S. 54.

3. Koreanisches Zivilrecht in der Zeit von 1392 bis 1894

a) *Materielles Zivilrecht*

aa) *Allgemeines*

Mit dem öffentlich-rechtlichen Charakter sämtlicher im Joseon Königreich erlassener Gesetze soll nicht gesagt sein, dass zu jener Zeit überhaupt keine zivilrechtlichen (Gesetzes-)Bestimmungen existiert hätten: Die fraglichen Gesetze enthielten auch Regelungen über den Kauf (bzw. Verkauf) von Grundstücken, Häusern, Sklaven, Rindern sowie Pferden, die Miete, die Pacht oder die Zinsbeschränkung, ferner solche über die Eheschließung, die Verwandtschaft, die Erbschaft oder die Kindesadoption[66]. Gesetzlich geregelt war gar das Recht zur Anrufung staatlicher Gerichte, also zur Klageerhebung[67].

Auf jede andere zivilrechtliche Materie[68] fanden jedoch das Gewohnheitsrecht sowie das Richterrecht Anwendung[69]. Beide Rechte waren in der *joseonischen* Rechtsordnung generell als eigenständige Rechtsquellen anerkannt[70].

Besonders hervorzuheben ist, dass auf der privatrechtlichen Ebene jeder Mensch, mit Ausnahme von Sklaven, ohne Rücksicht auf seine Gesellschaftsklasse gleichbehandelt wurde[71]. Sklaven nahmen eine rechtliche Sonderstellung ein; ihnen kam grundsätzlich eine Sachqualität zu[72]. In beschränktem Umfang konnten aber auch Sklaven Rechtsgeschäfte tätigen[73].

---

66 Statt aller *Byeongho Park*, Das Recht und der Rechtsgedanke in der Frühen Neuzeit, S. 111.

67 *Byeongho Park*, Das Recht und der Rechtsgedanke in der Frühen Neuzeit, S. 111.

68 Die hier soeben vorgenommene Aufzählung von Regelungsmaterien wie Grundstückskauf, Miete, Pacht usw. darf als abschließend gelten, *Byeongho Park*, Das Recht und der Rechtsgedanke in der Frühen Neuzeit, S. 111.

69 Dazu *Byeongho Park*, Das Recht und der Rechtsgedanke in der Frühen Neuzeit, S. 111, der wie folgt formuliert: „[…] zivilrechtliche Angelegenheiten bildeten somit keine unmittelbaren Gegenstände der staatlich erlassenen Rechtssätze.“

70 *Geungsig Jeong*, SNU Law 42/4 (2001), 27, 47, der zugleich meint, dass die Joseondynastische Rechtsordnung dadurch praxisgerechter geworden sei.

71 Freilich war eine Eheschließung zwischen Adeligen und Bürgerlichen stets zu vermeiden, *Byeongho Park*, Koreanische Rechtsgeschichte, S. 179, 234.

72 Statt aller *Byeongho Park*, Koreanische Rechtsgeschichte, S. 179 ff. (Sklaven hätten eine rechtliche Doppelnatur gehabt).

73 Z.B. konnte jeder Sklave (theoretisch) Grundstücke, Häuser oder sonstige Vermögensgegenstände im eigenen Namen erwerben sowie veräußern, Näheres u.a. *Byeongho Park*, Koreanische Rechtsgeschichte, S. 180.

bb) *Obligationenrecht*

(1) *Kauf*[74]

Als Kaufgegenstände kamen neben Sachen[75] sowie Haustieren auch Rechte, genauer Nutzungsrechte an landwirtschaftlich genutzten Grundstücken in Betracht. Verkehrsfähig waren außerdem Sklaven.

Der Abschluss eines Kaufvertrags über ein Grundstück, ein Haus oder einen Sklaven erfolgte stets schriftlich[76]. So wurde z.B. ein Vertrag, in dem der eine Teil dem anderen versprach, ein Grundstück zu übereignen, von einer dritten Schreibkraft in Gegenwart beider Teile schriftlich niedergelegt. Dabei waren noch zwei weitere unbeteiligte Personen (Zeugen) hinzuzuziehen. Der Kaufvertrag wurde von dem Verkäufer, dem einen Zeugen und der Schreibkraft unterschrieben[77].

Nach dem Vertragsschluss übergab der Verkäufer dem Käufer (sämtliche) in seinem Besitz befindliche, alte Vertrags- bzw. Übereignungsurkunden, aus denen sich das Eigentum des Verkäufers an dem verkauften Grundstück ergab[78].

Der geschlossene Grundstückskaufvertrag entfaltete grundsätzlich erst nach Ablauf von fünfzehn Tagen nach dem Vertragsschluss eine Bindungswirkung; bis dahin konnten die Parteien den Vertrag frei widerrufen[79].

Entsprechendes galt auch für den Kauf von Sklaven.

Das Zustandekommen eines Kaufvertrags über ein Haustier richtete sich hingegen nach der allgemeinen Verkehrssitte. Sollte ein Rind oder ein Pferd verkauft

74 Zum Ganzen *Byeongho Park*, Koreanische Rechtsgeschichte, S. 315 ff.

75 Bis zum Beginn des 15. Jahrhunderts war der Verkauf von landwirtschaftlichen Nutzflächen verboten, *Byeongho Park*, Koreanische Rechtsgeschichte, S. 292, 315.

76 Aus den Ausführungen *Byeongho Parks*, Koreanische Rechtsgeschichte, S. 315 f., 322 geht indes nicht klar hervor, ob ein solcher Kaufvertrag der Schriftform bedurfte.

77 Der Name des Käufers wurde hingegen hinter das Kaufdatum in der ersten Zeile des Vertrags gesetzt, *Byeongho Park*, Koreanische Rechtsgeschichte, S. 316.

78 Vertrags- bzw. Übereignungsurkunden wurden in chronologischer Reihenfolge zusammengefügt und dem jeweiligen Käufer ausgehändigt. Fehlten einzelne (alte) Urkunden, so war dies auf der neu zu erstellenden Urkunde zu vermerken, *Byeongho Park*, Koreanische Rechtsgeschichte, S. 317.

79 Am Anfang der Dynastie betrug die Frist lediglich zehn Tage, innerhalb derer eine Rückgängigmachung des Grundstückskaufs ohne Weiteres möglich war. Freilich stand den Parteien frei, einen Grundstückskaufvertrag mit sofortiger Bindungswirkung zu schließen, sog. Yeongyeongbangmae (Chinesisch: 永永放賣, Koreanisch: 영영방매), *Byeongho Park*, Koreanische Rechtsgeschichte, S. 324.

werden, so waren die Parteien erst nach Ablauf von fünf Tagen nach dem Vertragsschluss an die entsprechende Vereinbarung gebunden[80].

Die Parteien eines Grundstücks- oder Nutzungsrechtskaufvertrags konnten ein Wiederkaufsrecht (bzw. Rückkaufsrecht) vereinbaren. Wurde dies vertraglich vereinbart, so konnte der Verkäufer nach einer bestimmten Frist das verkaufte Grundstück oder Nutzungsrecht am Grundstück zum ursprünglich vereinbarten Kaufpreis zurückkaufen[81].

Schließlich haftete der Verkäufer grundsätzlich nicht für etwaige Rechtsmängel der Kaufsache; war die Sache mit einem Rechtsmangel behaftet, so musste sich der Käufer an die Obrigkeit wenden, um die Eigentumslage dort klären zu lassen[82].

(2) Tausch[83]

Hinsichtlich der Schriftform des Tauschvertrags sowie des (grundsätzlichen) Ausschlusses der Rechtsmängelgewährleistung galt hier das Gleiche wie beim Kaufvertrag.

(3) Schenkung[84]

Versprach jemand seinem nahen Verwandten oder Verschwägerten, diesem eine unentgeltliche Zuwendung aus seinem Vermögen zu machen, bedurfte dieser Vertrag der schriftlichen Form[85].

---

80 Kaufverträge über bewegliche Sachen konnten dagegen grundsätzlich jederzeit annulliert werden, *Byeongho Park*, Koreanische Rechtsgeschichte, S. 323.

81 Beim Kauf des Nutzungsrechts an einem landwirtschaftlichen Grundstück war ferner die Vereinbarung möglich, wonach der Verkäufer im Fall der Nichtausübung des Rückkaufsrechts zum bestimmten Zeitpunkt verpflichtet war, das Grundstück an den Käufer zu übereignen, *Byeongho Park*, Koreanische Rechtsgeschichte, S. 324 f.

82 Ausnahmsweise erstattete der Verkäufer dem Käufer den vollen Kaufpreis oder den Marktpreis des Grundstücks zurück, etwa wenn der Staat bezüglich des Grundstücks ein Recht geltend machen konnte, *Byeongho Park*, Koreanische Rechtsgeschichte, S. 326.

83 *Byeongho Park*, Koreanische Rechtsgeschichte, S. 327.

84 *Byeongho* Park, Koreanische Rechtsgeschichte, S. 327 f.

85 Eine solche Schenkung unter nahen Verwandten einschließlich der Verschwägerten hieß damals spezifisch „Byeolgeub“ (Chinesisch: 別給, Koreanisch: 별급, Deutsch: Zusätzliche Sonderzuwendung), *Byeongho Park*, Koreanische Rechtsgeschichte, S. 327.

Eine Besonderheit galt für den Fall, dass der Schenker mit der beschenkten weiblichen Person nur verschwägert war. Von dieser konnte er das Geschenk dann zurückfordern, wenn sie wieder heiratete.

Außerdem konnte eine Schenkung unter dem Vorbehalt gemacht werden, dass das Geschenk nur an die Abkömmlinge des Beschenkten weitergegeben werden dürfe.

(4) Darlehen[86]

Das Zustandekommen eines Darlehensvertrags erforderte zusätzlich zu der Willenseinigung der Parteien ein reales Moment, nämlich den tatsächlichen Empfang des vereinbarten Darlehens (Geld oder vertretbare Sachen) durch den Darlehensnehmer[87].

Die vom Darlehensnehmer zu entrichtenden Zinsen[88] durften (ihrer Gesamthöhe nach) die Summe des zur Verfügung gestellten Darlehens nicht überschreiten. Dies galt ohne Rücksicht auf die vereinbarte Tilgungsdauer. Unzulässig war ebenfalls der Zinseszins.

Im Fall des Todes des Darlehensnehmers konnte der (Nachlass-)Gläubiger wegen seiner offenen Darlehensforderung den Ehegatten oder die Kinder seines verstorbenen Schuldners nur insoweit in Anspruch nehmen, als diese Hinterbliebenen finanziell in der Lage waren, das Darlehen zurückzuzahlen. War der Darlehensgeber eine Privatperson (also kein staatliches Kreditinstitut), haftete der Erbe für die Darlehensverbindlichkeit zudem nur, wenn ihm die Darlehensvertragsurkunde vorgelegt wurde, die von einer unabhängigen Schreibkraft unter Beiziehung eines Zeugen ausgefertigt worden war. Die Erbenhaftung war aber ausgeschlossen, wenn ein Jahr seit dem Eintritt der Fälligkeit der Darlehensverbindlichkeit verstrichen war.

Im Fall der Zahlungsunfähigkeit des Darlehensnehmers haftete dessen Sohn für die Darlehensschuld seines Vaters.

Die unerlaubte Versklavung des zahlungsunfähigen Darlehensschuldners war strafbar.

---

86 Eingehend *Byeongho Park*, Koreanische Rechtsgeschichte, S. 329 ff.

87 So betrachtet *Byeongho Park*, Koreanische Rechtsgeschichte, S. 329 den Darlehensvertrag als Realvertrag (= Realkontrakt). Die Frage, ob die sog. Realvertragstheorie noch in der südkoreanischen Lehre sowie Rechtsprechung vertreten wird, kann hier dahinstehen.

88 Zum jeweils geltenden gesetzlichen Zinssatz, *Byeongho Park*, Koreanische Rechtsgeschichte, S. 331.

(5) (Land-)Pacht[89]

Der Verpächter überließ dem Pächter die landwirtschaftliche Nutzung des verpachteten Grundstücks. Dafür gab der Pächter den vereinbarten Anteil[90] an der tatsächlichen oder erwarteten gesamten Ernte als Pachtzins heraus. Die Grundsteuer sowie die Kosten für das Saatgut konnten dabei auf den Pächter abgewälzt werden.

Wurde das verpachtete Grundstück in der Ackerbausaison vom Verpächter an einen Dritten veräußert, so musste der Erwerber dem Pächter die weitere Nutzung des Grundstücks und den in dem Pachtvertrag vereinbarten Anteil an den anfallenden Früchten bis zum Ende der Erntezeit im Erwerbsjahr gewähren.

cc) Immobiliarsachenrecht

(1) Grundeigentum[91]

Der einheitliche Begriff „Jibji (Chinesisch: 執持, Koreanisch: 집지, Deutsch: Festhalten)", abgekürzt nur „Jib (Chinesisch: 執, Koreanisch: 집)" bezeichnete im Allgemeinen die (ausschließliche) rechtmäßige wirkliche Herrschaft des Eigentümers einer unbeweglichen Sache über dieselbe und beinhaltete damit auch das Eigentum an dieser Sache[92]. Der Begriff „Gimul (Chinesisch: 己物, Koreanisch: 기물, Deutsch: Eigene Sache)" war demgegenüber ein juristischer Terminus für das Eigentum[93].

Die Grundsteuer stellte eine gewichtige Einnahmequelle des Staates dar, weshalb das Eigentum an Grundstücken durch diesen gewährleistet wurde[94].

Das Eigentum an einem Grundstück oder Haus unterlag nicht der Verjährung. Es war ferner grundsätzlich frei veräußerlich und vererblich[95].

---

89 *Byeongho Park*, Koreanische Rechtsgeschichte, S. 307 ff.

90 Etwa die Hälfte, ein Drittel oder Viertel der bei dem Ackerbau hervorgebrachten Früchte, *Byeongho Park*, Koreanische Rechtsgeschichte, S. 307.

91 Eingehend *Byeongho Park*, Koreanische Rechtsgeschichte, S. 292 ff.

92 Bei einer beweglichen Sache verwendete man im Unterschied dazu den Begriff „Ji (Chinesisch: 持, Koreanisch: 지). Daneben gab es einen weiteren Begriff „Chaji (Chinesisch: 次知, Koreanisch: 차지), der die berechtigte Herrschaft über eine Sache bezeichnete, zum Ganzen *Byeongho Park*, Koreanische Rechtsgeschichte, S. 297 f.

93 Eine begriffliche Herleitung des Wortes „Gimul" findet sich bei *Byeongho Park*, Koreanische Rechtsgeschichte, S. 293.

94 Dies war im zweiten Buch des Gyeonggukdaejeon (oben 2. a)), Hojeon (Chinesisch: 戶典, Koreanisch: 호전) (unten Fn. 122) ausdrücklich bestimmt, *Byeongho Park*, Koreanische Rechtsgeschichte, S. 292 f.

95 Bezüglich eines Ackerlandes bestand jedoch bis zum Beginn des 15. Jahrhunderts ein Veräußerungsverbot, oben Fn 75.

Wurde das Eigentum von einer Person auf eine andere übertragen, so musste sich der Erwerber vom zuständigen Amt innerhalb von 100 Tagen nach entsprechendem Antrag eine Bescheinigung über den Eigentumsübergang aushändigen lassen.

Eine Enteignung erfolgte grundsätzlich nicht entschädigungslos; der Eigentümer erhielt entweder eine Entschädigung in Höhe des Verkehrswerts des zu enteignenden Grundstücks oder ein äquivalentes Grundstück.

Der Grundeigentümer hatte öffentliche Lasten, insbesondere die Grundsteuer zu tragen.

Im sog. Yangan (Chinesisch: 量案, Koreanisch: 양안)[96] wurde jedes Grundstück unter einer eigenen Nummer verzeichnet. Eingetragen wurden außer dem Eigentümer v.a. die Fläche, die Länge sowie die Klassifikation des Grundstücks. Das Yangan diente als Nachweis der Eigentumsverhältnisse an Grundstücken und war mit absoluter Beweiskraft versehen.

In Streitigkeiten über ein Grundstück konnte der Beweis für das Eigentum durch eine zusammenhängende, möglichst auf den eingetragenen Eigentümer zurückführende Reihe von Übereignungsurkunden geführt werden.

Neben dem Yangan wurden die Liegenschaftskataster, das sog. Susean (Chinesisch: 收稅案, Koreanisch: 수세안) und das sog. Gitgi (Chinesisch: 衿記, Koreanisch: 깃기) geführt.

Grundsätzlich hatte der Eigentümer die Obliegenheit, das Grundstück ordnungsgemäß zu bewirtschaften. Blieb ein Grundstück für einen Zeitraum von drei Jahren ungenutzt und ertraglos, war dies bei dem zuständigen Amt anzuzeigen. Der Anzeigende durfte das verwilderte Grundstück in Gewahrsam nehmen und es beackern, als ob es in seinem Eigentum gestanden hätte. Allerdings konnte der wahre Eigentümer jederzeit von jenem die Herausgabe des Grundstücks verlangen.

Anfang des 17. Jahrhunderts wurde die staatliche Politik verstärkt darauf ausgerichtet, die landwirtschaftliche Bodennutzung zu fördern: Wer eine Wildnis (wieder) urbar machte, war erst nach Ablauf von drei Jahren nach der Urbarmachung grundsteuerpflichtig. Der wirkliche Eigentümer konnte lediglich ein Drittel bzw. nach Ablauf von zehn Jahren nach der Urbarmachung die Hälfte der gesamten Ernte herausverlangen.

96 Bei dem Yangan handelt es sich um ein öffentliches Verzeichnis von Grundstücken, das alle zwanzig Jahre aktualisiert wurde. Es diente primär der Steuererhebung, damit der Einnahmeerzielung, Näheres *Byeongho Park*, Koreanische Rechtsgeschichte, S. 294 f.

(2) Nutzungsrecht an Grundstücken[97]

Ab dem 18. Jahrhundert gestattete der Eigentümer einem anderen, aufgrund besonderer Umstände in bestimmten Regionen[98], die landwirtschaftlichen Nutzungen seines Grundstücks zu ziehen. Das dadurch begründete, grundsätzlich zeitlich unbegrenzte Nutzungsrecht lastete auf dem Grundstück und war einem beschränkten dinglichen Recht angenähert: Zunächst berührte ein Grundstückseigentümerwechsel den Bestand des einmal bestellten Nutzungsrechts nicht. Gleiches galt bei einem Wechsel der Person des Nutzungsberechtigten. Weiterhin war das Nutzungsrecht frei veräußerlicht. Der Grundstückseigentümer konnte es aber nicht einseitig wieder aufheben oder übertragen. Verfügungsberechtigt war allein der Nutzungsberechtigte.

(3) Pfand- und Sicherungsrecht[99]

Zur Sicherung einer Forderung konnte das Pfandrecht an beweglichen Sachen nebst Sklaven bestellt werden. Als Gegenstand des Pfandrechts kam auch ein Grundstück in Betracht.

Ursprünglich setzte die Verpfändung immer die Übergabe der Sache an den Pfandgläubiger voraus (sog. Besitzpfandrecht). Das besitzlose Pfandrecht gab es hingegen erst im 19. Jahrhundert. So übertrug der Sicherungsgeber das Eigentum an seinem Grundstück auf den Sicherungsnehmer, blieb jedoch weiterhin im Besitz desselben und erlangte damit die Rechtsstellung eines Pächters. Zwischen dem Grundeigentümer und dem Erwerber wurde vereinbart, dass dem Ersteren das Grundstück im Fall der (rechtzeitigen) Erfüllung der gesicherten Forderung zurückübereignet wird[100]. Des

97 Näher *Byeongho Park*, Koreanische Rechtsgeschichte, S. 303 ff.

98 Etwa wo hochwasserbedingte, erhebliche Schäden an Grundstücken entstanden, oder wo Grundflächen über einen langen Zeitraum hinweg landwirtschaftlich ungenutzt blieben. Der Eigentümer des betroffenen Grundstücks räumte der zum Deichbau bzw. zur Gewinnung von Ackerland herangezogenen Arbeitskraft ein zeitlich unbegrenztes Nutzungsrecht an dem Grundstück ein, *Byeongho Park*, Koreanische Rechtsgeschichte, S. 303 f.

99 Ausführlich *Byeongho Park*, Koreanische Rechtsgeschichte, S. 333 ff.

100 *Byeongho Park*, Koreanische Rechtsgeschichte, S. 335 spricht zwar von einem (auflösend) „bedingten" Eigentum des Sicherungsnehmers. Nach seinen weiteren Ausführungen bleibt jedoch unklar, ob der Sicherungsgeber ein Anwartschaftsrecht am Grundstück hatte.

Weiteren durfte der Sicherungsnehmer über das Sicherungsgut nicht verfügen[101].

Allerdings war die Grenze zwischen dem Verkauf und der Verpfändung eines Grundstücks fließend. Es wurden grundsätzlich drei Arten von Kreditsicherheiten unterschieden: Bei der Bestellung eines Besitzpfandrechts verschaffte der Eigentümer dem Gläubiger nicht nur den Besitz, sondern auch das (Sicherungs-)Eigentum am Grundstück. Dem Pfandgläubiger stand bis zur Begleichung der gesicherten Forderung die umfassende Bodenbewirtschaftung zu. Demgegenüber behielt der Eigentümer bei der Bestellung eines besitzlosen Pfandrechts den (unmittelbaren) Besitz am Grundstück und durfte es weiter beackern. Schließlich konnte das besitzlose Pfandrecht auch in der Weise bestellt werden, dass der Eigentümer dem Pfandgläubiger sämtliche das Grundstück betreffende Übereignungsurkunden übergibt, damit über das Sicherungsgut (jedenfalls faktisch) nicht mehr verfügt werden kann. Zulässig und damit weit verbreitet war außerdem eine Vereinbarung, nach der dem Pfandeigentümer bei Eintritt des Sicherungsfalls das Eigentum am Grundstück (endgültig) übertragen werden soll.

dd) Familienrecht

(1) Verwandtschaft[102]

Die Verwandtschaft war eine auf gemeinsamer genetischer Herkunft beruhende Blutverwandtschaft. Es wurde zwischen der Verwandtschaft in gerader Linie und solcher in der Seitenlinie unterschieden. In gerader Linie verwandt waren Personen, die voneinander abstammten (z.B. Kinder und Eltern). In der Seitenlinie waren diejenigen miteinander verwandt, die nicht voneinander, aber von derselben dritten Person abstammten (z.B. Geschwister untereinander). Der Grad der Verwandtschaft zwischen zwei Personen berechnete sich wie im römischen Recht nach der Anzahl der zwischen ihnen liegenden, ihre Verwandtschaft vermittelnden Geburten.

Die Annahme als (voll erbberechtigtes) Kind war zulässig, wenn zwischen dem Annehmenden und dem Kind ein Verwandtschaftsverhältnis bestand[103]. Zur Annahme eines (voll erbberechtigten) Kindes war grundsätzlich berechtigt,

---

101 Auf die Frage, ob jede treuwidrige zwischenzeitliche Verfügung unwirksam war, geht *Byeongho Park* indes überhaupt nicht ein.

102 Ausführlich *Byeongho Park*, Koreanische Rechtsgeschichte, S. 214 ff., 258 ff.; ferner *Shimada*, Asiatische Rechtsgeschichte, S. 180.

103 Danach konnten nur Neffen des Annehmenden adoptiert werden, *Byeongho Park*, Koreanische Rechtsgeschichte, S. 258, 261.

wer männlich sowie verheiratet war und bis zum Zeitpunkt der Annahme keinen Sohn gezeugt hatte. Starb der Mann, ohne dass er zu seinen Lebzeiten einen Sohn gezeugt hatte, so konnte dessen Frau für ihren verstorbenen Mann ein Kind annehmen.

Die Annahme eines (voll erbberechtigten) Kindes unterblieb, wenn der Anzunehmende zum Zeitpunkt der Annahme keinen älteren Bruder (mehr) hatte.

Zur Annahme war die Einwilligung der Eltern des Kindes erforderlich. Weiterhin bedurfte die Annahme der Genehmigung der zuständigen Behörde.

Von derselben Person konnte nur ein Kind angenommen werden.

Das angenommene Kind erlangte die rechtliche Stellung eines leiblichen Kindes des Annehmenden.

Das Annahmeverhältnis konnte auf Antrag aufgehoben werden, etwa wenn nach der Annahme kein leiblicher Bruder des Kindes mehr lebte, wenn sich das Kind wegen Landesverrats strafbar machte, wenn der Annehmende zur Annahme des Kindes durch arglistige Täuschung bestimmt worden war, wenn es ohne die erforderliche Einwilligung der Eltern begründet worden war, oder wenn das Kind älter als der Annehmende oder sein Ehegatte war.

(2) Bürgerliche Ehe[104]

Ein Mann, der das 14. Lebensjahr vollendet hatte, war ehemündig. Dagegen konnte eine Frau schon mit der Vollendung des 13. Lebensjahres heiraten. War ein Elternteil des Ehewilligen chronisch erkrankt oder schon älter als 49 Jahre, so konnte es jedoch nach entsprechender Anzeige beim zuständigen Amt davon abgewichen werden, wenn der Ehewillige das 11. Lebensjahr vollendet hatte[105].

Eine Ehe durfte nicht eingegangen werden zwischen Verwandten in gerader Linie sowie in der Seitenlinie väterlicherseits[106]. Ferner sollte eine Ehe nicht geschlossen werden zwischen Angehörigen unterschiedlicher sozialer Klassen. In den ersten drei Jahren nach dem Tod eines Elternteils durften Kinder eine Ehe nicht eingehen. Unzulässig war schließlich die Doppelehe oder Vielehe.

---

104 *Byeongho Park*, Koreanische Rechtsgeschichte, S. 229 ff.

105 1894 wurde die Ehemündigkeit bei Männern auf 19 Jahre und bei Frauen auf 15 Jahre angehoben, *Byeongho Park*, Koreanische Rechtsgeschichte, S. 230.

106 1471 war ferner die Eheschließung zwischen Verwandten in der mütterlichen Seitenlinie bis zum sechsten Grad verboten, *Byeongho Park*, Koreanische Rechtsgeschichte, S. 235.

Adelige Witwer sollten grundsätzlich eine neue Ehe erst dann eingehen, nachdem drei Jahre seit dem Tod der Frau verstrichen waren[107]. Dagegen sollte die Wiederheirat von adeligen Witwen tunlichst unterbleiben.

Die Eheschließenden bedurften zur Eheschließung stets der Zustimmung ihrer Eltern oder Großeltern.

Die Ehe sollte nach (neo-)konfuzianischen zeremoniellen Ritualen geschlossen werden.Für die geschlossene Ehe war ein Familienbuch erst dann anzulegen, wenn die Ehegatten die Ehewohnung außerhalb des Elternhauses der Frau oder des Mannes bezogen.

Die Ehegatten führten keinen Ehenamen; die Frau führte ihren Geburtsnamen auch nach der Eheschließung.

Die Vermögen der Ehegatten wurden nicht gemeinschaftliche. Diese blieben also voneinander getrennt. Gleiches galt auch für die von den Ehegatten nach der Eheschließung erworbenen Vermögen.

Regelmäßig verwaltete der Mann neben seinem Vermögen auch das Vermögen der Frau. Er konnte aber nur mit der Einwilligung der Frau über deren Vermögen verfügen.

Eine Ehe konnte durch die Verstoßung der Frau seitens des Mannes geschieden werden[108].

ee) Erbrecht[109]

Die Erbschaft[110] ging kraft Gesetzes als Ganzes unmittelbar auf den oder die Erben über.

---

107 Dies galt insbesondere dann nicht, wenn der Witwer schon älter als 39 Jahre war und aus der vorigen Ehe kein Sohn hervorgegangen war.

108 Eine Ehe konnte grundsätzlich geschieden werden, wenn einer der folgenden Gründe vorlag und kein Verstoßungsverbot bestand: 1. Die Frau hatte den Eltern des Mannes keine Gehorsamkeit erwiesen. 2. Die Frau hatte keinen Sohn gezeugt. 3. Die Frau war schamlos geworden. 4. Die Frau war eifersüchtig geworden. 5. Die Frau hatte an einer bösartigen Erkrankung gelitten. 6. Die Frau war geschwätzig geworden. 7. Die Frau hatte gestohlen.
Die Verstoßung der Frau war nicht gestattet, wenn der Frau die Obdachlosigkeit drohte, wenn die Frau die dreijährige Trauerzeit nach dem Tod eines Elternteils des Mannes überstanden hatte, oder wenn die Frau später vermögend geworden war.

109 Näher *Byeongho Park*, Koreanische Rechtsgeschichte, S. 240 f., 274 ff.

110 Der koreanische Begriff „Git (Koreanisch: 깃 oder 깉)" bedeutete damals die Erbschaft, *Byeongho Park*, Koreanische Rechtsgeschichte, S. 274.

Gesetzliche Erben erster Ordnung waren die Abkömmlinge des Erblassers. Jeder Abkömmling schloss die durch ihn mit dem Erblasser verwandten Abkömmlinge (z.B. Enkel) von der gesetzlichen Erbfolge aus. Lebte ein Abkömmling zur Zeit des Erbfalls nicht mehr, so traten an die Stelle des Vorverstorbenen dessen Abkömmlinge.

Die Kinder des Erblassers erbten – ohne Rücksicht auf ihr Geschlecht und Alter – zu gleichen Teilen[111].

Als gesetzlicher Erbe zweiter Ordnung war der überlebende Ehegatte des Erblassers berufen[112]. Hinsichtlich des Erbrechts der Ehegattin galt dies indes nur, solange sie nicht wieder heiratete[113].

Gesetzliche Erben dritter Ordnung waren die Geschwister des Erblassers, deren Abkömmlinge und diejenigen, die mit dem Erblasser bis zum vierten Grad verwandt waren. Lebten alle Geschwister beim Erbfall, erbten sie allein. War ein Geschwisterteil vorverstorben, wurde er durch seine Abkömmlinge ersetzt. Lebten alle Geschwister zur Zeit des Erbfalls nicht mehr und war kein Abkömmling der Vorverstorbenen vorhanden, kamen die Verwandten im dritten oder vierten Grad zum Zug. Dabei erhielt derjenige, der mit dem Erblasser dem Grade nach am nächsten verwandt war, allein den Nachlass. War auch in der dritten Ordnung kein Verwandter des Erblassers vorhanden, war schließlich der Staat zur gesetzlichen Erbfolge berufen.

Bei testamentarischer Erbeinsetzung hatte der Erblasser stets die gesetzliche Erbfolge zu beachten. Die Befugnis des Erblassers, den Erben durch Testament zu bestimmen (sog. Testierfreiheit), war danach praktisch weitestgehend eingeschränkt.

Die Auseinandersetzung des Nachlasses erfolgte erst nach der dreijährigen Trauerzeit.

---

111 Nur der älteste Sohn erhielt zusätzlich zu seinem Erbteil ein Fünftel seines Anteils an dem Nachlass sowie das Haus des Erblassers, *Byeongho Park*, Koreanische Rechtsgeschichte, S. 277.

112 Der Ehegatte war in seiner Verfügungsbefugnis hinsichtlich der Erbschaftsgegenstände erheblich beschränkt: Er durfte einen zur Erbschaft gehörenden Gegenstand nur an einen Verwandten des Erblassers veräußern oder zu dessen Gunsten belasten, *Byeongho Park*, Koreanische Rechtsgeschichte, S. 240.

113 Eine weitere Besonderheit ergab sich bei der Adoption eines Kindes durch die ursprünglich erbberechtigte Ehegattin nach dem Erbfall. In diesem Fall ging die Erbschaft allein auf das angenommene Kind über, als ob dieses schon zu Lebzeiten des Erblassers als Kind angenommen worden wäre, *Byeongho Park*, Koreanische Rechtsgeschichte, S. 241, 276.

b) *Zivilprozessrecht*

aa) *Allgemeines*

Seit der Gründung des Joseon Königreichs galt die Eindämmung der Zivilprozessflut als äußerst erstrebenswert: Man glaubte, die stetige Anhäufung von Prozessen habe auch maßgeblich zum Niedergang des vorigen Goryeo Königreichs[114] geführt[115]. Überdies widerspricht die Entstehung von Rechtsstreitigkeiten – gleich welcher Art – eindeutig dem konfuzianischen Leitbild[116].

Die Zahl der anhängigen Klagen u.a. der sog. Sklaveneigentumsprätendenten[117] in Joseon stieg allerdings kontinuierlich an[118]. Eine zügige, möglichst zeitnahe Streitentscheidung schien aber kaum denkbar, zumal die eigentlich dazu berufenen Personen (und auch deren Gehilfen) nicht sonderlich juristisch ausgebildet waren; sie hatten erhebliche Schwierigkeiten, im konkreten Einzelfall einschlägige zivilverfahrensrechtliche Normen zu finden, die in den verschiedenen Reichsgesetzen nebst dem Groß-Ming-dynastischen Gesetz sowie einer Vielzahl von Verwaltungsanordnungen verstreut waren[119].

Vor diesem Hintergrund brachte man schließlich im 16. Jahrhundert (erstmalig) mehrere Gesetzbücher zustande, die das gerichtliche Verfahren in bürgerlichen Rechtsstreitigkeiten umfassend regeln sollten[120].

---

114 Bei Goryeo handelt es sich um ein mittelalterliches Königreich, welches von 918 bis 1392 existierte, oben Fn. 27.

115 *Geungsig Jeong/Sanghyeok Im*, Zusammenfassung des Sasongbeobseo im 16. Jahrhundert, S. 22; *Geungsig Jeong*, SNU Law 42/4 (2001), 27, 44. „Sasongbeobseo (Chinesisch: 詞訟法書, Koreanisch: 사송법서)" bedeutet wörtlich das Zivilprozessgesetzbuch.

116 *Geungsig Jeong/Sanghyeok Im*, Zusammenfassung des Sasongbeobseo im 16. Jahrhundert, S. 22.

117 Gemeint sind diejenigen, die das Eigentum an Sklaven für sich in Anspruch nehmen.

118 *Geungsig Jeong*, SNU Law 42/4 (2001), 27, 45. Statistische Angaben über die streitbefangenen Sklaven in den Jahren 1413, 1414 und 1453 finden sich bei *Geungsig Jeong/Sanghyeok Im*, Zusammenfassung des Sasongbeobseo im 16. Jahrhundert, S. 22.

119 Näher *Geungsig Jeong/Sanghyeok Im*, Zusammenfassung des Sasongbeobseo im 16. Jahrhundert, S. 16 f., 24 f.

120 So etwa Sasongyuchwi (Chinesisch: 詞訟類聚, Koreanisch: 사송유취) von 1585. Freilich sind alle diese Gesetzbücher gleichsam bloße informelle Sammelwerke mit bereits vorhandenen, in mehreren (förmlichen) Gesetzen verstreuten zivilprozessrechtlichen Vorschriften, zum Ganzen *Geungsig Jeong/Sanghyeok Im*, Zusammenfassung des Sasongbeobseo im 16. Jahrhundert, S. 17, 26 ff. (28 ff.). Nur am Rande sei bemerkt, dass im südkoreanischen Schrifttum gelegentlich vertreten wird, dass damit eine gewichtige Grundlage für die „Rechtsstaatlichkeit" in Korea geschaffen worden

bb) Begriff des Zivilprozesses

Die während der Joseon-Dynastie kodifizierten Gesetze können die Vermutung aufkommen lassen, dass die traditionelle koreanische Rechtsordnung nicht zwischen materiellem und prozessualem Recht unterschieden hätte[121]. Die fraglichen Gesetzeswerke untergliedern sich allesamt in sechs Teile[122] und das gerichtliche Verfahren in Prozessen ist nicht separat vorgesehen[123]. Insbesondere enthält das Sasongbeobseo[124] neben verfahrensrechtlichen Bestimmungen auch einzelne sachlich-rechtliche Vorschriften[125]. Jene Vermutung geht jedoch fehl[126]: Zu berücksichtigen ist zunächst, dass der erwähnte Gesetzesaufbau in sechs Büchern schlicht dem Regierungssystem der Joseon-Dynastie[127]

---

sei, *Geungsig Jeong*, Anmerkung zur koreanischen Rechtsgeschichte in: Shimada, Asiatische Rechtsgeschichte, 186, 188 („eigene, selbständige Rechtskultur"); *ders.*, SNU Law 42/4 (2001), 27, 45 und 59, Fn. 78 („rule of law"); auch *Junyeong Mun*, Die Entstehung von Gerichten und Staatsanwaltschaften, S. 58 („nach konfuzianischen Maßstäben korrigierte Rechtsstaatlichkeit"), näher oben 2. c).

121 So u.a. *Hwaseon Song*, AAMP 3 (1994), 651. Weiterhin differenzierte man nicht zwischen Privatrecht und öffentlichem Recht, *Hwaseon Song*, AAMP 3(1994), 651.

122 Diese sind: Ijeon (Chinesisch: 吏典, Koreanisch: 이전), Hojeon (Chinesisch: 戶典, Koreanisch: 호전), Yejeon (Chinesisch: 禮典, Koreanisch: 예전), Byeongjeon (Chinesisch: 兵典, Koreanisch: 병전), Hyeongjeon (Chinesisch: 刑典, Koreanisch: 형전), Gongjeon (Chinesisch: 工典, Koreanisch: 공전). *Ijeon* regelt öffentliche Dienstverhältnisse wie die Ernennung oder Entlassung von Beamten, während *Hojeon* Vorschriften betreffend die Staatsfinanzen enthält. Die Bestimmungen des *Yejeon* befassen sich u.a. mit Beamtendienstprüfungen, Außenpolitik, Zeremonien, öffentlichen Urkunden sowie Familien. Im *Byeongjeon* sind Angelegenheiten des Militärwesens geregelt. *Hyeongjeon* betrifft Strafe, Prozesse, Sklaven und Erbfolgen. Schließlich regelt *Gongjeon* die Rechtsverhältnisse von Straßen sowie Brücken und die Ausübung von Gewerben. Außerdem legt dieses offizielle Größenordnungen fest, Doosan Welt Enzyklopädie, hrsg. von dem Doosandonga Forschungsinstitut für Enzyklopädie, 2. Bd., Seoul, 1996, S. 140.

123 *Geungsig Jeong/Sanghyeok Im*, Zusammenfassung des Sasongbeobseo im 16. Jahrhundert, S. 20.

124 Das Zivilprozessgesetzbuch, oben Fn. 115.

125 *Geungsig Jeong/Sanghyeok Im*, Zusammenfassung des Sasongbeobseo im 16. Jahrhundert, S. 20.

126 Z.B. *Geungsig Jeong/Sanghyeok Im*, Zusammenfassung des Sasongbeobseo im 16. Jahrhundert, S. 20.

127 In der Joseon-Dynastie wurden sechs Zentralbehörden, die sog. Yukjo (Chinesisch: 六曹, Koreanisch: 육조) gegründet: Ijo (Chinesisch: 吏曹, Koreanisch: 이조), Hojo (Chinesisch: 戶曹, Koreanisch: 호조), Yejo (Chinesisch: 禮曹, Koreanisch: 예조),

gefolgt ist. Des Weiteren erklärt sich die Aufnahme der bestimmten sachlich-rechtlichen Regelungen im Sasongbeobseo daraus, dass diese zur Sicherung eines reibungslosen sowie zügigen Ablaufs von Zivilverfahren geeignet waren. Im Übrigen spricht die (systematische) Stellung der bürgerlich-rechtlichen Normen im *joseonischen* Zivilprozessgesetzbuch dafür, dass man sehr wohl den Unterschied zwischen materiellem und prozessualem Recht – wenn auch nicht klar – erblickt hat; die betreffenden Normen sind im letzten Buch des Sasongbeobseo platziert[128].

Das Vorhandensein der Zivilprozessgesetzbücher liefert trotz deren fehlender Förmlichkeit ein gewichtiges Indiz dafür, dass der Zivilprozess schon damals als ein verselbstständigtes, eigenständiges Gerichtsverfahren angesehen wurde[129]. So bedeutete „Sasong (Chinesisch: 詞訟, Koreanisch: 사송)" v.a. bürgerlich-rechtliche Streitigkeiten vermögensrechtlicher Art[130]. Allerdings zog die Durchführung von bürgerlichen Rechtsstreitigkeiten sehr oft ein Strafverfahren nach sich, da das zur Klageerhebung veranlassende Verhalten des Beklagten in den meisten Fällen zugleich als sozialschädlich galt und damit strafwürdig war[131]. Lag ein strafrechtsrelevantes Verhalten des Beklagten vor, konnte dieser im laufenden Zivilprozess belangt werden, ohne dass ein weiteres Strafverfahren eingeleitet zu werden brauchte[132]. Da auf der regionalen Ebene ein und dieselbe Stelle für die Verhandlung und Entscheidung in Zivil- sowie Strafsachen zuständig war, bestand ferner die Möglichkeit, von vornherein in einer Klageschrift neben dem Klageantrag einen Strafantrag zu stellen, über den die angerufene

---

Byeongjo (Chinesisch: 兵曹, Koreanisch: 병조), Hyeongjo (Chinesisch: 刑曹, Koreanisch: 형조), Gongjo (Chinesisch: 工曹, Koreanisch: 공조).

128 Zum Ganzen *Geungsig Jeong/Sanghyeok Im*, Zusammenfassung des Sasongbeobseo im 16. Jahrhundert, S. 20.

129 So insbesondere *Geungsig Jeong/Sanghyeok Im*, Zusammenfassung des Sasongbeobseo im 16. Jahrhundert, S. 19 f.

130 Z.B. Klagen wegen eines Ackers, Hauses, Sklaven, Bergs oder einer Geldforderung, *Byeongho Park*, Koreanische Rechtsgeschichte, S. 145; *Hwaseon Song*, AAMP 3 (1994), 651. Hingegen trug der Strafprozess den Namen „Oksong (Chinesisch: 獄訟, Koreanisch: 옥송)", *Byeongho Park*, Koreanische Rechtsgeschichte, S. 145.

131 *Byeongho Park*, Koreanische Rechtsgeschichte, S. 145 f. Wer z.B. bei einer Geldschuld trotz der Fälligkeit nicht leistete, machte sich dadurch strafbar, *Byeongho Park*, Koreanische Rechtsgeschichte, S. 145.

132 Eine derartige Verbindung beider Prozesse hieß „Sasongdong (Chinesisch: 詞訟同, Koreanisch: 사송동)", wodurch ein umgekehrtes Adhäsionsverfahren (i.S.d. §§ 403 ff. StPO) ermöglicht wurde, *Geungsig Jeong/Sanghyeok Im*, Zusammenfassung des Sasongbeobseo im 16. Jahrhundert, S. 20.

Behörde sodann in einer einheitlichen Entscheidung befand[133]. Es dürfte außer Frage stehen, dass diese ganz eigene *joseonspezifische* Verfahrenshandhabung prozessökonomische Vorteile mit sich gebracht hat.

Materiell streitentscheidende Normen waren letztlich meistens solche des gefestigten Gewohnheits- oder Richterrechts; die Kernmaterie des materiellen Zivilrechts war damals nicht gesetzlich geregelt[134].

cc) Institutionen der Judikatur[135]

In der Joseon-Dynastie trennten sich die Exekutive und die Judikative nicht streng voneinander; die rechtsprechende Gewalt vereinigte sich vielmehr mit der vollziehenden Gewalt in einem (Verwaltungs-)Organ[136]. Der König des Joseon Königreichs war – wie jeder andere Monarch im Europa des späten Mittelalters oder der frühen Neuzeit – sowohl das Oberhaupt der Regierung als auch der höchste Richter[137].

Dem Rechtsschutzsuchenden stand ein mehrstufiger Instanzenzug offen; grundsätzlich konnte jeder Zivilprozess drei Instanzen durchlaufen[138]. Der Leiter der örtlichen (Verwaltungs-)Behörde[139] war als erste Instanz mit der

---

133 *Geungsig Jeong/Sanghyeok Im*, Zusammenfassung des Sasongbeobseo im 16. Jahrhundert, S. 20.

134 Oben a) aa); ferner *Byeongho Park*, Koreanische Rechtsgeschichte, S. 149.

135 Ausführlich *Byeongho Park*, Koreanische Rechtsgeschichte, S. 149 f., 162 f.; *Hwaseon Song*, AAMP 3 (1994), 651, 653.

136 *Byeongho Park*, Koreanische Rechtsgeschichte, S. 146; *Hwaseon Song*, AAMP 3 (1994), 651, 652.

137 Statt vieler *Geungsig Jeong*, SNU Law 42/4 (2001), 27, 36; *Junyeong Mun*, Die Entstehung von Gerichten und Staatsanwaltschaften, S. 59 f.

138 Es sei schon hier klargestellt, dass das Beschreiten des Instanzenzugs damals nicht der einzige Weg war, um die Abänderung der erstinstanzlichen Entscheidung zu erreichen: Wer durch ein in erster Instanz ergangenes Urteil beschwert war, konnte (und wohl auch durfte) – statt mittels Einlegung eines Rechtsmittels eine weitere Instanz in Anspruch zu nehmen – die Ausgangsinstanz, deren Entscheidung angefochten werden sollte (sog. *iudex a quo)*, erneut anrufen, die sich alsdann mit derselben Streitsache von Neuem zu befassen hatte. Es bestand keine innerprozessuale Selbstbindung der erkennenden Instanz an ihre eigene Entscheidung, zum Ganzen *Byeongho Park*, Koreanische Rechtsgeschichte, S. 162 f. Auch unten gg).

139 Die Leiter der unteren Verwaltungsbehörden, die mit Bürgern in unmittelbaren Kontakt traten, waren: Moksa (Koreanisch: 목사), Busa (Koreanisch: 부사), Gunsu (Koreanisch: 군수), Hyeonryeong (Koreanisch: 현령), Hyeongam (Koreanisch: 현감). Diesen fehlten häufig die nötige praktische Erfahrung sowie Sachkenntnis auf dem Gebiet der Rechtspflege, sodass in Wirklichkeit die ihnen nachgeordneten Gehilfen,

Entscheidung von Rechtsstreitigkeiten betraut[140]. Die Berufungsinstanz war der Präsident der jeweiligen Landesbezirksregierung, der sog. Gamsa (Koreanisch: 감사)[141]. Der Gamsa entschied jedoch nicht in der Sache selbst, sondern verwies die Sache zur neuen Verhandlung und Entscheidung an den Leiter der örtlichen Behörde zurück, dessen Urteil angefochten wurde[142]. Zugleich ordnete der Gamsa (unverbindliche) Richtlinien zur Beurteilung des ihm zur rechtlichen sowie tatsächlichen Überprüfung vorgelegten Sachverhalts an, die der Leiter der Regionalbehörde sodann seiner (erneuten) Entscheidung zugrunde legte[143]. Gegen die Berufungsurteile war das Rechtsmittel der Revision statthaft[144]. Zur Entscheidung über die Revision war eine der sechs Zentralbehörden, Hyeongjo (Chinesisch: 刑曹, Koreanisch: 형조) als Kollegialbehörde berufen[145]. Daneben konnte die Revision ausnahmsweise bei dem im königlichen Palast ansässigen Amt, dem sog. Saheonbu (Chinesisch: 司憲府, Koreanisch: 사헌부) eingelegt werden, wenn die Revision z.B. darauf gestützt wurde, dass das Urteil auf einer parteiischen Haltung des erkennenden Richters beruhe[146]. Schließlich war der Weg zum König als obersten Richter eröffnet[147].

Ajeon (Koreanisch: 아전) konkrete Geschäfte erledigten, zum Ganzen *Byeongho Park*, Koreanische Rechtsgeschichte, S. 149.

140 *Byeongho Park*, Koreanische Rechtsgeschichte, S. 149; *Hwaseon Song*, AAMP 3 (1994), 651, 653.

141 *Byeongho Park*, Koreanische Rechtsgeschichte, S. 149; *Hwaseon Song*, AAMP 3 (1994), 651, 653. Das Wort „Uisong (Chinesisch: 議送, Koreanisch: 의송)" bezeichnet das Rechtsmittel gegen das erstinstanzliche Urteil, *Byeongho Park*, Koreanische Rechtsgeschichte, S. 149.

142 Dies galt auch im Fall des Vorliegens der Entscheidungsreife, *Byeongho Park*, Koreanische Rechtsgeschichte, S. 149.

143 *Byeongho Park*, Koreanische Rechtsgeschichte, S. 149.

144 *Byeongho Park*, Koreanische Rechtsgeschichte, S. 149 f.; *Hwaseon Song*, AAMP 3 (1994), 651, 653.

145 *Byeongho Park*, Koreanische Rechtsgeschichte, S. 149 f.; *Hwaseon Song*, AAMP 3 (1994), 651, 653.

146 Näher *Byeongho Park*, Koreanische Rechtsgeschichte, S. 150.

147 Eine derartige *Sonder*revision nannte man Sangeon (Chinesisch: 上言, Koreanisch: 상언), *Byeongho Park*, Koreanische Rechtsgeschichte, S. 150.

dd) Parteien des Zivilprozesses[148]

Ohne Rücksicht auf soziale Schicht konnte jede natürliche Person vor Verwaltungsbehörde klagen und verklagt werden; auch Klagen eines Bürgerlichen gegen einen Adeligen waren grundsätzlich möglich[149]. Zulässig war ferner die sog. aktive Streitgenossenschaft[150]. Angehörige des Adelsstandes pflegten ihren Prozess durch einen selbst bestellten Vertreter führen zu lassen, um nach außen ihr Gesicht zu wahren[151].

ee) Wirksame Klageerhebung[152]

Die Klage war bei der zuständigen Behörde schriftlich oder mündlich zu erheben[153]. In der Klageschrift mussten u.a. der Klagegrund sowie etwaige Beweismittel angegeben sein[154].

Grundsätzlich musste die Klage vor Ablauf einer bestimmten Klagefrist erhoben werden; die Frist begann mit der Entstehung eines (außerbehördlichen)

---

148 *Byeongho Park*, Koreanische Rechtsgeschichte, S. 152 f.; *Hwaseon Song*, AAMP 3 (1994), 651, 653.

149 Wer die Klage erhoben hat, wurde als Wongo (Chinesisch: 原告, Koreanisch: 원고) bezeichnet, während die Partei, gegen die der Rechtsschutz begehrt wurde, Piron (Chinesisch: 被論, Koreanisch: 피론) oder Woncheok (Chinesisch: 元隻, Koreanisch: 원척) bzw. schlicht Cheok (Chinesisch: 隻, Koreanisch: 척) hieß, *Byeongho Park*, Das Recht und der Rechtsgedanke in der Frühen Neuzeit, S. 119; *ders.*, Koreanische Rechtsgeschichte, S. 152.

150 Im Fall einer gemeinsamen Klage durch mehrere Personen kam das obsiegende Urteil allerdings nur denjenigen Klägern zustatten, die bis zum Zeitpunkt der Urteilsverkündung prozessiert hatten, *Byeongho Park*, Koreanische Rechtsgeschichte, S. 153.

151 Für die Prozessvertretung verwendete man den Begriff „Daesong (Chinesisch: 代訟, Koreanisch: 대송)". Dass sich adelige Frauen sowie Kinder durch einen Bevollmächtigten im Prozess vertreten lassen konnten, war gar gesetzlich ausdrücklich vorgesehen, zum Ganzen *Byeongho Park*, Koreanische Rechtsgeschichte, S. 153.

152 Näheres *Byeongho Park*, Koreanische Rechtsgeschichte, S. 153 ff.; *Hwaseon Song*, AAMP 3 (1994), 651, 654.

153 Die Begriffe „Soji (Chinesisch: 所志, Koreanisch: 소지)" bzw. „Sojidanja (Chinesisch: 所志單子, Koreanisch: 소지단자)" standen seinerzeit für die Klageschrift. In Abgrenzung dazu nannte man die Klageschrift eines Adeligen speziell „Danja (Chinesisch: 單子, Koreanisch: 단자), *Byeongho Park*, Koreanische Rechtsgeschichte, S. 153; *Hwaseon Song*, AAMP 3 (1994), 651, 654.

154 Darüber hinaus musste die Klageschrift die vollständige Anschrift, den Namen sowie die Signatur des Klägers enthalten, *Byeongho Park*, Koreanische Rechtsgeschichte, S. 153.

Streits zwischen künftigen Parteien und betrug bei einem Grundstück, ein Haus oder einen Sklaven betreffenden Klagen fünf Jahre[155].

Sobald die Klagefrist verstrichen ist, galt der bestehende Rechtszustand als rechtmäßig und damit war fortan verwehrt, denselben Streitgegenstand zum Gegenstand eines späteren Verfahrens zu machen.

In Ausnahmefällen war die Klage indes nicht fristgebunden und konnte daher jederzeit eingelegt werden; ein solcher Ausnahmefall lag etwa vor, wenn ein Grundstück oder ein Haus veräußert wurde, welches dem Eigentümer zuvor gestohlen worden war, wenn die Abkömmlinge eines Erblassers nicht zu gleichen Teilen erbten, sondern ein Einziger die ganze Erbschaft erlangte, wenn der Pächter das verpachtete Grundstück nach der Beendigung des Pachtverhältnisses nicht zurückgab, oder wenn der Mieter eines Miethauses dieses dem Vermieter nach der Beendigung des Mietverhältnisses vorenthielt.

ff) Erstinstanzliches Verfahren bis zum Urteil[156]

Die Zustellung der Klageschrift erfolgte nicht von Amts wegen. Vielmehr hatte der Kläger dem Beklagten die von der Behörde wieder zurückerhaltene Klageschrift (im Original) persönlich (oder durch einen Boten) zu überbringen, nachdem die Klage bei der Behörde eingereicht worden war. Mit derartigem Anzeigen der Klageeinreichung wurde der Beklagte aufgefordert, vor der Behörde zu erscheinen[157]. Diese sog. Erscheinungsbefehlsklausel war der Urschrift der Klage am Schluss beigefügt. Das eigentliche streitige Verfahren wurde sodann mit der Einreichung einer schriftlichen Klageerwiderung[158] durch den Beklagten bei der Behörde eröffnet.

---

155 Sog. Jeongsogihan (Chinesisch: 呈訴期限, Koreanisch: 정소기한) bzw. Songhan (Chinesisch: 訟限, Koreanisch: 송한). Neben dieser Frist musste man weitere Fünf-Jahre-Frist beachten, innerhalb der das wirksam in Gang gesetzte Streitverfahren (weiter-)betrieben werden konnte, *Byeongho Park*, Koreanische Rechtsgeschichte, S. 154; *Hwaseon Song*, AAMP 3 (1994), 651, 654. Eine solche Klagefrist dient unstreitig der Rechtsklarheit oder -sicherheit. Gleichwohl dürfte die Bestimmung des Fristbeginns, also des Beginns des Streits, erhebliche praktische Schwierigkeiten bereitet haben.

156 Näheres *Byeongho Park*, Koreanische Rechtsgeschichte, S. 155 ff., 164 ff.; *Hwaseon Song*, AAMP 3 (1994), 651, 654 ff.

157 Kam der Beklagte dieser Aufforderung nicht nach, konnte der Kläger schon nach der erfolglosen zweiten Aufforderung die Vorführung des Beklagten beantragen, *Byeongho Park*, Koreanische Rechtsgeschichte, S. 155.

158 Der Schriftsatz, mit dem auf die Klage erwidert wurde, wurde „Sisongdajim“ (Koreanisch: 시송다짐, Deutsch: Anerkennung des Verfahrensbeginns) genannt, *Byeongho Park*, Koreanische Rechtsgeschichte, S. 155.

Über den Rechtsstreit verhandelten die Parteien grundsätzlich schriftlich und eine (theoretisch mögliche) mündliche Verhandlung fand nur selten statt.

Im Zivilprozess herrschte schon damals der sog. Verhandlungs- bzw. Beibringungsgrundsatz[159]: Die Parteien durften frei bestimmen, welche Tatsachen sie der Behörde zur Entscheidung unterbreiten sowie für welche Tatsachen sie Beweis antreten.

Als Beweismittel kamen nur Zeugen und Urkunden in Betracht. Den Letzteren kam stets die erhöhte Beweiskraft zu[160]. Demgegenüber wurde die Zeugenaussage nur subsidiär von der erkennenden Behörde bei der Beweiswürdigung im Rahmen der Urteilsbildung herangezogen[161].

Da eine behördliche Terminierung der Verhandlung schlechthin unterblieb, brauchten die Parteien nicht geladen zu werden. Vielmehr hatte man zuzuwarten, bis die Parteien aus eigenem Antrieb vor der Behörde erschienen. Blieb die eine Partei aber – etwa aufgrund einer ihr ungünstigen Prozesslage – ab dem Verfahrensbeginn 30 Tage lang ununterbrochen aus, wurde nach dem Begehren der anderen erschienenen durch ein Urteil erkannt[162], um eine bewusste Prozessverschleppung zu verhindern.

Arbeitete eine Partei als Bauer, war das Verfahren grundsätzlich während der Ackerbausaison auszusetzen. In der Saison war ferner nicht gestattet, gegen in der Landwirtschaft tätige Personen zu klagen, es sei denn, ein schwerwiegender Fall wie z.B. Vorenthaltung oder Verkauf eines fremden Grundstücks durch sie war anzunehmen.

Ein Richter durfte das Richteramt kraft Gesetzes nicht ausüben, wenn eine Person, mit der er in gerader Linie oder in der Seitenlinie bis zum vierten Grad verwandt oder verschwägert war, als Partei am Verfahren beteiligt war[163].

---

159 *Byeongho Park*, Koreanische Rechtsgeschichte, S. 156. Dem ist zu folgen.

160 Dies hängt mit den damals im Verkehr geltenden Gewohnheiten sowie Bräuchen eng zusammen: So z.B. bei der Teilung des Nachlasses oder beim Handel pflegte man stets alle wesentlichen Punkte des Geschäfts zu dokumentieren, um eine zukünftige Beweisführung zu erleichtern sowie zu sichern. Dies galt auch unter nahen Verwandten, Näheres *Byeongho Park*, Koreanische Rechtsgeschichte, S. 156 f.

161 Der Zeuge war nach der Vernehmung auf jeden Fall schriftlich zu beeidigen, *Byeongho Park*, Koreanische Rechtsgeschichte, S. 158.

162 Dies setzte noch voraus, dass die andere Partei zumindest 21 Tage lang allein vor der Behörde erschien.

163 In Sachen eines entfernteren Verwandten durfte der Richter mit diesem während der ganzen Verfahrensdauer keinen privaten Kontakt pflegen, *Byeongho Park*, Das Recht und der Rechtsgedanke in der Frühen Neuzeit, S. 110.

Es versteht sich von selbst, dass ein durchschnittlicher Bürger, der sehr häufig des Schreibens und Lesens nicht mächtig war, alleine nicht imstande war, einen Prozess zu führen[164]. So gab es bereits zu jener Zeit eine Personengruppe, die – wenn auch nicht gewerbsmäßig – Schriftsätze an die Behörde für einen anderen gegen eine Vergütung erstellte[165]. In unmittelbarer Nähe der Behörde waren insbesondere auch solche Personen anzutreffen, die sich als Prozesskundige erboten, im fremden Namen Prozesshandlungen – ebenfalls entgeltlich – vorzunehmen[166]. Daraus bildete sich in Korea ein Berufsstand professioneller Juristen heraus, die aufgrund ihrer umfassenden Fachkenntnisse den Rechtsuchenden berieten, ihm Prozesstaktiken vermittelten und ihn ggf. auch im Klageverfahren vertraten.

gg) Urteil[167]

Soweit die Parteien einen gemeinsamen schriftlichen Antrag auf Erlass eines Urteils stellten, da der Rechtsstreit nach deren Auffassung zur Endentscheidung reif war, konnte die Verwaltungsbehörde ein Endurteil fällen. In vereinzelten Fällen entschied sie aber – auch ohne einen entsprechenden Antrag – nach eigenem Ermessen.

Neben der Urteilsformel und den Urteilsgründen musste das schriftlich abzufassende Urteil[168] den vollständigen Wortlaut der eingereichten Schriftsätze

164 Dazu merkt *Byeongho Park*, Koreanische Rechtsgeschichte, S. 164 noch Folgendes an: Schon der Entwurf einer Klage erforderte angesichts dabei zu beobachtender Förmlichkeiten besondere Fähigkeiten oder Kenntnisse. Die Prozessgeschicklichkeit fehlte auch intellektuellen Kreisen.

165 Etwa lebenserfahrene, sachkundige Personen, gelehrte Konfuzianer oder Gehilfen des Leiters der örtlichen Behörde (sog. Ajeon), *Byeongho Park*, Koreanische Rechtsgeschichte, S. 164, 165 f.; *Hwaseon Song*, AAMP 3 (1994), 651, 655.

166 Hervorzuheben sind diejenigen, die geschäftsmäßig fremde Rechtsangelegenheiten besorgten. Sie führten die Berufsbezeichnung „Oejibu (Chinesisch: 外知部, Koreanisch: 외지부)“, *Byeongho Park*, Koreanische Rechtsgeschichte, S. 164 f.

167 *Byeongho Park*, Koreanische Rechtsgeschichte, S. 149, 159 ff.; *Hwaseon Song*, AAMP 3 (1994), 651, 656 f.

168 Das schriftliche Urteil hatte mehrere Namen: Iban (Chinesisch: 立案, Koreanisch: 입안), Dangyeoliban (Chinesisch: 斷決立案, Koreanisch: 단결입안), Gyeolsongiban (Chinesisch: 決訟立案, Koreanisch: 결송입안) und Gyeoljeoliban (Chinesisch: 決折立案, Koreanisch: 결절입안), *Byeongho Park*, Koreanische Rechtsgeschichte, S. 160.

sowie Verfügungen chronologisch wiedergeben. Es war vom erkennenden Leiter der unteren Verwaltungsbehörde als Einzelrichter zu unterschreiben.

Die Niederschrift des Urteils erfolgte erst nach dessen Verkündung durch mündliche Mitteilung der Entscheidung. Fand ein Wechsel des Behördenleiters nach der Urteilsverkündung statt, so hielt der neue Leiter das Urteil seines Vorgängers schriftlich fest[169].

Das Urteil war zweifach auszufertigen. Nur die obsiegende Partei erhielt das Urteil gegen Übergabe einer bestimmten Menge von weißen Papieren oder Kleiderstoffen. In nichtvermögensrechtlichen Angelegenheiten konnte das (schriftliche) Urteil durch eine auf die Urschrift der Klage zu setzende, amtliche Bescheinigung des Rechtsschutzgesuchs[170] ersetzt werden.

Urteile der Leiter der Regionalbehörden waren – jedenfalls vorläufig – vollstreckbar. Zur Sicherung der Zwangsvollstreckung hatte die unterliegende Partei eine schriftliche Erklärung dahin abzugeben, dass sie sich verpflichte, für jeden Fall der Zuwiderhandlung eine Strafe gleicher Art zu erleiden.

Die Unanfechtbarkeit bzw. Unabänderlichkeit der (erstinstanzlichen) Urteile trat dann ein, wenn die gewinnende Partei in derselben Sache zwei weitere, das Ersturteil bestätigende Urteile erwirkt hat. In diesem Fall war schlechthin nicht mehr erlaubt, denselben Streitgegenstand noch einmal zum Gegenstand eines streitigen Verfahrens zu machen[171]. Da die erkennende Instanz grundsätzlich nicht an ihre früheren Entscheidungen gebunden war, bedurfte es indessen keines (ordentlichen) Rechtsmittels, um eine der betroffenen Partei ungünstige Entscheidung überprüfen zu lassen. Vielmehr konnte (bzw. durfte) man dazu die Ausgangsinstanz, von der das angefochtene Urteil herrührte (sog. *iudex a quo*) wiederholt in Anspruch nehmen, die alsdann bei erneuter Befassung mit derselben Sache möglicherweise eine von ihrem (früheren) Urteil abweichende Entscheidung traf. Dies hatte angesichts des Grundsatzes der dreimal aufeinanderfolgenden Prozessgewinnung (sog. Samdodeuksinbeob) zur Folge, dass über einen Sachverhalt bereits in der Ausgangsinstanz endgültig, d.h. für die Parteien bindend entschieden werden konnte, obgleich die zulässigen Rechtsmittel nicht

169 Im Fall eines derartigen zwischenzeitlichen Leiterwechsels kam freilich vor, dass die unterliegende Partei die gleiche Sache dem neuen Leiter zur erneuten Entscheidung vorlegte.

170 Sog. Ibji (Chinesisch: 立旨, Koreanisch: 입지), *Byeongho Park*, Koreanische Rechtsgeschichte, S. 161.

171 Dies folgt unmittelbar aus dem Grundsatz der dreimal aufeinanderfolgenden Prozessgewinnung, sog. Samdodeuksinbeob (Chinesisch: 三度得伸法, Koreanisch: 삼도득신법), *Byeongho Park*, Koreanische Rechtsgeschichte, S. 161 ff.

fristgebunden waren und daher im Grunde hätten noch eingelegt werden können. Ein Klageverbrauch trat auch dann ein, wenn die eine Partei dreimal hintereinander eine positive (erstinstanzliche) Entscheidung über dieselbe Streitsache erstritten hat[172].

4. Fazit

Zusammenfassend kann festgehalten werden, dass das auf der koreanischen Halbinsel des Spätmittelalters geltende Zivilrecht sowohl in materieller als auch in prozessualer Hinsicht solche Elemente aufweist, die auch nach heutigem Ermessen nicht nur statischer und beharrender Natur waren. Im Grunde kann man sagen, dass das traditionelle koreanische Zivilrecht von denselben Grundwertungen beherrscht war, die – wenn auch mit anderen rechtlichen Ausprägungen im Einzelnen – auch im Rahmen der modernen südkoreanischen Zivilrechtsordnung (fort-)gelten. Das „alte" Zivilrecht erweist sich damit gegenüber dem „modernen" nicht als völlig fremdartig.

Hervorzuheben sind u.a.: Das *joseonische* Vertragsrecht ging von dem Gedanken aus, dass jeder Einzelne grundsätzlich selbst bestimmen kann, ob, mit wem und mit welchem Inhalt er einen Vertrag schließt (sog. Vertragsfreiheit). Insbesondere konnte man seinen Vertragspartner frei wählen, ohne Rücksicht darauf, welcher Gesellschaftsklasse der andere angehörte. Auch die oben genannten Vertragstypen (Kauf, Tausch usw.) sind insofern als übliche, am häufigsten vorkommende anzusehen. Die allgemeine Verkehrssitte, wonach Verträge stets schriftlich abgeschlossen wurden, findet schließlich ihre Rechtfertigung darin, dass sie Beweiszwecken, damit der Schaffung der Rechtssicherheit und Rechtsklarheit diente. Das Immobiliarsachenrecht war vom Grundsatz der Verfügungsfreiheit des Grundeigentümers beherrscht[173]. Das Grundeigentum, das schon begrifflich über bloßen Grundbesitz hinausging, stellte ein frei veräußerliches, belastbares Recht dar[174]. Soweit eine gewillkürte Erbeinsetzung *de facto* nicht stattfinden konnte, folgte dies aus der konfuzianischen Prägung des *joseonischen*

---

172 Über ein und denselben Streitgegenstand konnte demnach höchstens fünfmal prozessiert werden.

173 Das bis 1424 bestandene Veräußerungsverbot war bedingt durch die seinerzeit landesweit durchgeführte Staatspolitik, *Byeongho Park*, Koreanische Rechtsgeschichte, S. 292, 315.

174 Nach *Byeongho Park*, Koreanische Rechtsgeschichte, S. 300 entspricht der Begriff des Privateigentums an Grund und Boden im Spätmittelalter daher nahezu dem modernen Verständnis.

Erbrechts. Andere Leitgedanken, die dem traditionellen Erbrecht zugrunde lagen, sind jedoch bis heute erhalten geblieben. Es herrschte der Gedanke des privaten Erbrechts. Da es praktisch keine herrenlosen Nachlässe gab[175], dürfte dem nicht entgegenstehen, dass die erbberechtigte Verwandtschaft auf den vierten Grad beschränkt war. Weiterhin sollten diejenigen Personen erben, die dem Verstorbenen in aller Regel am nächsten standen. Diese waren in erster Linie die Abkömmlinge des Erblassers, hinter denen auch dessen Ehegatte zum gesetzlichen Erben berufen war.

Auch das traditionelle koreanische Zivilprozessrecht war immerhin durch diejenigen einzelnen Verfahrensgrundsätze geprägt, die aus gegenwärtiger Sicht jeweils als Dispositionsgrundsatz, Verhandlungs- bzw. Beibringungsgrundsatz und Beschleunigungsgrundsatz zu bezeichnen sind: Das *joseonische* zivilprozessuale Verfahren unterlag der Parteiherrschaft. So war dem Einzelnen grundsätzlich überlassen, ein Verfahren in Gang zu setzen und es zu beenden. Der Kläger bestimmte den Gegenstand des Verfahrens, indem er den Inhalt sowie den Grund des geltend gemachten Anspruchs in der Klageschrift angab. Insbesondere bedurfte ein Urteil eines entsprechenden (schriftlichen) Antrags beider Parteien. Weiterhin oblag es den Parteien, für die Beschaffung und den Beweis derjenigen Tatsachen zu sorgen, die die Behörde ihrer Entscheidung zugrunde legen sollte. Schließlich wurde besonderer Wert darauf gelegt, dass der Zivilprozess zügig vorangetrieben wird. Demnach hatte eine Partei, die durch ihr dreißigtätiges Fernbleiben von der Verhandlung eine Verzögerung der Erledigung des Rechtsstreits herbeiführte, stets ein gegen sie ergehendes Urteil zu befürchten.

Wie schon oben angedeutet[176], vertritt man in jüngerer Zeit den Standpunkt, die gegenwärtige Aufgabe der südkoreanischen Rechtswissenschaft liege insbesondere darin, alle rezipierten westlichen Rechtsvorschriften auf die koreanische Rechtstradition abzustimmen, um auf der Grundlage der Letzteren das geltende (positive) Recht neu zu gestalten. Dieser Gedanke, der im Schrifttum bereits nicht wenig Zuspruch gefunden hat, darf dabei als begrüßenswert gelten. Für seine erfolgreiche Umsetzung ist jedoch eine eingehende Erforschung des traditionellen koreanischen Rechts unabdingbar.

---

175 So kam der Staat nur sehr selten in den Genuss eines Nachlasses, *Byeongho Park*, Koreanische Rechtsgeschichte, S. 276.

176 Oben 1.

III. (Unfreiwillige) Rezeption des kontinental-europäischen Rechts

Im Jahr 1876 hielt die Joseon-Dynastie dem vom Westen sowie Japan ausgehenden politischen Druck nicht mehr stand und gewährte ihnen einen freien und ungehinderten Marktzugang[177]. Mit der infolge der 1894 in Angriff genommenen Reformen (sog. Gabogaehyeok)[178] neu strukturierten projapanischen Regierung zeichnete sich sodann eine Tendenz ab, das kontinental-europäische Recht ins koreanische Recht aufzunehmen[179]. Japan selbst hatte bereits 1868 das kontinental-europäische Recht (zunächst das französische Recht, jedoch später das deutsche Recht) übernommen[180].

Das von einzelnen Progressivisten getragene Kabinett beschloss alsbald ein Gesetz zur Umsetzung der Staatsstrukturreform[181], das vom letzten König der Joseon-Dynastie, *Gojong Hui Lee*[182] am 07. Januar 1895 verkündet wurde[183]. Dieses Gesetz sah insbesondere in Art. 13 vor, dass eine Kodifikation des Zivil- und Strafrechts zum Schutz des Lebens und des Eigentums des koreanischen Volkes zu erfolgen hat[184]. So war man zunächst bestrebt, ein eigenständiges koreanisches Rechtssystem zu entwickeln.

Im April 1895 erfolgte die erste Kodifikation des Gerichtsverfassungsrechts im Gerichtsorganisationsgesetz (Chinesisch: 裁判所構成法, Koreanisch: 재판소구성법), mit dem die erste Modernisierung der koreanischen Justiz in Gang kam[185]. Dieses Gesetz wurde unter Berücksichtigung der

---

177 Statt aller *Shimada*, Asiatische Rechtsgeschichte, S. 183.

178 Oben Fn. 23.

179 Statt aller *Shimada*, Asiatische Rechtsgeschichte, S. 183.

180 *Shimada*, Asiatische Rechtsgeschichte, S. 213 ff.

181 Sog. Hongbeomsibsajo (Chinesisch: 洪範十四條, Koreanisch: 홍범십사조). Dieses Gesetz enthält insgesamt vierzehn Staatsstrukturbestimmungen, *Byeongho Park*, Koreanische Rechtsgeschichte, S. 74.

182 Dieser war zugleich unter dem Namen „Gwangmu (Chinesisch: 光武, Koreanisch: 광무), der erste Kaiser des Großen Koreanischen Kaiserreichs „Daehanjeguk (Chinesisch: 大韓帝國, Koreanisch: 대한제국)".

183 Statt aller *Junyeong Mun*, Die Entstehung von Gerichten und Staatsanwaltschaften, S. 173.

184 *Junyeong Mun*, LHR 46 (2012), 247, 249; *Byeongho Park*, Koreanische Rechtsgeschichte, S. 74 f.; *Changsu Yang*, Erforschung des Zivilrechts Bd. III, S. 117 f. meint, dass man damit in Korea zum ersten Mal offiziell den Begriff „Zivilrecht" verwendet habe.

185 *Junyeong Mun*, Die Entstehung von Gerichten und Staatsanwaltschaften, S. 166; *ders.*, LHR 46 (2012), 247, 249; *Byeongho Park*, Koreanische Rechtsgeschichte, S. 151; *Eulo Seo*, LJ 10/2 (2006), 125 (in Korea habe die moderne Justiz 1895 begonnen). Freilich

besonderen Umstände Koreas nach japanischem Vorbild ausgearbeitet[186]. Das japanische Gesetz über die Gerichtsverfassung von 1890 ist wiederum auf das deutsche Gerichtsverfassungsgesetz zurückzuführen[187]. Auf diese indirekte Weise kam Korea erstmalig offiziell mit dem deutschen Recht in Berührung.

In demselben Jahr wurde außerdem eine staatliche Akademie für Richterberufe (Chinesisch: 法官養成所, Koreanisch: 법관양성소) errichtet[188].

1899 verabschiedete man sodann die erste koreanische Verfassung (Chinesisch: 大韓國國制, Koreanisch: 대한국국제), deren Text[189] nahezu völlig

---

meint *Junyeong Mun*, LHR 46 (2012), 247, 249, dass in der damaligen Gerichtspraxis in Korea weiter die alte (koreanische) Rechtstradition geherrscht habe.

186 *Junyeong Mun*, Die Entstehung von Gerichten und Staatsanwaltschaften, S. 193 ff.

187 *Junyeong Mun*, Die Entstehung von Gerichten und Staatsanwaltschaften, S. 216 f.

188 Dazu vermerkt *Jonggo Choe* in: Zur Rezeption des deutschen Rechts in Korea, 27, 41: Die Schaffung des Judicial Officer Training Institute [also der staatlichen Akademie für Richterberufe] im Jahr 1895, […] stellte zweifellos einen Markstein für die Modernisierung der koreanischen Jurisprudenz dar."

189 Dieser Text besteht aus neun Artikeln: 1. Das Große Koreanische Kaiserreich ist ein souveräner, unabhängiger Staat; dies erkennen alle anderen Staaten an. 2. Das Große Koreanische Kaiserreich wird autokratisch regiert; die Autokratie existiert in Korea schon seit 500 Jahren und wird unverändert aufrechterhalten. 3. Der Kaiser des Großen Koreanischen Kaiserreichs übt die absolute, uneingeschränkte Herrschaftsgewalt aus (sog. Souveränität). 4. Die Herrschaftsgewalt des Kaisers des Großen Koreanischen Kaiserreichs ist unverletzlich. 5. Der Kaiser des Großen Koreanischen Kaiserreichs leitet die koreanische Armee und hat dabei die alleinige Organisationsgewalt inne; er verhängt das Kriegsrecht und hebt es auf. 6. Der Kaiser des Großen Koreanischen Kaiserreichs erlässt Gesetze, verkündet sie und bestimmt den Tag ihres Inkrafttretens; er novelliert nationale Gesetze, damit sie mit dem Völkerrecht im Einklang steht. Weiterhin übt er das Gnadenrecht aus (sog. eigenständige/selbstständige Gesetzgebung). 7. Der Kaiser des Großen Koreanischen Kaiserreichs überwacht alle Verwaltungsbehörden und setzt die Beamtenbesoldung fest; er erlässt Verwaltungsvorschriften (sog. Selbstverwaltung und Selbstherrschaft). 8. Der Kaiser des Großen Koreanischen Kaiserreichs benennt oder entlässt alle Beamten; er kann Adelstitel, Orden oder sonstige Ehrentitel verleihen oder entziehen (sog. freie Besetzung von öffentlichen Ämtern). 9. Der Kaiser des Großen Koreanischen Kaiserreichs entsendet Abgeordnete ins Ausland, mit dem das Große Koreanische Kaiserreich in Verbindung steht, und bestimmt deren Auslandsaufenthalt; die entsandten Abgeordneten gelten als ermächtigt, dem Ausland den Krieg zu erklären, Frieden zu schließen, sowie einzelne Verträge abzuschließen (sog. freie Entsendung von Abgeordneten), *Jonggo Choe* in: Zur Rezeption des deutschen Rechts in Korea, 27, 37 f.; *Bongdeok Jeon*, LHR 1 (1974), 1, 12 ff..

demjenigen des von *Bluntschli* im Jahr 1868 konzipierten Rechtsbuchs des Völkerrechts[190] nachgebildet war[191].

Es gab ferner Bestrebungen, ein eigenes Zivilgesetzbuch (ZGB) zu kodifizieren. Insbesondere wurde in der Dongnipsinmun (Chinesisch: 獨立新聞, Koreanisch: 독립신문, Deutsch: Unabhängigkeitszeitung)[192], die am 12. und 14. August 1899 erschien, mit Nachdruck darauf hingewiesen, dass das Fehlen eines koreanischen Zivilgesetzbuchs nicht mehr hinnehmbar sei[193]. Bemerkenswert ist, dass darin die Entstehungsgeschichte des deutschen BGB dargestellt wurde[194].

Gleichwohl waren derartige Kodifikationsbestrebungen zunächst gerade deshalb gescheitert, weil der Schwerpunkt der durchgeführten Reformen in der Umstrukturierung sowie Rationalisierung des Herrschaftssystems lag; die ergangenen neueren Gesetze betrafen mehr oder minder die öffentliche Verwaltung und das Strafsystem in Korea[195]. So wurde das StGB (Chinesisch: 刑法大全, Koreanisch: 형법대전) im Jahr 1905 erlassen, das insgesamt 680 Artikel umfasst[196]. Dieses Gesetzbuch gilt zugleich als ein Ergebnis der originären Rechtssetzung im Großen Koreanischen Kaiserreich, da es auf einem Entwurf beruht, der ausschließlich auf der Grundlage der traditionellen koreanischen

---

190 Die ins Chinesische übersetzte Monographie *Bluntschli*s, Das moderne Völkerrecht der civilisirten Staten als Rechtsbuch dargestellt, Nördlingen, 1868 erschien 1880 unter dem Titel „Gong Fa Hui Tong (Chinesisch: 公法會通, Koreanisch: 공법회통)" in China und erst 1896 wurde die chinesische Übersetzung in Korea gedruckt, *Bongdeok Jeon*, LHR 1 (1974), 1, 10.

191 *Bongdeok Jeon*, LHR 1 (1974), 1, 12 ff.; (im Anschluss daran) *Jonggo Choe* in: Zur Rezeption des deutschen Rechts in Korea, 27, 38.

192 Bei der Dongnipsinmun handelt es sich um die erste private Zeitung in Korea, hrsg. von Dongniphyeobhoe (Chinesisch: 獨立協會, Koreanisch: 독립협회, Deutsch: Unabhängigkeitsgesellschaft). Die erste Ausgabe der Zeitung erschien am 07. April 1896. Die Zeitung wurde in koreanischer und englischer Sprache gedruckt, Doosan Welt Enzyklopädie, hrsg. von dem Doosandonga Forschungsinstitut für Enzyklopädie, 8. Band, Seoul, 1996, S. 92.

193 *Changsu Yang*, Erforschung des Zivilrechts Bd. III, S. 119, Fn. 10.

194 *Changsu Yang*, Erforschung des Zivilrechts Bd. III, S. 119, Fn. 10.

195 *Changsu Yang*, Erforschung des Zivilrechts Bd. III, S. 118 f.

196 *Jonggo Choe*, Einführung in das koreanische Recht, S. 21; *Junyeong Mun*, Die Entstehung von Gerichten und Staatsanwaltschaften, S. 279 ff.; *Byeongho Park*, Koreanische Rechtsgeschichte, S. 75.

Strafgesetze sowie deren jüngerer Reformgesetze erarbeitet wurde, ohne vom damaligen japanischen Strafrecht der 1880er-Jahre[197] beeinflusst zu werden[198].

Am 17. November 1905 kam infolge des japanischen Siegs über Russland das koreanisch-japanische Abkommen (Chinesisch: 韓日協商條約, Koreanisch: 한일협상조약) auf Druck Japans zustande, wodurch das Große Koreanische Kaiserreich nunmehr unter japanischer Ägide stand; Souveränitätsrechte Koreas im Bereich der Außenpolitik wurden damit völlig ausgehöhlt[199].

In den Folgejahren verschärfte sich die japanische Kolonialpolitik: Am 24. Juli 1907 wurde das koreanisch-japanische neue Abkommen (Chinesisch: 韓日新協約, Koreanisch: 한일신협약) unterzeichnet, welches u.a. vorsah, dass auf Vorschlag des japanischen Generalresidenten koreanische Amtsstellen (einschließlich des Richteramtes) mit Japanern zu besetzen sind, und dass koreanische Gesetze sowie administrative Verfügungen von (großer) Bedeutung der Einwilligung des japanischen Generalresidenten bedürfen[200]. Am 12. Juli 1909 wurde Korea sodann zur Abgabe der Erklärung zur Übertragung von Angelegenheiten der Gerichtsbarkeit und des Strafvollzugs auf das Japanische Kaiserreich[201] gezwungen. Schließlich wurde Korea mit dem Inkrafttreten des koreanisch-japanischen Annexionsvertrags (Chinesisch: 韓日合併條約, Koreanisch: 한일합병조약) am 29. August 1910 offiziell von Japan annektiert[202]. Nach der kaiserlichen Verordnung über neue Gesetze und Rechtsverordnungen für

---

197 Das 1882 in Kraft getretene japanische StGB übernahm den 1876 vorgelegten, vom französischen Juristen *Gustave Boissonade* nach französischem Vorbild erarbeiteten Entwurf eines japanischen StGB, *Gyuchang Jo*, KDR 14 (2003), 297, 319 f.

198 *Jonggo Choe*, Einführung in das koreanische Recht, S. 21; *Junyeong Mun*, Die Entstehung von Gerichten und Staatsanwaltschaften, S. 279; *Byeongho Park*, Koreanische Rechtsgeschichte, S. 75. Hingegen ungenau *Shimada*, Asiatische Rechtsgeschichte, S. 183 f. (das Resultat der umfassenden Reform des koreanischen Rechtssystems sei eine Kopie des japanischen Rechtssystems gewesen).

199 Dazu *Seungil Lee*, EKG 151 (2010), 271, 292.

200 *Seungil Lee*, EKG 151 (2010), 271, 294 f.; *Junyeong Mun*, Die Entstehung von Gerichten und Staatsanwaltschaften, S. 385; *ders.*, LHR 46 (2012), 247, 252; *Byeongho Park*, Koreanische Rechtsgeschichte, S. 152.

201 Sog. Giyugakseo (Chinesisch: 己酉覺書, Koreanisch: 기유각서), *Junyeong Mun*, Die Entstehung von Gerichten und Staatsanwaltschaften, S. 418 f.

202 Enzyklopädie über die Koreanische Kultur, hrsg. von der Akademie der Koreanischen Studien, 24. Band, Seoul, 1991, S. 282.

Joseon vom selben Tag wurde der japanische Generalgouverneur dazu ermächtigt, *joseonische* Gesetze und Rechtsverordnungen zu erlassen[203].

Der japanische Generalgouverneur verkündete am 18. März 1912 die Rechtsverordnung Nr. 7, welche die *joseonische* Zivilverordnung (Chinesisch: 朝鮮民事令, Koreanisch: 조선민사령) beinhaltete[204]. Diese Zivilverordnung bestimmte in Art. 1, dass die dort aufgeführten japanischen Gesetze[205], u.a. das japanische ZGB, das japanische HGB und die japanische ZPO in den bürgerlichen Angelegenheiten der Koreaner gelten, soweit sich nichts Anderes aus den nachfolgenden Vorschriften ergibt[206]. Sie enthielt damit eine Gesamtverweisung auf japanisches Privatrecht.

Das japanische ZGB beruht aber seinerseits wesentlich auf dem ersten sowie zweiten Entwurf zum deutschen BGB und das japanische HGB ist wiederum auf einen Entwurf des deutschen Rechtsgelehrten, *Hermann Roesler* zurückzuführen; Entsprechendes gilt auch von der japanischen ZPO, die nach deutschem Vorbild ausgearbeitet wurde[207].

---

203 *Jonghyu Jeong*, Bürgerliches Recht in der Geschichte, S. 107 (die kaiserliche Verordnung stelle die erste rechtspolitische Maßnahme der japanischen Kolonialherren dar); ferner *Changsu Yang*, Erforschung des Zivilrechts Bd. III, S. 121.

204 *Jonghyu Jeong*, Bürgerliches Recht in der Geschichte, S. 108; *Eulo Seo*, LJ 10/2 (2006), 125, 129; *Changsu Yang*, Erforschung des Zivilrechts Bd. III, S. 121.

205 In der *joseonischen* Zivilverordnung findet sich eine Gesetzesliste, in welcher insgesamt 23 japanische Gesetze sowie Verordnungen aufgeführt waren, *Jonghyu Jeong*, Bürgerliches Recht in der Geschichte, S. 108; (dem folgend) *Eulo Seo*, LJ 10/2 (2006), 125, 129.

206 *Jonghyu Jeong*, Bürgerliches Recht in der Geschichte, S. 108; *Eulo Seo*, LJ 10/2 (2006), 125, 129; *Changsu Yang*, Erforschung des Zivilrechts Bd. III, S. 121. Das in Korea zuvor geltende Gewohnheitsrecht galt indes in beschränktem Umfang fort. So sah Art. 10 der fraglichen Zivilverordnung vor, dass sich das Zustandekommen sowie die Wirksamkeit eines zwischen Koreanern geschlossenen Rechtsgeschäfts in Ermangelung von abweichenden, der öffentlichen Ordnung dienenden Vorschriften der Zivilverordnung nach dem koreanischen Gewohnheitsrecht richten. Gem. Art. 11 der Zivilverordnung fand das koreanische Gewohnheitsrecht im Familien- und Erbrecht weitere Anwendung. Schließlich galten gewohnheitsrechtlich anerkannte Grundsätze (neben den Vorschriften der Zivilverordnung) gem. Art. 12 der Zivilverordnung für dingliche Rechte an unbeweglichen Sachen, *Jonghyu Jeong*, Bürgerliches Recht in der Geschichte, S. 111 f.; *Changsu Yang*, Erforschung des Zivilrechts Bd. III, S. 121 f..

207 Statt aller *Ishii*, Japanische Rechtsgeschichte, S. 296 f., 310.

Hierdurch sind die anfänglichen Anstrengungen zur Kodifikation des autonomen koreanischen Zivilrechts endgültig fehlgeschlagen[208]. Über japanisches Recht drang das kontinental-europäische Recht nach Korea vor. Der Prozess der Rezeption des kontinental-europäischen Rechts in Korea vollzog sich also eingangs völlig fremdbestimmt[209].

IV. Modernes (süd-)koreanisches Recht in der Zeit ab 1945

Nach dem Ende der japanischen Kolonialherrschaft über die koreanische Halbinsel im Jahr 1945 wurde Südkorea unter US-amerikanische Militärverwaltung gestellt; die USA errichteten in ihrer Besatzungszone ein Militärgouvernement[210].

Der US-amerikanische Generalgouverneur erließ alsbald eine ganze Reihe von Verordnungen, darunter die militärgouvernementale Verordnung Nr. 11 vom 09. Oktober 1945 und die militärgouvernementale Verordnung Nr. 21 vom 02. November 1945, durch welche alle diejenigen Gesetze, die der Rassendiskriminierung und -unterdrückung zu dienen bestimmt waren, aufgehoben wurden[211].

Im Jahr 1947 erging weiter die (einstweilige) südkoreanische Übergangsverfassung (Chinesisch: 朝鮮臨時約憲, Koreanisch: 조선임시약헌), worin man

208 *Jonggo Choe*, Einführung in das koreanische Recht, S. 60; *Eulo Seo*, LJ 10/2 (2006), 125, 128 f. In diesem Zusammenhang vermerkt *Changsu Yang*, Erforschung des Zivilrechts Bd. III, S. 120 Folgendes: „Auch die Japaner sollen ihrerseits gewisse Vorbereitungen wie z.B. eine Recherche der alten koreanischen Rechtstradition für eine Kodifikation eines separaten koreanischen ZGB getroffen haben, um letztlich ihren eigenen Zweck [eine Kolonialisierung Koreas] zu erreichen. Allerdings kam ein solches ZGB nicht zustande."

209 *Jonghyu Jeong*, Bürgerliches Recht in der Geschichte, S. 107. Gleiches gilt für das koreanische Strafrecht. Gem. Art. 1 der am 01. April 1912 in Kraft getretenen *joseonischen* Strafverordnung (Chinesisch: 朝鮮刑事令, Koreanisch: 조선형사령) fanden das japanische StGB und die japanische StPO in Korea unmittelbare Anwendung, *Byeongho Park*, Koreanische Rechtsgeschichte, S. 83; ferner *Jongyeol Han/Sanguk Lee*, OCR 8 (1981), 55, 88. Das japanische Strafrecht (einschließlich des Strafprozessrechts) der 1880er-Jahre wurde 1907 nach dem Vorbild des deutschen Strafrechts revidiert, *Gyuchang Jo*, KDR 14 (2003), 297, 322.

210 Statt aller *Jonghyu Jeong*, Bürgerliches Recht in der Geschichte, S. 143.

211 *Jongyeol Han/Sanguk Lee*, OCR 8 (1981), 55, 89; *Jonghyu Jeong*, Bürgerliches Recht in der Geschichte, S. 143; *Gyuchang Jo*, KDR 14 (2003), 297, 323.

einen „raschen Fortschritt der eigentlichen echten Modernisierung des südkoreanischen Rechtssystems" erblickt[212].

Andererseits blieben alle anderen japanischen Gesetze, die als solche nicht ausdrücklich durch militärgouvernementale Verordnungen aufgehoben wurden, wie z.B. das japanische ZGB und die japanische ZPO, weiterhin in Kraft[213].

Am 17. Juli 1948 wurde letztendlich die erste Verfassung der Republik Korea (Chinesisch: 大韓民國憲法, Koreanisch: 대한민국헌법) verkündet und die dreijährige US-amerikanische Militärverwaltung in Südkorea endete sodann mit der Konstituierung der koreanischen Regierung[214]. Gem. Art. 100 der Verfassung der Republik Korea behielten die bis dahin geltenden Gesetze ihre Gültigkeit, soweit sie mit der Verfassung in Einklang standen[215].

In der Tat blieben die meisten Gesetzesbestimmungen demnach anwendbar; nur ganz wenige Bestimmungen waren verfassungswidrig und damit nichtig[216].

Am 15. September 1948 trat die präsidiale Rechtsverordnung Nr. 4 in Kraft, die die rechtliche Stellung sowie Aufgaben einer Kommission zur Kodifikation des südkoreanischen Rechts (Chinesisch: 法典編纂委員會, Koreanisch: 법전편찬위원회) regelte[217].

Schon im Jahr 1947 war eine Kommission zur Kodifikation des südkoreanischen Rechts (Chinesisch: 法典起草委員會, Koreanisch: 법전기초위원회) einberufen worden, die u.a. mit der Aufgabe betraut worden war, den Entwurf eines südkoreanischen ZGB und eines südkoreanischen Justizverwaltungsgesetzes auszuarbeiten[218]. Diese als Vorläufer jener Kommission anzusehende[219] Kommission hatte seinerzeit eine Richtlinie zur Kodifikation eines südkoreanischen

212 *Taejae Lee*, LSJ 19 (1981), 1, 9; (im Anschluss daran) *Jongyeol Han/Sanguk Lee*, OCR 8 (1981), 55, 89.

213 *Jonghyu Jeong*, Bürgerliches Recht in der Geschichte, S. 143 f.; *Gyuchang Jo*, KDR 14 (2003), 297, 323 f.; *Eulo Seo*, LJ 10/2 (2006), 125, 130.

214 Nur *Jongyeol Han/Sanguk Lee*, OCR 8 (1981), 55, 90; *Jonghyu Jeong*, Bürgerliches Recht in der Geschichte, S. 146.

215 U.a. *Jonghyu Jeong*, Bürgerliches Recht in der Geschichte, S. 146; *Changsu Yang*, Erforschung des Zivilrechts Bd. III, S. 124; auch *Gyuchang Jo*, KDR 14 (2003), 297, 324: „Darin sei eine Wende von der unfreiwilligen Rezeption des fremden Rechts zur freiwilligen zu erblicken."

216 Statt aller *Changsu Yang*, Erforschung des Zivilrechts Bd. III, S. 124.

217 Statt aller *Changsu Yang*, Erforschung des Zivilrechts Bd. III, S. 125.

218 *Jonghyu Jeong*, Bürgerliches Recht in der Geschichte, S. 150 f.; *Changsu Yang*, Erforschung des Zivilrechts Bd. III, S. 125.

219 *Changsu Yang*, Erforschung des Zivilrechts Bd. III, S. 125.

Übergangszivilgesetzbuchs aufgestellt, wonach der südkoreanische Zivilgesetzgeber das kontinental-europäische Rechtssystem zugrunde zu legen hatte[220].

Am 15. Dezember 1948 wurde eine Unterkommission zur Ausarbeitung eines südkoreanischen ZGB eingesetzt, die sich ausschließlich aus Rechtspraktikern zusammensetzte[221].

Grundlegende Vorarbeiten zur Kodifizierung eines ZGB konnten indessen infolge des Ausbruchs des koreanischen Bürgerkriegs nicht mehr vorankommen[222].

Am 30. September 1953 wurde der erste Entwurf eines südkoreanischen ZGB vom 04. Juli 1953 der Regierung zugeleitet und erst ein Jahr später durch diese mit geringfügigen Änderungen beschlossen[223].

Der Entwurf der Regierung wurde am 26. Oktober 1954 ins Parlament eingebracht, nachdem der Präsident ihm zugestimmt hatte[224]. Der vom Parlament daraufhin angerufene Ausschuss für Legislatur und Judikatur beriet über den Gesetzentwurf, stimmte darüber ab und machte einen Änderungsvorschlag[225]. Zu beachten ist dabei, dass man in den Beratungen nicht nur das deutsche BGB, sondern u.a. auch das schweizerische ZGB, den französischen Code civil, den italienischen Codice civile, das chinesische ZGB, das mandschurische ZGB und sogar das sowjetische Privatrechtsgesetzbuch von 1927 auswertete[226].

Das vom Parlament verabschiedete Gesetz ging am 07. Februar 1958 zur Regierung zurück, wurde am 22. desselben Monats verkündet und trat schließlich am 01. Januar 1960 in Kraft[227].

---

220 Nur *Jonghyu Jeong*, Bürgerliches Recht in der Geschichte, S. 151.

221 *Jonghyu Jeong*, Bürgerliches Recht in der Geschichte, S. 156.

222 Statt aller *Jonghyu Jeong*, Bürgerliches Recht in der Geschichte, S. 160; (im Anschluss daran) *Eulo Seo*, LJ 10/2 (2006), 125, 130.

223 *Jonggo Choe*, Einführung in das koreanische Recht, S. 61 f.; *Jonghyu Jeong*, Bürgerliches Recht in der Geschichte, S. 164; *Changsu Yang*, Erforschung des Zivilrechts Bd. III, S. 126.

224 *Jonggo Choe*, Einführung in das koreanische Recht, S. 62; *Changsu Yang*, Erforschung des Zivilrechts Bd. III, S. 126.

225 *Jonggo Choe*, Einführung in das koreanische Recht, S. 62; *Jonghyu Jeong*, Bürgerliches Recht in der Geschichte, S. 171 f.

226 *Jonggo Choe*, Einführung in das koreanische Recht, S. 62; *Jonghyu Jeong*, Bürgerliches Recht in der Geschichte, S. 171.

227 *Jonggo Choe*, Einführung in das koreanische Recht, S. 62 f.; *Jonghyu Jeong*, Bürgerliches Recht in der Geschichte, S. 174; *Changsu Yang*, Erforschung des Zivilrechts Bd. III, S. 129.

Ähnliches geschah ebenfalls im südkoreanischen Zivilverfahrensrecht: Seit der Staatsgründung der Republik Korea am 15. August 1948 strebte man an, ein autonomes Zivilverfahrensrecht zu schaffen[228].

Am 25. Juni 1950 setzte die einberufene Kommission unmittelbar zur Erarbeitung eines Gesetzentwurfs an[229]. Die Vorarbeiten wurden jedoch wegen des Koreakriegs unterbrochen[230].

Am 13. Januar 1953 wurde die erste Fassung einer südkoreanischen ZPO dem Parlament vorgelegt, die indes keine Mehrheit im Plenum fand[231].

Der Entwurf wurde von dem parlamentarischen Ausschuss für Legislatur und Judikatur mehrfach überarbeitet, redigiert und schließlich am 28. Dezember 1959 angenommen; er trat am 01. Juli 1960 in Kraft[232]. Bei dieser neuen ZPO handelt es sich im Grunde gleichwohl um die nur geringfügig modifizierte japanische ZPO, die an einige spezifisch südkoreanische Verhältnisse angepasst wurde[233].

228 Statt aller *Jonggo Choe*, Einführung in das koreanische Recht, S. 104.

229 Nur *Seunghun Ryu*, SZ 13/1 (2005), 99, 121.

230 Nur *Seunghun Ryu*, SZ 13/1 (2005), 99, 121.

231 *Jonggo Choe*, Einführung in das koreanische Recht, S. 104; *Seunghun Ryu*, SZ 13/1 (2005), 99, 121.

232 U.a. *Jonggo Choe*, Einführung in das koreanische Recht, S. 104; *Seunghun Ryu*, SZ 13/1 (2005), 99, 121.

233 Z.B. *Seunghun Ryu*, SZ 13/1 (2005), 99, 121, 128 (das südkoreanische Zivilverfahrensrecht lehne sich an das im 20. Jahrhundert über den Umweg Japan rezipierte westliche Zivilprozessrecht an).

B. Zuordnung des südkoreanischen Rechts

I. Zugehörigkeit des südkoreanischen Rechts zum kontinental-europäischen Rechtskreis?

Nach herkömmlicher Auffassung soll sich das südkoreanische Recht der kontinental-europäischen (genauer: germanischen oder deutschen) Rechtsfamilie zuordnen lassen[1]. Insbesondere folge das südkoreanische ZGB dem Pandektensystem, und das südkoreanische materielle Privatrecht baue damit auf dem kontinental-europäischen Rechtssystem auf[2]. Dabei gilt als unbestreitbar, dass einzelne Elemente aus dem angloamerikanischen Rechtsraum übernommen wurden[3]. So stammen einige Rechtsinstitute des südkoreanischen Privatrechts wie z.B. „Mortgage Bond" oder „Trust" aus dem angloamerikanischen Rechtskreis[4]. Des Weiteren könnte man meinen, dass manche verfassungsrechtliche Normen (etwa solche über The Privilege against Self-incrimination) eher auf den Einfluss des angloamerikanischen Rechtskreises zurückzuführen seien[5].

Es stellt sich nun die Frage, ob den äußeren Parallelen, die Südkorea und Deutschland namentlich auf dem Gebiet des Zivilrechts haben, eine so ausschlaggebende Bedeutung zukommt, dass allein daraus gefolgert werden kann, beide Rechtsordnungen hätten den homogenen *„(Rechts-)Stil"*[6]. Zweifelhaft erscheint insbesondere, ob die innere Grundeinstellung des europäischen Volkes

---

1 Etwa *Jonggo Choe*, KDR 2 (1980), 73, 74, 97; 5 (1985), 23, 28; *ders.* in: Zur Rezeption des deutschen Rechts in Korea, 27; *Jongyeol Han/Sanguk Lee*, OCR 8 (1981), 55, 57; *Junyeong Mun*, Die Entstehung von Gerichten und Staatsanwaltschaften, S. 23. In jüngerer Zeit ist die Lehre von den Rechtskreisen mehrfach auf Kritik gestoßen, zum Meinungsstand nur *Rösler*, JuS 1999, 1186, 1187. Angesichts gewisser Nützlichkeit der Gruppierung der Rechtsordnungen in Rechtskreise (so diene die Rechtskreislehre nach *Rösler*, JuS 1999, 1186, 1188 immerhin als erste Orientierungs- und Verständnishilfe) wird dessen ungeachtet hier der Lehre von den Rechtskreisen gefolgt.

2 *Jonggo Choe*, Einführung in das koreanische Recht, S. 65 f.

3 *Jongyeol Han/Sanguk Lee*, OCR 8 (1981), 55, 58, 90.

4 Näher *Hyeontae Kim*, YLR 1 (1973), 37, 51.

5 Zum Einfluss des angloamerikanischen Rechts auf die südkoreanische Verfassung *Gibeom Kim*, YLR 1 (1973), 9, 11 ff.

6 Nach *Zweigert/Kötz*, Einführung in die Rechtsvergleichung, 3. Aufl., S. 68 ff. ist die Einteilung in Rechtskreise nach den *„Rechtsstilen"* vorzunehmen. Die Problematik, nach welchen konkreten Kriterien einzelne Rechtsordnungen zu klassifizieren sind, erscheint indessen im Rahmen dieser Arbeit eher müßig und wird daher nicht erörtert.

zum Recht (also europäische Rechtsmentalität) neben der westlichen (objektiven) Rechtsordnung in Südkorea *mit* eingeführt worden ist[7].

II. Lehre vom fernöstlichen (bzw. ostasiatischen[8]) Rechtskreis

Die ursprünglich auch von *Zweigert/Kötz*[9] vertretene Lehre vom fernöstlichen Rechtskreis stützt sich darauf, dass sich die einschlägigen Rechtsordnungen[10] durch die weite Verbreitung und höhere Akzeptanz von außerrechtlichen Streitbeilegungsmechanismen kennzeichnen sollen, die einen gerichtlichen Streitaustrag überflüssig erscheinen lasse; die konfuzianische Kardinaltugend „li", welche auch in der heutigen Zeit einen höheren Stellenwert habe, gebiete es, im Interesse des sozialen Friedens unter Vermeidung jeder offenen gerichtlichen Auseinandersetzung eine einvernehmliche Streitbeilegung auf dem Schlichtungswege anzustreben. Dem geschriebenen (positiven) Recht werde gegenüber der ungeschriebenen konfuzianischen Ethik eine bloß subsidiäre Bedeutung beigemessen.

Zweigert/Kötz haben jedoch aufgrund der politisch-ökonomisch-ideologischen Gegensätze zwischen China und Japan die (wohl in der Folgezeit kontrovers diskutierte) Idee, beide Länder unter der einheitlichen Kategorie eines fernöstlichen Rechtskreises zusammenzufassen, gänzlich aufgegeben; die konfuzianische Tradition verliere in den modernen Rechtsordnungen Chinas und Japans immer weiter an Boden[11].

---

7 Zugrunde gelegt wird dabei die von *Zweigert/Kötz* aufgestellte These, wonach auch eine besondere Auffassung des jeweiligen Volkes von der Bedeutung des Rechts ein maßgebliches Differenzierungskriterium darstellt, anhand dessen man eine Rechtsordnung von anderen abgrenzen kann, *Zweigert/Kötz*, Einführung in die Rechtsvergleichung, 3. Aufl., S. 69 f., 280.

8 So beispielsweise *Baum*, RabelsZ 59 (1995), 258, 262, der den Ausdruck „fernöstlich" für „eurozentrisch" hält und ihn daher als unsachlich ablehnt.

9 *Zweigert/Kötz*, Einführung in die Rechtsvergleichung auf dem Gebiete des Privatrechts, 2. Aufl., S. 86, 404 ff.

10 Offenbar gingen *Zweigert/Kötz*, Einführung in die Rechtsvergleichung auf dem Gebiete des Privatrechts, 2. Aufl., S. 406 ff. davon aus, dass China und Japan (nicht auch Südkorea) den fernöstlichen Rechtskreis repräsentieren würden. Gemeinhin zählt man aber auch das südkoreanische Recht dazu, *Baum*, RabelsZ 59 (1995), 258, 263.

11 *Zweigert/Kötz*, Einführung in die Rechtsvergleichung, 3. Aufl., S. 65, 281 f.; zur Abschwächung der konfuzianischen Kultur in China und Japan auch *Changho Ryu*, ALS 3 (2005), 117, 124, der freilich zu Recht darauf hinweist, dass Südkorea noch weiter unter einem erheblichen Einfluss der konfuzianischen Tradition steht.

Vor diesem Hintergrund ist umso bemerkenswerter, dass *Igarashi* an der Existenz eines selbstständigen ostasiatischen Rechtskreises festhält, zu welchem seiner Auffassung zufolge zumindest Japan, Südkorea und Taiwan, in der Zukunft auch China zählen[12]. Die ostasiatischen Rechtssysteme stünden zwar in rechtsinstitutioneller Hinsicht dem kontinental-europäischen, insbesondere deutschen Rechtssystem nahe[13]. Aber das wesentliche gemeinsame kulturelle Charakteristikum des ostasiatischen Rechts – gerade hierin liegt nach *Igarashi* der Unterschied zum kontinental-europäischen Recht – bilde neben dem Konfuzianismus der Umstand, dass in den ostasiatischen Ländern die chinesischen Schriftzeichen noch heute – wenn auch eingeschränkt – verwendet werden[14].

In der Tat wird man nicht ernsthaft behaupten können, dass die christlich-abendländische Werteordnung, die sicherlich auch hinter der westlichen Rechtsordnung steht, in Südkorea Wurzeln geschlagen hat[15]. Ferner spielt die konfuzianisch geprägte traditionelle Rechtsmentalität in der südkoreanischen Rechtswirklichkeit noch eine gewichtige Rolle[16].

III. Theorie vom ostasiatischen gemeinen Recht (i.S.d. *ius commune*)

In Anlehnung an das gemeine Recht (i.S.d. *ius commune*) vertritt *Jonggo Choe* neulich den Standpunkt, dass auch ein „ostasiatisches gemeines Recht" i.S.d. *ius commune* anzuerkennen sei, das sich bis in die frühe Neuzeit im Osten Asiens, zu dem u.a. die heutigen Staaten China, Japan und Korea zähle, fortentwickelt und dort gemeinsam gegolten habe; die Annahme eines „ostasiatischen gemeinen Rechts" rechtfertige sich in den allen (nord-)ostasiatischen Rechtsordnungen immanenten gemeinsamen historischen sowie philosophischen Grundlagen, die wie folgt zu präzisieren seien: 1. Rechtskodifikationen 2. Konfuzianische Rechtskultur 3. Sog. Dorfverträge und -rechte 4. Altostasiatische Rechtswissenschaft[17].

---

12 *Igarashi* in: FS für Nörr, 419, 424 ff.

13 *Igarashi* in: FS für Nörr, 419, 427 f., 430.

14 *Igarashi* in: FS für Nörr, 419, 429 f., der von einem „die chinesischen Schriftzeichen gebrauchenden Kulturkreis" spricht.

15 *Jongyeol Han/Sanguk Lee*, OCR 8 (1981), 55, 59.

16 *Jongyeol Han/Sanguk Lee*, OCR 8 (1981), 55, 59 (die südkoreanische Rechtsordnung sei nur „rein formaljuristisch oder rechtstechnisch" dem kontinental-europäischen Rechtskreis zuzurechnen).

17 Zur Theorie vom ostasiatischen gemeinen Recht *Jonggo Choe*, SNU Law 40/2 (1999), 67 ff.; (dem folgend) *Changho Ryu*, ALS 3 (2005), 117, 125 ff.; ferner *Junjo Mun*, ALS

1. Rechtskodifikationen[18]

Die umfassenden Gesetzeskodifikationen, die in ganz (Nord-)Ostasien fortlaufend stattfanden, indizieren nach der Auffassung *Jonggo Choe*s bereits die Existenz eines ostasiatischen gemeinen Rechts. Beim staatlich geschaffenen Gesetzesrecht handelt es sich demnach gemeinhin um eine wesentliche Rechtsquelle. Man ist sich zudem darüber einig, dass der Tang-Kodex, der Song-Kodex, der Ming-Kodex und schließlich der Qing-Kodex inhaltliche Parallelen aufweisen. So folgen all diese Gesetzbücher dem sog. Ryulryeongsystem, wonach das geschriebene Recht in sechs Teilbereiche, also Ijeon, Hojeon, Yejeon, Byeongjeon, Hyeongjeon und Gongjeon eingeteilt wurde[19]. Die früheren koreanischen sowie japanischen Gesetzbücher waren ebenfalls auf diesem Ryulryeongsystem aufgebaut.

2. Konfuzianische Rechtskultur[20]

Der Konfuzianismus bzw. Neokonfuzianismus übte einen überragenden Einfluss auf die ostasiatischen Rechte der früheren Zeit aus. Konfuzianische Werte besaßen in den ostasiatischen Rechtsgemeinschaften allgemein den höchsten Stellenwert, sodass das Recht lediglich als Mittel angesehen wurde, das zur (ggf. zwangsweisen) Durchsetzung von jenen Werten diente[21]. Nicht zuletzt wurde die ostasiatische Rechtspraxis vom Konfuzianismus maßgeblich beeinflusst.

3. Sog. Dorfverträge und -rechte[22]

Nach *Jonggo Choe* soll ein echtes gemeines Recht in seinem ganzen Geltungsgebiet „lebendes Recht" geworden sein. Als lebendiges Recht im alten Ostasien kommen danach sog. Dorfverträge und -rechte in Betracht: In ostasiatischen Dörfern galten allgemein sog. Dorfverträge und/oder -rechte. Bei den Ersteren

---

1 (2004), 59, 64, der die Vorstellung eines ostasiatischen gemeinen Rechts für generell erfreulich erachtet.

18 *Jonggo Choe*, SNU Law 40/2 (1999), 67, 70 ff.; (im Anschluss daran) *Changho Ryu*, ALS 3 (2005), 117, 125.

19 Dazu bereits oben A. II. 3. b) bb).

20 Zum Ganzen *Jonggo Choe*, SNU Law 40/2 (1999), 67, 72 f.; (im Anschluss daran) *Changho Ryu*, ALS 3 (2005), 117, 126.

21 *Jonggo Choe*, SNU Law 40/2 (1999), 67, 72 spricht von „rechtlichem Zwang der konfuzianischen herrschenden Moral (legal enforcement of Confucian dominant morals)".

22 *Jonggo Choe*, SNU Law 40/2 (1999), 67, 74 f.; (im Anschluss daran) *Changho Ryu*, ALS 3 (2005), 117, 126 f.

handelt es sich um die Übereinkünfte zwischen den Dorfbewohnern, die zur eigenverantwortlichen Wahrnehmung der Angelegenheiten der Dorfgemeinschaft (also Selbstverwaltung) geschlossen wurden. In diesen Dorfverträgen spiegelten sich die besonderen regionalen Umstände der jeweiligen Dorfgemeinschaft wider. Dies traf umso mehr für die Dorfrechte zu, welche eigentliche Sonderrechte der einzelnen Siedlungen darstellten.

4. Altostasiatische Rechtswissenschaft[23]

Als letzten Faktor, der die Annahme eines ostasiatischen *ius commune* nahelegen soll, nennt *Jonggo Choe* die altostasiatische Rechtswissenschaft: Im Alten China, Japan und Korea sei das altchinesische Recht allgemein gelehrt worden. Verschiedene Kommentare zu altchinesischen Gesetzbüchern wie z.B. Kommentar zum Tang-Kodex, Tang Lü Shu Yi (Chinesisch: 唐律疏議, Koreanisch: 당률소의) sowie chinesische juristische Lehrbücher seien so in Japan und Korea eingeführt und auch dort publiziert worden.

IV. Stellungnahme

Die (m.E. wohl als sehr originell anzusehende) Theorie vom ostasiatischen gemeinen Recht vermag nicht zu überzeugen. Die von *Jonggo Choe* zur Beweisführung angeführten Prämissen sind völlig ungeeignet, die von ihm behauptete Existenz eines „ostasiatischen gemeinen Rechts (i.S.d. *ius commune*)" zu stützen: Zunächst bleibt sehr schleierhaft, welches Recht das angeblich im alten China, Japan und Korea gemeinsam geltende Recht sein soll[24]. Sollte dieses das in Japan und Korea bis zur frühen Neuzeit rezipierte altchinesische Recht sein, so ist das von *Jonggo Choe* vorgebrachte weitere Argument für das ostasiatische *ius commune* geradezu widersinnig, dass in den älteren ostasiatischen kleineren Gemeinden von diesen autonom gesetzte Dorfverträge bzw. -rechte bestanden, welche nach der Auffassung *Jonggo Choe*s unmittelbar auf „lebendes [gemeines] Recht" deuten würden. Derartige nicht staatliche Partikularrechte, deren jeweiliges Geltungsgebiet örtlich begrenzt war, stellen jedoch gerade das Gegenstück zu einem gemeinen Recht dar. Im Übrigen schien eine wirkliche Kollision zwischen den einzelnen örtlichen Sonderrechten und dem übernommenen altchinesischen Recht bereits deshalb kaum denkbar (sodass sich die Frage nach dem

23 Näher *Jonggo Choe*, SNU Law 40/2 (1999), 67, 75 ff.
24 Ähnlich bereits *Junseok Park*, LHR 38 (2008), 177, 190.

Anwendungsvorrang erübrigen müsste), weil beide unterschiedliche Regelungsbereiche hatten[25].

Daraus, dass die konfuzianische Tradition den gesamten ostasiatischen Rechtsraum maßgeblich geprägt hat, kann nicht gefolgert werden, dass ein bestimmtes Recht in ganz Ostasien gegolten hätte; begrifflich auseinanderzuhalten sind stets (gemeinsames) „*Recht*" und (gemeinsame) „*Rechtskultur bzw. -tradition*" oder „*Rechtsfamilie*"[26].

Schließlich kann nicht bezweifelt werden, dass die altostasiatische Rechtswissenschaft, bei der sich ohnehin alles um das altchinesische Recht drehte, bei Weitem nicht auf dem Niveau betrieben wurde, das die römische Jurisprudenz erreicht hat; in Ostasien existierte zu jener Zeit schon gar kein Juristenstand.

Insgesamt erschöpfen sich die Ausführungen *Jonggo Choe*s im Wesentlichen in der (zutreffenden) Feststellung, dass sich gewisse rechtskulturelle Gemeinsamkeiten der (nord-)ostasiatischen Länder erkennen lassen. Für die Entstehung eines „ostasiatischen gemeinen Rechts" mögen solche Gemeinsamkeiten zwar eine notwendige, unabdingbare Voraussetzung sein, jedoch reichen sie nicht aus, um die Existenz eines in Ostasien gemeinsam geltenden Rechts i.S.d. *ius commune* zu begründen[27].

Abzulehnen ist daher der von *Jonggo Choe* gewählte Ausdruck „ostasiatisches gemeines Recht", welches auch gar nicht gegeben hat. Stattdessen sollte man besser von einer gemeinostasiatischen Rechtskultur sprechen.

---

25 So zu Recht *Junseok Park*, LHR 38 (2008), 177, 190.

26 *Junseok Park*, LHR 38 (2008), 177, 189 f.

27 Dazu *Junseok Park*, LHR 38 (2008), 177, 192: „Die Theorie vom ostasiatischen gemeinen Recht ist lückenhaft und bedarf daher einer grundlegenden Ergänzung. […] Gewiss kann man in mancher Hinsicht rechtskulturelle Ähnlichkeiten der traditionellen ostasiatischen Gesellschaften beobachten. Es lässt sich aber nur sehr schwer vertreten, dass ein dort allgemein geltendes Recht bestanden hat".

Zweiter Teil: Der Vergleich Nach Südkoreanischem Recht

A. Vergleich gem. Art. 731 ZGB

I. Vorbemerkung

Im ZGB[1] finden sich drei besondere Bestimmungen über den Vergleich[2]: Art. 731 ZGB enthält zunächst eine Legaldefinition des Vergleichs: „Der Vergleich kommt dadurch zustande, dass die Parteien übereinkommen, den zwischen ihnen bestehenden Streit im Wege gegenseitigen Nachgebens zu beendigen." Die amtliche Überschrift des Art. 732 ZGB lautet sodann „konstitutive Wirkung des Vergleichs" und Art. 733 ZGB ordnet die grundsätzliche Unanfechtbarkeit des Vergleichs wegen Irrtums an.

Art. 731 ZGB in seiner aktuellen Fassung, wonach der Abschluss eines Vergleichs zu seiner Rechtswirksamkeit einer Übereinkunft der Parteien aufgrund gegenseitiger Zugeständnisse bedarf, stimmt mit Art. 715 des ehemaligen mandschurischen ZGB wörtlich überein und ist seit dem Inkrafttreten des ZGB am 01. Januar 1960 unverändert geblieben[3].

In der südkoreanischen Gesellschaft nimmt das Rechtsinstitut „Vergleich" gegenüber dem förmlichen Streitaustrag einen hohen Stellenwert ein; anders als eine gerichtliche Entscheidung, bei der es oft um ein „Alles-Oder-Nichts" geht, ermöglicht der Vergleich eine reibungslose, gütliche Streitbeilegung und dient damit v.a. dem Erhalt von harmonischen zwischenmenschlichen Beziehungen, die in Südkorea allgemein besonders hoch geschätzt werden dürften[4].

So kann es nicht verwundern, dass sich in Südkorea seit jeher die Gepflogenheit eingebürgert hat, Schadensersatzansprüche aus (vorsätzlich oder fahrlässig begangener) unerlaubter Handlung außergerichtlich zu regulieren; man verständigt sich z.B. bei Verkehrsunfällen oder in medizinischen Schadensfällen nicht

---

1 Das geltende südkoreanische Zivilgesetzbuch, Minbeob (Koreanisch: 민법). Das ZGB ist in fünf Bücher (Erstes: Allgemeiner Teil, Zweites: Sachenrecht, Drittes: Schuldrecht, Viertes: Familienrecht und Fünftes: Erbrecht) aufgeteilt.

2 Art. 731 ff. ZGB. Diese Vorschriften stehen unter dem Titel „Vergleich" im zweiten Abschnitt („Verträge") des dritten Buchs.

3 Protokolle der Kommission für die Beratung des Entwurfs des Zivilgesetzbuchs, Erster Band: Allgemeiner Teil, Sachenrecht und Schuldrecht, Seoul, 1957, S. 428 f.

4 Dazu *Yunjik Gwak*, Einzelne Schuldverhältnisse, S. 331; *Hyeongbae Kim*, Einzelne Schuldverhältnisse, S. 796; *Jeunghan Kim/Hakdong Kim*, Einzelne Schuldverhältnisse, S. 646; *Junho Kim*, Zivilrecht, S. 1798; *Deokhwan Lee*, Einzelne Schuldverhältnisse, S. 545; *Giyeong Lee* in: ParkKo, Vorbem. zu Art. 731 - 733 S. 156.

selten darauf, dass der Geschädigte gegen Zahlung einer bestimmten Schadenssumme auf die (gerichtliche) Geltendmachung weiterer privatrechtlicher sowie strafrechtlicher Ansprüche verzichtet[5]. Außerdem verpflichtet er sich in aller Regel, die Strafanzeige zurückzunehmen, falls sie bereits erstattet ist[6].

Ein solcher (Verzichts-)Vertrag, der im südkoreanischen alltäglichen Sprachgebrauch als „Übereinkunft (Koreanisch: 합의 - Habui)" bezeichnet wird, wird jedenfalls dann als Vergleich i.S.d. Art. 731 ff. ZGB einzustufen sein, wenn beide Parteien einander Zugeständnisse machen, um die Gegenpartei zur Übereinkunft zu bewegen[7].

Der Abschluss eines Vergleichs bringt diverse Vorteile mit sich: Durch den Vergleich wird eine schnelle Streiterledigung ermöglicht. Der Zeit- und Kostenaufwand, der durch das Betreiben eines langwierigen kontradiktorischen Streitverfahrens entstehen würde, bleibt den Parteien erspart. Der Vergleich bietet ferner eine größere Flexibilität als die im konkreten Einzelfall einschlägige gesetzliche Regelung, die ohne den Vergleichsvertrag zur Anwendung käme, und kann zu einer für beide Seiten zufriedenstellende Konfliktlösung führen. Angesichts der beiderseitigen Akzeptanz der gefundenen Lösung lässt sich dabei eine erhöhte Leistungsbereitschaft der Parteien erwarten[8].

Sofern in der südkoreanischen Literatur[9] – auch wenn nur gelegentlich – Skepsis geäußert wird, ob die außergerichtliche Vergleichsvereinbarung eine Beeinträchtigung der materiellen Gerechtigkeit nach sich ziehen könne, da der wahre Berechtigte sein (strittiges) Recht nicht vollumfänglich durchsetzen

---

5 Dazu etwa *Sangyong Kim*, DBvS 427 (1992), 57, 60.

6 Bestimmte Delikte wie z.B. einfache oder fahrlässige Körperverletzung (Art. 260 Abs. 3, 266 Abs. 2 StGB) können in Südkorea entgegen dem Willen des Verletzten strafrechtlich nicht verfolgt werden. Ist die Anklage bereits erhoben, so weist sie das zuständige Gericht gem. Art. 327 Nr. 6 StPO durch Urteil ab.

7 Hingegen sollen die Vergleichsvorschriften analoge Anwendung finden, wenn nur eine Partei nachgibt, so *Yunjik Gwak*, Einzelne Schuldverhältnisse, S. 333. A.A.: *Eunyeong Lee*, Einzelne Schuldverhältnisse, S. 629, 634, die sich für die generelle Vergleichsqualität der hier in Rede stehenden Parteienübereinkunft einsetzt; ebenso *Munhyeok Ho* in: GwakKo, Art. 733 S. 241.

8 Zu allgemeinen Vorteilen des Vergleichs gegenüber einem förmlichen Streitaustrag etwa *Giyeong Lee* in: ParkKo, Vorbem. zu Art. 731 - 733 S. 155 f.

9 *Munhyeok Ho*, Zivilprozessrecht, S. 5 f.; *ders.*, Grundzüge des Zivilprozessrechts, S. 4, der meint, dass sich hinter einer intensiven Förderung der außergerichtlichen Streitbeilegung die Gefahr verberge, dass die Rechtsstaatlichkeit in Südkorea nicht gewahrt werden könne. Ähnlich auch *Siyun Lee*, Neues Zivilprozessrecht, S. 544.

könne, wohingegen der wahre Verpflichtete seine (strittige) Pflicht nur teilweise zu erfüllen brauche, mag dabei zuzugeben sein, dass unter der südkoreanischen Bevölkerung infolge der Kolonialherrschaft Japans über Korea noch heute ein negatives Rechtsgefühl herrscht; darüber hinaus dürften in der südkoreanischen Gesellschaft (positive) Rechtsnormen gegenüber konfuzianischen Tugenden weiterhin noch als nachrangig gelten. Gleichwohl sollte man die Augen nicht davor verschließen, dass die außergerichtliche Streitbeilegung im Vergleich zum förmlichen Streitaustrag eine schnellere, effektivere, flexiblere und ökonomischere Konfliktlösung und damit eine rasche Wiederherstellung des Rechtsfriedens ermöglichen.

Im Folgenden werden die einzelnen Tatbestandsmerkmale des materiellrechtlichen Vergleichs (auch genannt: außergerichtlicher Vergleich[10]) näher erläutert.

II. Tatbestandliche Voraussetzungen des Vergleichs

1. Erfordernis eines Streits der Parteien über ein Rechtsverhältnis

Ein Vergleich setzt zunächst einen Streit der Parteien voraus.

a) Rechtsverhältnis als Streitgegenstand

Obwohl es in Art. 731 ZGB nicht hinreichend zum Ausdruck gekommen ist, worauf sich Streit der Parteien beziehen muss, geht man übereinstimmend davon aus, dass das Attribut „über ein Rechtsverhältnis" als ungeschriebenes Tatbestandsmerkmal in den Gesetzeswortlaut hineinzulesen ist[11].

Vergleichsfähig ist demnach jedes (strittige) Rechtsverhältnis der Parteien, welches einer privatautonomen Regelung zugänglich ist[12]. Der Vergleichsgegenstand

---

10 Statt aller GSLKo, vor Art. 731 S. 1231.

11 *Yunjik Gwak*, Einzelne Schuldverhältnisse, S. 331; *Munhyeok Ho* in: GwakKo, Art. 731 S. 217; *Wonrim Ji*, Zivilrecht, S. 1598; *Hyeongbae Kim*, Einzelne Schuldverhältnisse, S. 795 f.; *Hyeongbae Kim/Gyuwan Kim/Myeongsuk Kim*, Zivilrecht S. 1559; *Jeunghan Kim/Hakdong Kim*, Einzelne Schuldverhältnisse, S. 648; *Junho Kim*, Zivilrecht, S. 1798; *Sangyong Kim*, DBvS, 427 (1992), 57, 61; *ders.*, Einzelne Schuldverhältnisse, S. 446, 448; *Deokhwan Lee*, Einzelne Schuldverhältnisse, S. 547; *Giyeong Lee* in: ParkKo, Art. 731 S. 166 f.; *Deoksu Song*, Zivilrecht, S. 1584.

12 Allgemeine Auffassung, statt aller Oberster Gerichtshof (OGH), Urt. v. 27.02.1968 - 67므34, wo ausdrücklich entschieden wurde, dass der im Rahmen einer Mediation abgeschlossene Vergleich der Parteien über das indisponible Abstammungsverhältnis

muss der Dispositionsbefugnis der am Vergleich Beteiligten unterliegen, was vereinzelt damit begründet wird, dass das Nachgeben zwangsläufig eine Verfügung über das streitige Rechtsverhältnis bewirken soll[13]. Grundsätzlich können vermögensrechtliche Ansprüche daher Vergleichsgegenstand sein[14].

Nach völlig unbestrittener Auffassung in der südkoreanischen Lehre und Rechtsprechung muss das streitige Rechtsverhältnis zwischen den Vergleichsparteien spätestens im Zeitpunkt des Abschlusses des Vergleichs bestehen, wobei eine tatsächliche Existenz des Rechtsverhältnisses nicht zu fordern ist[15].

Im Schrifttum wird gelegentlich diskutiert, ob bereits rechtskräftig festgestellte Ansprüche tauglichen Gegenstand des Vergleichsvertrags bilden können.

Diese Frage, die überhaupt nur dann relevant wird, wenn die obsiegende Partei trotz einer nachprozessual getroffenen Vereinbarung hinsichtlich des im Urteil zugesprochenen Betrags in voller Höhe die Zwangsvollstreckung einleitet, wird von einer Ansicht bejaht[16]. Begründet wird dies damit, dass der Eintritt der Rechtskraft lediglich die prozessuale Unabänderlichkeit der entschiedenen Rechtsfolge bedeute und für einen zweiten Prozess ein Prozesshindernis darstelle; ein rechtskräftig zuerkannter Anspruch könne daher zwar nicht noch einmal zum Gegenstand eines streitigen Zivilverfahrens gemacht werden. Dessen ungeachtet sei jedoch möglich, dass ein weiterer Streit der Parteien darüber entstehe. Träfen die Parteien eine von der rechtskräftig entschiedenen Rechtsfolge abweichende Vereinbarung, um den unter ihnen weiter herrschenden Streit zu beseitigen, so könne der durch diesen Vergleich bewirkte (teilweise) Verzicht

---

keine rechtlichen Wirkungen entfalte; ferner Urt. v. 17.01.1980 - 79마44. Es sei vermerkt, dass alle gerichtlichen Entscheidungen im Internet unter http://glaw.scourt.go.kr/wsjo/intesrch/sjo022.do oder unter http://lawnb.com abgerufen werden können; *Giyeong Lee* in: ParkKo, Art. 731 S. 167.

13 Z.B. *Yunjik Gwak*, Einzelne Schuldverhältnisse, S. 332. Diese Aussage trifft allerdings nicht zu, da das Nachgeben eine gegnerfreundliche Prätentionsaufgabe bedeutet, dazu unten Dritter Teil A. II. 4. a).

14 *Munhyeok Ho* in: GwakKo, Art. 731 S. 219; *Sangyong Kim*, DBvS, 427 (1992), 57, 61; ders., Einzelne Schuldverhältnisse, S. 448.

15 OGH, Urt. v. 30.04.1971 - 71다456; *Munhyeok Ho* in: GwakKo, Art. 731 S. 219; *Wonrim Ji*, Zivilrecht, S. 1598; *Hyeongbae Kim*, Einzelne Schuldverhältnisse, S. 796; *Jeunghan Kim/Hakdong Kim*, Einzelne Schuldverhältnisse, S. 648; *Sangyong Kim*, Einzelne Schuldverhältnisse, S. 448; *Deokhwan Lee*, Einzelne Schuldverhältnisse, S. 547.

16 Z.B. *Deokhwan Lee*, Einzelne Schuldverhältnisse, S. 547; *Eunyeong Lee*, Einzelne Schuldverhältnisse, S. 633. Zum Meinungsstand *Giyeong Lee* in: ParkKo, Art. 731 S. 167 f.

auf den rechtskräftig zuerkannten Anspruch mit einer Vollstreckungsgegenklage i.S.d. Art. 44 des Gesetzes über das Vollstreckungsverfahren in Zivilsachen (ZVG) geltend gemacht werden, wenn der Vollstreckungsgläubiger gleichwohl aus dem Urteil vollstrecke[17].

Nach der Gegenansicht soll eine nachprozessuale Parteivereinbarung demgegenüber allenfalls eine bloße Naturobligation entstehen lassen; die Vollstreckbarkeit des Urteils bleibe daher davon unberührt[18].

Dem Grundsatz nach bestehen keine tiefgreifenden Bedenken gegen die Vergleichsfähigkeit von rechtskräftig festgestellten Ansprüchen: Es trifft zu, dass die Parteien auch über einen titulierten Anspruch weiter streiten können. Wenn z.B. der rechtskräftig verurteilte Schuldner nur einen Teilbetrag bezahlt hat, kann die Höhe der restlichen Schuld sehr wohl zwischen den Parteien (wieder) streitig werden. Einigt man sich in diesem Fall im Nachhinein auf einen niedrigeren Betrag als den wirklich geschuldeten, so dürfte unproblematisch sein, in dieser Einigung einen Vergleich zu erblicken. Gegen die Zwangsvollstreckung, die trotz der vergleichsweisen Festlegung des Restbetrages eingeleitet wird, kann sich der Schuldner folglich mit einer Vollstreckungsgegenklage zur Wehr setzen.

b) Streit

Bei der Frage, ob der Begriff „Streit“ ganz weit auszulegen ist, (sodass auch die Fälle der Ungewissheit der Parteien über ein Rechtsverhältnis davon erfasst werden können), gehen die Meinungen auseinander.

Einige Autoren befürworten eine extensive Auslegung; so soll ein Vergleich auch dann vorliegen können, wenn unter den Parteien aus ihrer Sicht kein Streit, wohl aber eine Ungewissheit geherrscht hat. Bei Zweifeln der Parteien sei ein Streit, also Meinungsverschiedenheit schon vorprogrammiert. Der vergleichstypische besondere Bereinigungszweck gebiete es, auch ein ungewisses Rechtsverhältnis als Vergleichsgegenstand genügen zu lassen[19].

---

17 *Deokhwan Lee*, Einzelne Schuldverhältnisse, S. 547; *Eunyeong Lee*, Einzelne Schuldverhältnisse, S. 633.

18 U.a. *Sangyong Kim*, DBvS, 427 (1992), 57, 62; *ders.*, Einzelne Schuldverhältnisse, S. 449.

19 So z.B. *Hyeongbae Kim*, Einzelne Schuldverhältnisse, S. 799 f.; *Hyeongbae Kim/Gyuwan Kim/Myeongsuk Kim*, Zivilrecht, S. 1559; *Eunyeong Lee*, Einzelne Schuldverhältnisse, S. 634; einschränkend wohl auch *Jeunghan Kim/Hakdong Kim*, Einzelne Schuldverhältnisse, S. 648 (ein Vergleich sei bei Ungewissheit nur dort möglich, wo die Aussagen der Parteien voneinander abweichen).

Gegen diese Sichtweise kann wegen des eindeutigen Gesetzeswortlautes des Art. 731 ZGB eingewandt werden, dass der Gesetzgeber (bewusst) auf die Einbeziehung des Begriffs „Ungewissheit" in den Vergleichstatbestand verzichtet hat[20]. Festzuhalten ist daher an dem grundsätzlichen Verbot, die Vergleichsvorschrift *contra legem* auszulegen.

Keinen Beifall verdient ebenfalls die Ansicht, Art. 731 ff. ZGB seien auf die Fälle der Ungewissheit der Parteien entsprechend anwendbar[21]. Gegen eine analoge Anwendung spricht, dass es an einer für die Analogie erforderlichen planwidrigen Regelungslücke mangelt. Den einschlägigen südkoreanischen Gesetzesmaterialien ist zu entnehmen, dass bei der Beratung des Entwurfs des ZGB auch die deutsche Fassung des § 779 BGB (mit-)berücksichtigt wurde[22]. Die Nichtübernahme des Wortlautes des § 779 Abs. 1 BGB bietet aber einen hinreichenden Anhaltspunkt dafür, dass eine explizite Regelung für den Fall einer Ungewissheit offenbar nicht nur versehentlich unterblieben ist. Vielmehr kann davon ausgegangen werden, dass der Gesetzgeber bewusst von einer besonderen Regelung abgesehen hat.

Andererseits ist auch nichts dafür ersichtlich, dass es dem gesetzgeberischen Willen entsprach, nur den vollen Regelungsgehalt des § 779 Abs. 1 BGB zu übernehmen, ohne dass dies im Gesetzestext selbst klar zum Ausdruck gebracht worden wäre. Der Begriff „Ungewissheit" reicht weiter als der vom Gesetzgeber gewählte Streitbegriff. Da ein Streit der Parteien notwendig mit deren subjektiver Ungewissheit einhergeht (und nicht umgekehrt)[23], hätte es nähergelegen, statt des Wortes „Streit" das Wort „Ungewissheit" zu verwenden, wenn der Gesetzgeber auch die Ungewissheit in den Regelungsbereich des Art. 731 ZGB hätte einbeziehen wollen.

Aus demselben Grund ist ein Vergleich auch dann nicht möglich, wenn ein an sich unbestrittener Anspruch nur in seiner Verwirklichung unsicher ist (anders als § 779 Abs. 2 BGB)[24].

---

20 Ähnlich OGH, Urt. v. 13.03.1984 - 83다358; *Wonrim Ji*, Zivilrecht, S. 1599; *Junho Kim*, Zivilrecht, S. 1798; *Sangyong Kim*, DBvS 427 (1992), 57, 61; *ders.*, Einzelne Schuldverhältnisse, S. 448; *Deoksu Song*, Zivilrecht, S. 1584; näher dazu gleich unten.

21 So *Munhyeok Ho* in: GwakKo, Art. 731 S. 217; noch *Sangyong Kim*, DBvS 427 (1992), 57, 61; (dem folgend) *Giyeong Lee* in: ParkKo, Art. 731 S. 166. Alle hier Genannten behaupten, im Fall einer bloßen Ungewissheit liege zwar kein Vergleich, sondern nur ein atypischer Vertrag vor, auf den Art. 731 ff. ZGB jedoch analoge Anwendung fänden.

22 Protokolle der Kommission für die Beratung des Entwurfs des Zivilgesetzbuchs, Erster Band: Allgemeiner Teil, Sachenrecht und Schuldrecht, Seoul, 1957, S. 428 f.

23 Dies sei hier vorweggenommen, dazu unten Dritter Teil A. II. 2.

24 Z.B. *Jeunghan Kim/Hakdong Kim*, Einzelne Schuldverhältnisse, S. 649.

Art. 731 ff. ZGB sind nach der hier vertretenen Auffassung mithin nur auf solche Fälle anzuwenden, in denen ein Streit zwischen den Parteien besteht[25].

2. Gegenseitiges Nachgeben

a) *Nachgeben*

Das „Nachgeben" i.S.d. Art. 731 ZGB wird im Allgemeinen als „[auf einem gegenseitigen Kompromiss beruhende] Übernahme von Vermögensverlusten" definiert[26]. In der Literatur stößt man zudem immer wieder auf den (unzutreffenden) Ansatz, das (gegenseitige) Nachgeben bewirke eine Vermögensverfügung[27].

Das Nachgeben bedeutet – was später zu zeigen sein wird[28] – jedoch lediglich, dass jede Partei von ihrem bisherigen Standpunkt abrückt und dem Gegner entgegenkommt; es hat keinen materiell-rechtlichen Inhalt[29].

Überaus fragwürdig erscheint auch die These, ein Nachgeben sei bereits dann zu bejahen, wenn eine Partei – bloß insgeheim! – eine für sie ungünstige Abweichung des neu geordneten Rechtszustandes vom wahren für möglich halte, diese trotzdem in Kauf nehme und sich auf den Vertragsschluss einlasse; ein Nachgeben sei z.B. durch das heimliche Abrücken von der ursprünglichen Erwartung einer höheren Schadensersatzsumme gegeben. Die Kundgabe einer Ansicht sei rechtlich irrelevant und außerdem schwer nachweisbar[30].

Dem kann entgegengehalten werden, dass es gem. Art. 731 ZGB für einen Vergleich erforderlich ist, dass „Streit" zwischen den Parteien besteht. Ein Streit setzt aber begrifflich voraus, dass gegensätzliche Behauptungen zumindest konkludent nach außen geäußert werden[31]. Ähnliches dürfte im Übrigen auch dann

---

25 Zum Begriff des Streits unten Dritter Teil A. II. 2.

26 So insbesondere OGH, Urt. v. 27.10.2000 - 98두199; GSLKo, Art. 731 S. 1232; *Wonrim Ji*, Zivilrecht, S. 1600; *Hyeongbae Kim*, Einzelne Schuldverhältnisse, S. 800; *Hyeongbae Kim/Gyuwan Kim/Myeongsuk Kim*, Zivilrecht, S. 1560; *Junho Kim*, Zivilrecht, S. 1798; *Sangyong Kim*, Einzelne Schuldverhältnisse, S. 449; *Deokhwan Lee*, Einzelne Schuldverhältnisse, S. 547; ferner *Giyeong Lee* in: ParkKo, Art. 731 S. 168.

27 So *Yunjik Gwak*, Einzelne Schuldverhältnisse, S. 332; *Munhyeok Ho* in: GwakKo, Art. 731 S. 220 (nachteilige Verfügung); *Hyeongbae Kim/Gyuwan Kim/Myeongsuk Kim*, Zivilrecht, S. 1560; *Sangyong Kim*, DBvS 427 (1992), 57, 63.

28 Dazu unten Dritter Teil A. II. 4. a).

29 U.a. *Jeunghan Kim/Hakdong Kim*, Einzelne Schuldverhältnisse, S. 649 f. (Nachgeben sei die völlige oder teilweise Aufgabe eines zuvor eingenommenen Standpunktes).

30 *Eunyeong Lee*, Einzelne Schuldverhältnisse, S. 635.

31 So etwa *Munhyeok Ho* in: GwakKo, Art. 731 S. 221.

zu fordern sein, wenn man *contra legem* eine Ungewissheit für den Vergleich genügen lassen würde[32].

In der höchstrichterlichen Rechtsprechung wird schließlich vertreten, dass die Frage, ob die Parteien wirklich, d.h. aus freien Stücken nachgegeben haben, unter Gesamtwürdigung von besonderen Umständen des konkreten Einzelfalls wie z.B. persönliche Situation der nachgebenden Partei zu beurteilen sei, wenn der Vergleichsabschluss „ganz außergewöhnlich" erscheine.

So judizierte der OGH mit Urteil vom 27.05.1969 - 69다392, dass ein derartiger „ganz außergewöhnlicher" Vergleich vorliege. Im dort entschiedenen Fall hatte der Kläger vom Beklagten zunächst ein Schmerzensgeld von 100.000 KRW begehrt. Während der Verhandlung einigten sich beide Parteien jedoch auf die Zahlung eines Schmerzensgeldes von 50.000 KRW. Das Gericht erachtete diesen Vergleich deshalb für merkwürdig und damit ganz außergewöhnlich, weil die ursprüngliche Klageforderung in vollem Umfang begründet gewesen sei und keine besonderen Umstände hinzugetreten seien, die den Vergleich sinnvoll erscheinen ließen.

Dass der Vergleich gem. Art. 110 Abs. 1 ZGB anfechtbar ist, wenn eine Vertragsseite durch eine Täuschung oder Drohung zum Kompromiss bestimmt worden ist, dürfte sich aber von selbst verstehen. Wurde die eine Partei über die im Vergleich festgelegten streitigen Punkte getäuscht, ist der Getäuschte nach Maßgabe des Art. 110 ZGB auch dann zur Anfechtung des Vergleichs berechtigt, wenn sich die Täuschung auf die im Vergleich neu geregelten streitigen Umstände bezogen hat[33].

---

32 Dazu unten Dritter Teil A. II. 2.

33 OGH, Urt. v. 11.09.2008 - 2008다15278. Anders noch OGH, Urt. v. 22.09.1992 - 92다25335 (Unanfechtbarkeit des Vergleichs), dem folgender Fall zugrunde lag: Die Klägerin und die Beklagten schlossen einen Grundstückskaufvertrag ab. Die Beklagten verkauften jedoch das fragliche Grundstück an einen Dritten weiter und übereigneten es an diesen. Die Parteien stritten um Schadensersatzansprüche der Klägerin wegen Nichterfüllung des Kaufvertrages und einigten sich schließlich darauf, dass die Beklagten einen Schadensersatz von 25.000.000 KRW an die Klägerin zu zahlen hätten. Die Beklagten erklärten dabei wahrheitswidrig, das Grundstück zum Kaufpreis von 63.000.000 KRW veräußert zu haben. In Wirklichkeit betrug der Verkaufserlös jedoch 78.680.000 KRW.

b) Gegenseitigkeit

Ein Vergleich kommt durch gegenseitiges Nachgeben zustande[34]. Daraus lässt sich zum einen folgern, dass es sich beim Vergleichsvertrag um einen entgeltlichen Vertrag handele; jedes Nachgeben sei notwendig mit einer Vermögensminderung verbunden[35]. Zum anderen wird geschlossen, dass der Vergleichsvertrag ein (vollkommen) zweiseitig verpflichtender Vertrag i.S.d. Art. 536 ff. ZGB sei, durch den für beide Parteien die Verpflichtung zur Vertragserfüllung durch das Nachgeben begründet werde[36].

Beide Ansätze beruhen weitgehend auf demselben Denkfehler, der darin liegen dürfte, dass zwei Ebenen nicht getrennt betrachtet werden, nämlich das zum Vergleichsabschluss eingesetzte Mittel und der mit dem Vergleich bewirkte Rechtserfolg. Insbesondere verpflichten sich die Parteien eines Vergleichs nicht zum gegenseitigen Nachgeben; vielmehr ermutigen sie einander durch ihre Kompromissbereitschaft zum Abschluss des Vergleichs[37].

Der Vergleich ist nur dann als zweiseitig verpflichtender Vertrag aufzufassen, wenn beide Parteien Leistungspflichten übernommen haben[38]. Wenn etwa A und B über das Eigentum eines im Besitz des A befindlichen wertvollen Goryeo Seladons (Gegenwert: 20.000.000 KRW) streiten und schließlich übereinkommen, dass A es an B herausgeben und dafür von diesem 10.000.000 KRW bekommen soll, ist dieser Vergleich ein gegenseitiger Vertrag i.S.d. Art. 536 ff. ZGB.

Eine synallagmatische Verknüpfung muss, nach zutreffender Ansicht, zwischen den gemachten Zugeständnissen nicht unbedingt bestehen[39].

---

34 Allgemeine Auffassung: Statt aller *Munhyeok Ho* in: GwakKo, Art. 731 S. 220.

35 OGH, Urt. v. 27.10.2000 - 98두199; GSLKo, Art. 731 S. 1232; *Yunjik Gwak*, Einzelne Schuldverhältnisse, S. 332; *Munhyeok Ho* in: GwakKo, Art. 731 S. 211 f.; *Wonrim Ji*, Zivilrecht, S. 1598; *Jeunghan Kim/Hakdong Kim*, Einzelne Schuldverhältnisse, S. 646; *Junho Kim*, Zivilrecht, S. 1798; *Sangyong Kim*, DBvS 427 (1992), 57, 58, Fn. 1; *ders.*, Einzelne Schuldverhältnisse, S. 449; *Deokhwan Lee*, Einzelne Schuldverhältnisse, S. 545; *Giyeong Lee* in: ParkKo, Art. 731 S. 165; wohl auch *Deoksu Song*, Zivilrecht, S. 1584.

36 *Yunjik Gwak*, Einzelne Schuldverhältnisse, S. 332; *Munhyeok Ho* in: GwakKo, Art. 731 S. 211 f.; *Wonrim Ji*, Zivilrecht, S. 1598; *Jeunghan Kim/Hakdong Kim*, Einzelne Schuldverhältnisse, S. 646; *Sangyong Kim*, DBvS 427 (1992), 57, 58, Fn. 1; *ders.*, Einzelne Schuldverhältnisse, S. 449; *Deokhwan Lee*, Einzelne Schuldverhältnisse, S. 545; *Giyeong Lee* in: ParkKo, Art. 731 S. 165.

37 Ähnlich *Eunyeong Lee*, Einzelne Schuldverhältnisse, S. 628.

38 So auch *Deoksu Song*, Zivilrecht, S. 1584.

39 V.a. *Hyeongbae Kim*, Einzelne Schuldverhältnisse, S. 798 f.

III. (Konstitutive) Wirkung des Vergleichs

Art. 732 ZGB beschreibt die grundsätzliche Wirkung des Vergleichs: „Der Vergleich wirkt auf der einen Parteiseite rechtsvernichtend und auf der anderen rechtsbegründend." Der Gesetzgeber entschied sich damit gegen die vormals umstrittene Theorie von der rein deklaratorischen Wirkung des Vergleichs, die im Vergleich keinen neuen Rechtsgrund sehen wollte[40]. Demnach wird durch den Vergleich die bestehende Rechtslage nicht nur bezeugt oder klargestellt; er schafft ein neues Rechtsverhältnis zwischen den Parteien[41].

Die Fassung des Art. 732 ZGB ist jedoch aus rechtsdogmatischer Sicht nicht unbedenklich, denn im Fall der Übereinstimmung der bisherigen Ausgangsrechtslage mit der im Vergleich geregelten wirkt der Vergleich weder rechtsvernichtend noch -begründend[42]. Daher ist Art. 732 ZGB richtigerweise dahin auszulegen, dass der Vergleich einen neuen, eigenständigen Rechtsgrund für die vergleichsweise vereinbarten Leistungen schafft[43].

Bemerkenswert ist, dass Art. 732 ZGB in der Literatur überwiegend als dispositives Recht[44] aufgefasst wird[45]. Für die Feststellung der rechtlichen Wirkung des Vergleichs soll danach der Parteiwille entscheidend sein. *Yunjik Gwak*

---

40 Einzelne Nachweise zur Theorie von der rein deklaratorischen Wirkung des Vergleichs finden sich in *Giyeong Lee* in: ParkKo, Art. 732 S. 178, Fn. 6.

41 OGH, Urt. v. 20.08.2004 - 2002 다 20353; Urt. v. 24.01.1997 - 95 다 32273; Urt. v. 12.10.1995 - 94 다 42846; Urt. v. 22.09.1992 - 92 다 25335; Urt. v. 12.09.1989 - 88 다카 10050; GSLKo, Art. 732 S. 1234 f.; *Wonrim Ji*, Zivilrecht, S. 1600; *Hyeongbae Kim/Gyuwan Kim/Myeongsuk Kim*, Zivilrecht, S. 1560; *Junho Kim*, Zivilrecht, S. 1800; *Sangyong Kim*, Einzelne Schuldverhältnisse, S. 450; *Deokhwan Lee*, Einzelne Schuldverhältnisse, S. 548; *Eunyeong Lee*, Einzelne Schuldverhältnisse, S. 636; *Deoksu Song*, Zivilrecht, S. 1585.

42 So *Jeunghan Kim/Hakdong Kim*, Einzelne Schuldverhältnisse, S. 651; auch *Hyeongbae Kim*, Einzelne Schuldverhältnisse, S. 801 (der Vergleich wirke nur insoweit konstitutiv, als der ursprüngliche Rechtszustand von dem im Vergleich festgelegten abweiche).

43 Nach *Yunjik Gwak*, Einzelne Schuldverhältnisse, S. 333 soll der Grundsatz der konstitutiven Wirkung des Vergleichs besagen, dass die neu festgestellte Rechtslage ohne Rücksicht auf die wahre fortan für die Parteien gelte.

44 Art. 105 ZGB enthält die Legaldefinition des dispositiven Rechts. Danach können die Parteien durch vertragliche Vereinbarung solche Vorschriften abbedingen, die „mit den guten Sitten oder sonstiger Sozialordnung in keinem Zusammenhang stehen".

45 So z.B. *Yunjik Gwak*, Einzelne Schuldverhältnisse, S. 332; *Wonrim Ji*, Zivilrecht, S. 1600; *Hyeongbae Kim/Gyuwan Kim/Myeongsuk Kim*, Zivilrecht, S. 1560; *Sangyong Kim*, Einzelne Schuldverhältnisse, S. 451; *Deokhwan Lee*, Einzelne Schuldverhältnisse, S. 548; *Eunyeong Lee*, Einzelne Schuldverhältnisse, S. 637; *Deoksu Song*, Zivilrecht, S. 1585.

formuliert hierzu: „Lässt sich ein eindeutiger Parteiwille nicht ermitteln, so ist im Zweifel davon auszugehen, dass der Vergleich konstitutiv wirkt“[46].

Wie sich der Vergleich auf das frühere Rechtsverhältnis auswirkt, lässt sich indes nicht durch die Erforschung des wirklichen Parteiwillens, sondern allein durch einen Vergleich der Rechtslagen vor und nach dem Vergleichsabschluss nach objektiven Maßstäben ermitteln. Abgesehen davon, dass die materiellrechtliche Wirkung eines Vergleichs schon deshalb oft schwer festzustellen ist, weil die strittige Rechtslage vor dem Vergleichsschluss ungeklärt bleibt (sodass es in den meisten Fällen außerhalb des Einschätzungsvermögens der Parteien liegen wird, wie der Vergleich tatsächlich gewirkt hat), darf keineswegs verkannt werden, dass es sich beim Vergleich um ein kausales Rechtsgeschäft handelt, welches seine (Feststellungs-)causa in sich trägt[47]. Anders wäre der vereinbarte Streitbeseitigungszweck kaum erreichbar.

Verfehlt ist damit auch die Vorstellung, ein Vergleich könne unter der auflösenden Bedingung der vollen Beweisbarkeit eines augenblicklich bestrittenen Rechtsverhältnisses vorgenommen werden[48]. Mit einem solchen bedingten Streitbeseitigungsvertrag wird der Streit aber nicht endgültig beigelegt, sondern in Wirklichkeit nur hinausgeschoben. Der durch die auflösende Bedingung geschaffene Schwebezustand ist mit dem typischen Vergleichszweck, die bestehende Rechtsunsicherheit *endgültig* zu beseitigen, schlechthin unvereinbar. Ein Vertrag, welcher Streit der Parteien *nur vorübergehend* ruhen lässt, stellt folglich keinen Vergleich dar.

Dem Vergleich wird im Regelfall keine novierende Wirkung zuerkannt werden. Durch einen Vergleich wird also kein vom alten völlig losgelöstes neues Schuldverhältnis begründet, welches an die Stelle des alten tritt, sofern die Parteien nichts Anderes vereinbaren[49]. Eine derartige Auslegung dürfte mangels anderer Anhaltspunkte dem Parteiwillen mutmaßlich am ehesten entsprechen. Im Zweifel kann daher nicht angenommen werden, dass der Gläubiger auf seine akzessorischen Sicherungsrechte, die die streitige Forderung sichern, verzichten wollte.

---

46 *Yunjik Gwak*, Einzelne Schuldverhältnisse, S. 332.

47 Zur sog. Feststellungscausa unten Dritter Teil A. III. 2. b).

48 *Hyeongbae Kim/Gyuwan Kim/Myeongsuk Kim*, Zivilrecht, S. 1560; *Sangyong Kim*, Einzelne Schuldverhältnisse, S. 451; *Deokhwan Lee*, Einzelne Schuldverhältnisse, S. 548; *Eunyeong Lee*, Einzelne Schuldverhältnisse, S. 637; *Deoksu Song*, Zivilrecht, S. 1585.

49 So z.B. *Junho Kim*, Zivilrecht, S. 1800. Demgegenüber will *Yunjik Gwak*, Einzelne Schuldverhältnisse, S. 332 meinen, der Vergleich sei aufgrund der dispositiven Vorschrift des Art. 732 ZGB im Zweifel als Novation zu verstehen.

Zu erwähnen bleibt, dass in der südkoreanischen Rechtsprechung und Literatur keine einheitliche Auffassung über die novierende Wirkung des Vergleichs besteht. Dabei ist auffällig, dass der Vergleich generell entweder als Novation oder als Änderungsvertrag begriffen wird, ohne dass man auf den jeweiligen Parteiwillen abstellt[50].

IV. Unwirksamkeit des Vergleichs

Abschließend soll noch kurz auf die Wirksamkeitshindernisse für den Vergleichsvertrag eingegangen werden, die sich aus dem ZGB ergeben.

Dem Vergleich dürfen keine Wirksamkeitshindernisse entgegenstehen[51]. Insbesondere ist ein Vergleich, dessen Inhalt „gegen die guten Sitten oder sonstige Sozialordnung verstößt", gem. Art. 103 ZGB nichtig. Einen weiteren Nichtigkeitsgrund legt Art. 104 ZGB fest, nach dem ein Rechtsgeschäft nichtig ist, wenn es „infolge der Notlage, des Leichtsinns oder der Unerfahrenheit des daran Beteiligten grob unbillig" ist.

Hervorzuheben ist, dass Art. 733 Satz 1 ZGB die grundsätzliche Unanfechtbarkeit des Vergleichs wegen Irrtums vorschreibt. Dies gilt aber gem. Art. 733 Satz 2 ZGB nicht, wenn sich der Irrtum auf die Eigenschaften des Vertragspartners oder solche Umstände bezieht, die zwischen den Parteien unstreitig waren.

Ein Vergleichsvertrag kann demnach selbst dann nicht angefochten werden, wenn sich der Vertragsschließende in einem Inhalts- oder Erklärungsirrtum

---

50 Für die generelle Annahme einer Novation: OGH, Urt. v. 20.08.2004 - 2002다 20353; Urt. v. 24.01.1997 - 95다32273; Urt. v. 12.10.1995 - 94다42846; Urt. v. 22.09.1992 - 92다25335; Urt. v. 12.09.1989 - 88다카10050; GSLKo, Art. 732 S. 1234 f.; *Wonrim Ji*, Zivilrecht, S. 1600; *Hyeongbae Kim/Gyuwan Kim/Myeongsuk Kim*, Zivilrecht, S. 1560; *Sangyong Kim*, Einzelne Schuldverhältnisse, S. 450; *Deokhwan Lee*, Einzelne Schuldverhältnisse, S. 548; *Eunyeong Lee*, Einzelne Schuldverhältnisse, S. 636; *Deoksu Song*, Zivilrecht, S. 1585. Trotz der schuldumschaffenden Wirkung soll sich die Verjährung eines im Vergleich neu geregelten Schadensersatzanspruchs wegen unerlaubter Handlung (ausnahmsweise) nicht nach den allgemeinen Verjährungsvorschriften der Art. 162 ff. ZGB, sondern weiterhin nach Art. 766 ZGB richten, dazu *Wonrim Ji*, Zivilrecht, S. 1600 und *Eunyeong Lee*, Einzelne Schuldverhältnisse, S. 637. Dies erscheint geradezu folgewidrig. Hingegen für die generelle Annahme eines Änderungsvertrages: *Munhyeok Ho* in: GwakKo, Art. 732 S. 229 f.; *Hyeongbae Kim*, Einzelne Schuldverhältnisse, S. 797, 801 f.; *Jeunghan Kim/Hakdong Kim*, Einzelne Schuldverhältnisse, S. 652.

51 *Wonrim Ji*, Zivilrecht, S. 1600; *Hyeongbae Kim*, Einzelne Schuldverhältnisse, S. 800; *Eunyeong Lee*, Einzelne Schuldverhältnisse, S. 635 f., 642.

über wesentliche streitige Punkte befunden hat[52]. Rechtlich irrelevant sind beim Vergleich auch Kalkulationsirrtümer, unabhängig davon, ob der Erklärende seine Kalkulation offengelegt hat oder nicht[53].

Ein beachtlicher Eigenschaftsirrtum kommt etwa dann in Betracht, wenn der Vergleichsgegner kein wahrer Gläubiger (bzw. Schuldner) der strittigen Forderung war[54], oder, wenn sich der Erklärende über die Vertretungs- oder Verfügungsmacht seines Geschäftspartners geirrt hat[55].

„Zwischen den Parteien unstreitige Umstände" sind diejenigen Umstände, die beide Parteien einvernehmlich als feststehend angenommen haben (sog. Vergleichsgrundlage)[56].

---

52 Dazu *Deoksu Song*, Zivilrecht, S. 1586. A.A.: *Hyeongbae Kim*, Einzelne Schuldverhältnisse, S. 805; *Hyeongbae Kim/Gyuwan Kim/Myeongsuk Kim*, Zivilrecht, S. 1561 (eine Anfechtung sei nur beim Inhaltsirrtum ausgeschlossen); noch weitergehend *Eunyeong Lee*, Einzelne Schuldverhältnisse, S. 632 (neben dem Erklärungsirrtum berechtige auch der gemeinsame Irrtum beider Parteien über streitige Punkte zur Vergleichsanfechtung).

53 Dazu OGH, Urt. v. 26.01.1996 - 94다36919; Urt. v. 12.09.1989 - 88다카10050.

54 *Yunjik Gwak*, Einzelne Schuldverhältnisse, S. 333; *Jeunghan Kim/Hakdong Kim*, Einzelne Schuldverhältnisse, S. 653; *Sangyong Kim*, Einzelne Schuldverhältnisse, S. 452; *Deokhwan Lee*, Einzelne Schuldverhältnisse, S. 549. In dem vom OGH mit Urteil vom 30.09.1994 - 94다11217 entschiedenen Fall ging der Kläger irrigerweise davon aus, die Beklagte sei die wahre Erbin eines im Grundbuch eingetragenen Erblassers..

55 *Sangyong Kim*, Einzelne Schuldverhältnisse, S. 452 und *Eunyeong Lee*, Einzelne Schuldverhältnisse, S. 632.

56 OGH, Urt. v. 19.08.2005 - 2004다53173; Urt. v. 11.04.1997 - 95다48414; Urt. v. 12.12.1995 - 94다22453; Urt. v. 27.10.1992 - 92다18719; Urt. v. 14.07.1992 - 91다47208; Urt. v. 25.01.1991 - 90다12526; Urt. v. 09.11.1990 - 90다카22674; GSLKo, Art. 733 S. 1237; Urt. v. 08.08.1989 - 88다카15413; *Wonrim Ji*, Zivilrecht, S. 1601; *Hyeongbae Kim/Gyuwan Kim/Myeongsuk Kim*, Zivilrecht, S. 1561; *Deokhwan Lee*, Einzelne Schuldverhältnisse, S. 549; *Eunyeong Lee*, Einzelne Schuldverhältnisse, S. 631; *Deoksu Song*, Zivilrecht, S. 1587. Eine Anfechtbarkeit des Vergleichs wurde beispielsweise bejaht: OGH, Urt. v. 12.10.2001 - 2001다49326 (Irrtum über das Bestehen des Kausalzusammenhangs zwischen ärztlichem Behandlungsfehler und Todesfall); Urt. v. 11.04.1997 - 95다48414 (Irrtum über das Vorliegen des Alleinverschuldens am Verkehrsunfall); Urt. v. 14.07.1992 - 91다47208 (Irrtum über das Vorliegen des Alleinverschuldens am Verkehrsunfall); Urt. v. 09.11.1990 - 90다카22674 (Irrtum über das Bestehen des Kausalzusammenhangs zwischen ärztlichem Behandlungsfehler und Todesfall); Urt. v. 18.10.1966 - 66다1573 (Irrtum über die Tragweite der umfassenden Verzichtserklärung). Eine Anfechtbarkeit des Vergleichs wurde dagegen verneint: OGH, Urt. v. 12.10.1995 - 94다42846 (Irrtum über das Bestehen des Kausalzusammenhangs zwischen ärztlichem Eingriff und Gesundheitsverschlechterung) und

Eine Irrtumsanfechtung ist freilich nur dann möglich, wenn die Voraussetzungen des Art. 109 Abs. 1 ZGB erfüllt sind; der Anfechtungsberechtigte muss sich über einen wesentlichen Punkt des unstreitigen Teils geirrt haben (Satz 1) und auf ihn darf kein grobes Verschulden zutreffen (Satz 2)[57].

Im Prozess muss der Anfechtungsgegner indes darlegen sowie beweisen, dass dem Anfechtenden grobes Verschulden vorwerfbar ist[58]. Für die sonstigen Anfechtungsvoraussetzungen trägt der Anfechtende stets die Beweislast[59].

Im Übrigen ist der Vergleich grundsätzlich formfrei möglich und kommt schon durch bloße Willenseinigung der Parteien zustande (sog. Konsensualvertrag)[60].

Urt. v. 10.03.1992 - 92다589 (Irrtum über das Vorliegen des erhöhten Verschuldungsgrads). In beiden Fällen führte das Gericht aus, dass die Parteien auch um die Frage nach dem Verschuldungsgrad oder der Kausalität gestritten hätten. Ob es in den zuvor genannten Fällen anders lag, ist allerdings sehr fraglich.

57 *Wonrim Ji*, Zivilrecht, S. 1602; *Hyeongbae Kim*, Einzelne Schuldverhältnisse, S. 804; *Junho Kim*, Zivilrecht, S. 1801; *Sangyong Kim*, Einzelne Schuldverhältnisse, S. 451 f.; *Deokhwan Lee*, Einzelne Schuldverhältnisse, S. 550; *Deoksu Song*, Zivilrecht, S. 1586.

58 Dazu z.B. *Munhyeok Ho*, in: GwakKo, Art. 733 S. 249, 256; *Hyeongbae Kim*, Einzelne Schuldverhältnisse, S. 805.

59 OGH, Urt. v. 20.08.2004 - 2002다20353; *Wonrim Ji*, Zivilrecht, S. 1601; *Hyeongbae Kim*, Einzelne Schuldverhältnisse, S. 805; *Hyeongbae Kim/Gyuwan Kim/Myeongsuk Kim*, Zivilrecht, S. 1561; *Junho Kim*, Zivilrecht, S. 1801; *Deokhwan Lee*, Einzelne Schuldverhältnisse, S. 550; *Deoksu Song*, Zivilrecht, S. 1587.

60 *Yunjik Gwak*, Einzelne Schuldverhältnisse, S. 332; *Munhyeok Ho* in: GwakKo, Art. 731 S. 211; *Hyeongbae Kim/Gyuwan Kim/Myeongsuk Kim*, Zivilrecht, S. 1558 f.; *Jeunghan Kim/Hakdong Kim*, Einzelne Schuldverhältnisse, S. 646; *Junho Kim*, Zivilrecht, S. 1798; *Sangyong Kim*, Einzelne Schuldverhältnisse, S. 446; *Giyeong Lee* in: ParkKo, Art. 731 S. 165; *Deokhwan Lee*, Einzelne Schuldverhältnisse, S. 545; *Eunyeong Lee*, Einzelne Schuldverhältnisse, S. 628. Nur am Rande sei bemerkt, dass die Auslobung einzig als Realvertrag in Art. 675 ff. ZGB geregelt ist.

B. Gerichtlicher Vergleich

I. Vorbemerkung

Nach gängiger Auffassung in Südkorea versteht man unter einem gerichtlichen Vergleich (Koreanisch: 재판상화해 - Jaepansanghwahae) eine auf gegenseitigem Nachgeben beruhende, vor einem Gericht vorzunehmende einvernehmliche Parteihandlung, durch welche der Rechtsstreit beseitigt wird. Das südkoreanische Recht unterscheidet dabei zwei Arten des gerichtlichen Vergleichs, und zwar danach, ob der Vergleichsabschluss vor oder nach Rechtshängigkeit erfolgt: der vorprozessuale Vergleich (Koreanisch: 제소전화해 - Jesojeonhwahae)[1] und der Prozessvergleich (Koreanisch: 소송상화해 - Sosongsanghwahae).

Während der Erstere in Art. 385 ff. ZPO eine ausführliche positiv-rechtliche Regelung erfahren hat, wurde der (Prozess-)Vergleich[2] nur verstreut z.B. in Art. 56 Abs. 2 (Besondere Regelung über die Prozesshandlungen des Prozessbevollmächtigten), Art. 70 Abs. 1 Satz 2 (Besondere Regelung über die vorläufige, selektive Streitgenossenschaft), Art. 90 Abs. 2 Nr. 2 (Umfang der Prozessvollmacht), Art. 106 (Kostentragung beim Vergleich), Art. 145 Abs. 1 (Vergleichsvorschlag), Art. 148 Abs. 3 (bei der Säumnis einer Partei), Art. 154 Nr. 1 (materieller Inhalt des Protokolls), Art. 164.2 Abs. 1 (Hinzuziehen einer qualifizierten Verhandlungsperson) oder Art. 220 ZPO (Wirkung des Protokolls über den Vergleich, den Verzicht und das Anerkenntnis) erwähnt.

Im Gegensatz zum außergerichtlichen (bzw. bürgerlich-rechtlichen) Vergleich wird der gerichtliche Vergleich unter Mitwirkung des Gerichts abgeschlossen; durch die gerichtliche Protokollierung wird der gerichtliche Vergleich gem. Art. 56 Nr. 5 ZVG zum Vollstreckungstitel. Das Vergleichsprotokoll steht in seinen rechtlichen Wirkungen gem. Art. 220 ZPO[3] einem rechtskräftigen Urteil gleich.

---

1 Dieser vorprozessuale Vergleich lehnt sich an den sog. Sühneversuch i.S.d § 471 CPO von 1877 (der seit 1898 in § 510 CPO, und seit 1909 in § 510 c ZPO geregelt war) an, *Hyeonjung Gang*, Zivilprozessrecht, 6. Aufl., S. 629.

2 Es sei klargestellt, dass die ZPO nur von „Vergleich (Koreanisch: 화해 - Hwahae)" spricht; der Begriff „Prozessvergleich" taucht in ihr nirgends auf.

3 Art. 220 ZPO lautet wie folgt: Wird Vergleich, Anspruchsverzicht sowie -anerkenntnis im Terminprotokoll festgehalten, so wirkt das Protokoll gleich einem rechtskräftigen Urteil.

Nach Art. 461 ZPO findet die in Art. 451 ff. ZPO geregelte Wiederaufnahmeklage auch gegen das Protokoll i.S.d Art. 220 ZPO statt, wenn ein gesetzlicher Wiederaufnahmegrund geltend gemacht wird.

Durch die 14. ZPO-Novelle 2002 wurden die neuen Vorschriften, Art. 225 ff. ZPO ins Gesetz eingefügt. Demnach kann das Prozessgericht oder der beauftragte oder ersuchte Richter von Amts wegen einen Vergleichsvorschlag durch Beschluss aussprechen, der gem. Art. 231 ZPO unter den dort genannten Voraussetzungen wie ein gerichtlicher Vergleich wirkt. Die erstmals mit Wirkung vom 01. Juli 2002 in Kraft getretenen Regelungen über den gerichtlichen Vergleichsvorschlag sollen die vergleichsweise Streitschlichtung fördern und die Vergleichsquote in bürgerlichen Rechtsstreitigkeiten insgesamt erhöhen; in der ehemaligen Gerichtspraxis kam es nicht selten vor, dass ein wirksamer Vergleichsabschluss deshalb unterblieb, weil die Parteien lediglich in nebensächlichen Punkten nicht übereinkamen oder, weil sie (meist sehr vage) Erwartungen an einen jeweils für sie günstigeren Ausgang des Verfahrens hegten[4].

Bei einer solchen fakultativen Maßnahme des Gerichts ist freilich stets besonders große Sorgfalt geboten. Die grundsätzliche richterliche Entscheidungskompetenz zum Erlass eines Vergleichsvorschlagsbeschlusses sollte nicht ausschließlich zu einer Arbeitsentlastung (genauer: Ersparung der Urteilsabfassung) des Gerichts missbraucht werden[5].

Art. 145 Abs. 1 ZPO ermächtigt den Richter, in jeder Lage des Verfahrens den Parteien einen Vergleichsvorschlag selbst oder durch den beauftragten oder ersuchten Richter zu unterbreiten.

Schließlich kennt das südkoreanische Recht andere Formen der gütlichen Streitbeilegung, die in ihren Rechtswirkungen aufgrund gesetzlicher Regelung dem gerichtlichen Vergleich gleichstehen, z.B. Mediation in Zivilsachen gem. Art. 29 des Gesetzes über die Mediation in Zivilsachen (ZMG), Mediation in Familiensachen gem. Art. 59 Abs. 2 Satz 1 des Gesetzes über das Verfahren in Familiensachen und Beschluss an Mediations statt gem. Art. 34 Abs. 4 ZMG i. V. m. Art. 30, 32 ZMG.

---

4 Dazu *Munhyeok Ho*, Zivilprozessrecht, S. 761; *Gimun Hong*, Zivilprozessrecht, S. 521; *Dongyun Jeong/Byeonghyeon Yu/Gyeonguk Kim*, Zivilprozessrecht, S. 651; *Sangsu Kim*, ZPO, S. 289 f.; *Sanghyeon Song*, Zivilprozessrecht, S. 588; *Sanghyeon Song/Ikhwan Park*, ZPO, S. 499 f.

5 So etwa *Dongyun Jeong/Byeonghyeon Yu/Gyeonguk Kim*, Zivilprozessrecht, S. 651; *Siyun Lee*, Neues Zivilprozessrecht, S. 552 („keine Flucht in den Vergleichsvorschlagsbeschluss"); *Siyeong O*, ZPO, S. 743.

Im Folgenden soll zunächst der Frage nach der Rechtsnatur des gerichtlichen Vergleichs nachgegangen werden. Diese bis heute in Südkorea außerordentlich lebhaft diskutierte Frage ist von erheblicher praktischer Bedeutung. Von ihrer Beantwortung hängt nämlich ab, welche Rechtsfolgen die Unwirksamkeit des gerichtlichen Vergleichs nach sich zieht. Eine andere Frage ist, welche Möglichkeiten bestehen, um die Unwirksamkeit verfahrensrechtlich geltend zu machen.

II. Rechtsnatur des gerichtlichen Vergleichs

1. Materiell-rechtliche Theorie

Einer heute (mit Blick auf Art. 461 ZPO) als obsolet geltenden[6], daher wohl von niemand mehr vertretenen[7] Auffassung zufolge stellt sich der gerichtliche Vergleich als rein privatrechtlicher Vertrag dar, dessen prozessbeendigende Wirkung lediglich (sekundäre) Folge des Vergleichs ist. So war der OGH einst der Ansicht, dass sich die Wirksamkeit des gerichtlichen (genauer: vorprozessualen) Vergleichs als rein privatrechtlichen Vertrags ausschließlich nach den Vorschriften des ZGB richte[8].

2. Prozessuale Theorie

In der südkoreanischen Rechtsprechung hat sich nunmehr die Meinung durchgesetzt, dass es sich beim gerichtlichen Vergleich ausschließlich um eine Prozesshandlung ohne unmittelbare materiell-rechtliche Bedeutung handele[9]. Danach muss der gerichtliche Vergleich ausschließlich den Anforderungen des Zivilprozessrechts genügen. Ein etwaiger materiell-rechtlicher Mangel lässt somit die

---

6 So führt *Sanghyeon Song*, Zivilprozessrecht, S. 580 zutreffend aus, dass die materiell-rechtliche Theorie mit der geltenden südkoreanischen ZPO schlechthin unvereinbar sei.

7 *Daeseong Gang*, Zivilprozessordnung, S. 239, Fn. 2.

8 OGH, Urt. v. 24.09.1959 - 4291민상318. Anders z.B. OGH, Urt. v. 14.06.1991 - 90다16825, wonach die ordnungsgemäße Protokollierung beim gerichtlichen Vergleich Wirksamkeitsvoraussetzung sein soll.

9 OGH, Urt. v. 06.12.2002 - 2002다44014; Urt. v. 10.03.2000 - 99다67703; Urt. v. 22.12.1981 - 78다2278; Urt. v. 15.05.1979 - 78다1094; Urt. v. 24.07.1970 - 70다969; Urt. v. 10.10.1963 - 63다333; Urt. v. 31.05.1962 - 4293민재6; Urt. v. 15.02.1962 - 4294민상914; ferner Urt. v. 21.11.2013 - 2011두1917; die südkoreanische Literatur stimmt dieser Rechtsprechung mehrheitlich zu: Etwa *Daeseong Gang*, ZPO, S. 240; *Honggyu Kim/Taewon Gang*, ZPO, S. 565 f.; *Sangsu Kim*, ZPO, S. 290 f; *Sanghyeon Song*, Zivilprozessrecht, S. 581; *Sanghyeon Song/Ikhwan Park*, ZPO, S. 492; *Byeonghoe Yang*, Zivilprozessrecht, S. 402.

prozessbeendende Wirkung des gerichtlichen Vergleichs unberührt. Der OGH, der bis zum Inkrafttreten der 1. ZPO-Novelle im Jahr 1961 den Standpunkt vertreten hatte, dass der gerichtliche Vergleich eine Doppelnatur aufweise[10], hat mit seinem Urteil vom 15.02.1962 - 4294민상914[11] einen Wandel in seiner Rechtsprechung vollzogen. Hintergrund dieses Richtungswechsels war, dass Art. 431 ZPO a.F. (entspricht heute Art. 461 ZPO n.F.) im Zuge der vorgenannten Novelle um den Zusatz „Das Protokoll i.S.d Art. 206 ZPO [entspricht heute Art. 220 ZPO n.F.] oder" ergänzt wurde[12]. In der Tat lässt sich die Einordnung des gerichtlichen Vergleichs als reine Prozesshandlung ohne Weiteres mit der in den Regelungen der Art. 220 sowie Art. 461 ZPO zum Ausdruck kommenden Vorstellung des südkoreanischen Gesetzgebers in Einklang bringen, wonach der gerichtliche Vergleich ein (echtes) Urteilssurrogat bildet. Aus diesem Grund weisen einige Anhänger der prozessualen Theorie explizit darauf hin, dass ihr prozessuales Verständnis des gerichtlichen Vergleichs der heute in Südkorea geltenden ZPO am ehesten entspricht[13].

3. Lehre vom Doppeltatbestand

Die Lehre vom Doppeltatbestand zerlegt den gerichtlichen Vergleich in zwei voneinander unabhängige Tatbestände, einen materiell-rechtlichen einerseits, der der Neuordnung des streitigen Rechtsverhältnisses dient, und einen prozessualen Tatbestand andererseits, der auf Prozessbeendigung und Vollstreckbarkeit gerichtet ist. Soweit ersichtlich, hat in Südkorea noch niemand diese Theorie vertreten[14]. Dabei unterscheidet sich die Lehre vom Doppeltatbestand indes

10 OGH, Urt. v. 08.09.1955 - 4288민상12; Urt. v. 19.09.1957 - 4290민상427; Urt. v. 26.12.1957 - 4290민상638.

11 Der Leitsatz des Urteils lautet: „Wird der gerichtliche Vergleich im Protokoll festgehalten, so steht das Protokoll in seinen Wirkungen einem rechtskräftigen Urteil gleich und entfaltet Rechtskraft gegenüber den Vergleichsparteien. Sofern kein Wiederaufnahmegrund vorliegt, ist den Parteien verwehrt, Einwendungen gegen den Vergleich zu erheben".

12 Freilich hielt der OGH bereits im Jahr 1960 den gerichtlichen Vergleich für eine reine Prozesshandlung und stützte sich in seiner Begründung allein auf Art. 206 ZPO a.F., OGH, Urt. v. 29.09.1960 - 4291민상511.

13 Etwa *Sanghyeon Song*, Zivilprozessrecht, S. 581; *Sanghyeon Song/Ikhwan Park*, ZPO, S. 492; *Byeonghoe Yang*, Zivilprozessrecht, S. 402.

14 *Seongho Choe*, Neues Zivilprozessrecht, S. 555.

praktisch nicht von der im südkoreanischen Schrifttum zunehmend verbreiteten Auffassung von der Doppelnatur[15].

4. Lehre von der Doppelnatur

Nach der Lehre von der Doppelnatur, die im Lauf der Zeit im südkoreanischen Schrifttum[16] deutlich an Zuspruch gewonnen hat, ist der gerichtliche Vergleich ein materiell-rechtlicher Vertrag, zugleich aber eine Prozesshandlung. Das materiell-rechtliche und das prozessuale Element sind nach dieser Theorie dabei untrennbar miteinander verbunden und bilden eine Einheit; sie bedingen einander und stehen in einem Abhängigkeitsverhältnis zueinander. Für einen wirksamen gerichtlichen Vergleich müssen daher kumulativ sowohl die materiell-rechtlichen als auch die prozessualen Voraussetzungen erfüllt sein. Der gerichtliche Vergleich entfaltet demnach materiell-rechtliche und prozessuale Wirkungen.

Bemerkenswert ist, dass sich auch der OGH, der grundsätzlich der prozessualen Theorie folgt, inkonsequenterweise dahin geäußert hat, dass der vorprozessuale Vergleich, welcher als Unterfall des gerichtlichen Vergleichs in seinen Wirkungen einem rechtskräftigen Urteil gleichstehe, sämtliche Rechte und Pflichten aus dem Ausgangsrechtsverhältnis zum Erlöschen bringe, da darin ein privatrechtlicher Vergleichsvertrag enthalten sei, der stets konstitutiv wirke[17].

5. Stellungnahme

Die Lehre von der Doppelnatur stößt in Südkorea unter Geltung der ZPO auf Bedenken und ist im Hinblick auf Art. 220, 461 ZPO nicht überzeugend[18]. Gem.

15 *Honggyu Kim/Taewon Gang*, ZPO, S. 564.

16 Z.B. *Seongho Choe*, Neues Zivilprozessrecht, S. 556; *Hyeonjung Gang*, Zivilprozessrecht, S. 616; *Munhyeok Ho*, Zivilprozessrecht, S. 751; *ders.*, Grundzüge des Zivilprozessrechts, S. 401; *Gimun Hong*, Zivilprozessrecht, S. 515; *Dongyun Jeong/Byeonghyeon Yu/Gyeonguk Kim*, Zivilprozessrecht, S. 641; *Siyun Lee*, Neues Zivilprozessrecht, S. 546; *Siyeong O*, ZPO, S. 734.

17 OGH, Urt. v. 07.06.1977 - 77다235; ferner Urt. v. 29.06.2006 - 2005다32814; Urt. v. 26.05.1992 - 91다28528; Urt. v. 19.01.1988 - 85다카1792; Urt. v. 14.08.1984 - 84다카207. Hierzu merkt *Hyeonjung Gang*, Zivilprozessrecht, S. 615 richtigerweise an, dass der OGH im gerichtlichen Vergleich keine reine Prozesshandlung, sondern vielmehr eine „Prozesshandlung mit materiell-rechtlicher Wirkung" erblicke.

18 Ebenso *Munhyeok Ho*, Zivilprozessrecht, S. 751; *ders.*, Grundzüge des Zivilprozessrechts, S. 401, der dem gerichtlichen Vergleich sowohl Rechtskraftwirkung wie auch materiell-rechtliche Wirkung beimessen will; *Gijin Kim*, ZPO, S. 400.

Art. 220 ZPO hat der gerichtlich protokollierte (gerichtliche) Vergleich die Wirkungen eines rechtskräftigen Urteils. Überdies hat der Gesetzgeber mit der Aufnahme des gerichtlichen Vergleichs in Art. 461 ZPO klar zu erkennen gegeben, dass er den gerichtlichen Vergleich als vollwertigen Urteilsersatz begreifen will. Diesbezüglich sollte man sich auch vergegenwärtigen, dass der Vorschlag, in Art. 461 ZPO die Worte „Das Protokoll i.S.d. Art. 220 oder" zu streichen, bei den in den Jahren 1990 und 2002 durchgeführten ZPO-Reformen kategorisch abgelehnt wurde.

Festzuhalten ist daher an dem rein prozessualen Verständnis des gerichtlichen Vergleichs, das am ehesten mit der heute in Südkorea geltenden ZPO in Einklang steht[19].

III. Prozessuale Mängel

Unter Zugrundelegung der prozessualen Theorie kann der gerichtliche Vergleich einzig an prozessualen Mängeln leiden. Prozessuale Mängel sind nach der als herrschend zu bezeichnenden Ansicht[20] allerdings nur dann relevant, wenn sie einen der in Art. 451 Abs. 1 ZPO enumerativ aufgezählten Wiederaufnahmegründe verwirklichen. Als Wiederaufnahmegrund kommt beim gerichtlichen Vergleich in den meisten Fällen ein Mangel der Vergleichsvollmacht gem. Art. 451 Abs. 1 Nr. 3 ZPO in Betracht[21]. Eine erfolgreiche Wiederaufnahmeklage lässt den durch den Prozessvergleich (vermeintlich) beendeten Prozess wieder aufleben.

Es entspricht einhelliger Auffassung, dass ein gerichtlicher Vergleich ebenso wirkungslos ist wie ein Urteil, wenn daran eine nicht (mehr) existierende Person beteiligt ist oder er Vereinbarungen enthält, die zu unbestimmt gefasst sind[22].

---

19 So *Sanghyeon Song*, Zivilprozessrecht, S. 581; *Sanghyeon Song/Ikhwan Park*, ZPO, S. 492; *Byeonghoe Yang*, Zivilprozessrecht, S. 402.

20 Nach dieser Ansicht kommt dem gerichtlichen Vergleich uneingeschränkte Rechtskraft zu: OGH, Urt. v. 11.12.1990 - 90다카24953; Urt. v. 17.03.1990 - 90그3; Urt. v. 08.06.1976 - 75다1869; Urt. v. 18.10.1962 - 62다490; Urt. v. 15.02.1962 - 4294민상914; *Daeseong Gang*, ZPO, S. 241; *Honggyu Kim/Taewon Gang*, ZPO, S. 571, 573; *Sangsu Kim*, ZPO, S. 290 f; *Sanghyeon Song*, Zivilprozessrecht, S. 584 f.; *Sanghyeon Song/Ikhwan Park*, ZPO, S. 495, 497.

21 *Sangsu Kim*, ZPO, S. 295.

22 OGH, Urt. v. 10.04.1992 - 91다45356; Urt. v. 17.03.1990 - 90그3; Urt. v. 03.02.1965 - 64다1387; *Sanghyeon Song*, Zivilprozessrecht, S. 585; *Sanghyeon Song/Ikhwan Park*, ZPO, S. 496.

IV. Verfahrensrechtliche Geltendmachung von Vergleichsmängeln

Hierfür steht den Parteien die auf einen der Wiederaufnahmegründe des Art. 451 Abs. 1 ZPO gestützte Wiederaufnahmeklage zur Verfügung. Nur vereinzelt wird in der südkoreanischen Literatur vertreten, dass gegen gerichtliche Vergleiche auch die Vollstreckungsgegenklage zulässig sei[23].

23 *Daeseong Gang*, ZPO, S. 240.

C. Fazit

Als Ergebnis lässt sich festhalten, dass der außergerichtliche Vergleich nach südkoreanischem Recht ein (privatrechtlicher) Vertrag ist, welcher den zumindest schlüssig kundgetanen Streit über ein disponibles Rechtsverhältnis im Wege gegenseitigen Nachgebens beseitigt. Der Begriff „Streit" ist dabei nicht sehr weit auszulegen; eine bloße Ungewissheit über ein Rechtsverhältnis oder auch eine Unsicherheit über die Verwirklichung eines Anspruchs genügen nicht. Das Erfordernis gegenseitigen Nachgebens beinhaltet weder eine wechselseitige Vermögensverfügung noch lässt es ein Austauschverhältnis entstehen. Der Vergleich ist nur dann ein gegenseitiger Vertrag, wenn die vergleichsweise übernommenen Leistungsverpflichtungen im Gegenseitigkeitsverhältnis stehen. Nach Art. 732 ZGB entfaltet der Vergleich konstitutive Wirkung, und zwar dergestalt, dass er einen neuen Rechtsgrund für die vergleichsweise erbrachten Leistungen schafft. Er enthält jedoch in der Regel keine Novation.

Nach herrschender und zutreffender Meinung in der südkoreanischen Rechtsprechung sowie Literatur ist der gerichtliche Vergleich ausschließlich als Prozesshandlung aufzufassen, dem nach Art. 220 ZPO die Wirkung eines rechtskräftigen Urteils zukommt. Er ist nach Art. 56 Nr. 5 ZVG ein Vollstreckungstitel. Prozessuale Mängel des gerichtlichen Vergleichs können nur dann zu einer Neuverhandlung und damit zu einer Fortsetzung des früheren Prozesses führen, wenn sie einen Wiederaufnahmegrund i.S.d. Art. 451 Abs. 1 ZPO darstellen. Zur nachträglichen Beseitigung eines gerichtlichen Vergleichs steht der Weg der Wiederaufnahme zur Verfügung.

Dieses unter Heranziehung der prozessualen Theorie gefundene Ergebnis mag man nicht selten als unbefriedigend empfinden, entspricht aber der in Südkorea geltenden Rechtslage. Nur der Gesetzgeber könnte durch eine Gesetzesänderung der prozessualen Theorie eine Absage erteilen.

Dritter Teil: Der Vergleich Nach Deutschem Recht

A. Vergleich gem. § 779 BGB

I. Vorbemerkung

In Anlehnung an die älteren Kodifikationen[1] legt das deutsche BGB in § 779 Abs. 1 den Begriff des Vergleichs dahin gehend fest, dass der Vergleich „ein Vertrag" ist, „durch den der Streit oder die Ungewissheit der Parteien über ein Rechtsverhältnis im Wege gegenseitigen Nachgebens beseitigt wird"[2].

Auch wenn diese gesetzliche Begriffsbestimmung des Vergleichs im deutschen Schrifttum vereinzelt für kritisch erachtet wird[3], dürfte nicht zu leugnen sein, dass sich die Frage, wann ein Vergleich i.S.d. Gesetzes vorliegt, wenn es davon spricht, erst mithilfe einer derartigen Begriffsdefinition klar und eindeutig beurteilen lässt[4].

---

1 Nachweise in Motive zu dem Entwurf eines BGB für das Deutsche Reich, Band II, Berlin/Leipzig, 1888, S. 650, Fn. 2.

2 Nach *Mugdan*, Die gesammten Materialien zum BGB für das Deutsche Reich Bd. II, S. 363 enthält § 779 BGB eine Legaldefinition des Vergleichs.

3 So *Ebel*, Berichtung, transactio und Vergleich, S. 97 ff., der es (insbesondere) angesichts von verschiedenen Vergleichswirkungen für bedenklich hält, „eingeengt eine Definition des Vergleichs zu geben": „Fragen wir also nach dem zuständigen Oberbegriff, so scheint die Qualifizierung des Vergleichs als *Rechtsgeschäft* ebenso zu weit wie die als *Vertrag* im abstrahierten Sinne der §§ 145 ff. Es käme der *Schuldvertrag* in Betracht, auch wäre an die Bedeutung des Vergleichs als Beendigungstatbestand zu denken." *Ebel* beruft sich dabei auf *Bonin*, Der Prozessvergleich, S. 4 ff., der nach seiner Ansicht ebenfalls eine Begriffsfestlegung vermeiden soll. Dies ist indes irreführend, sogar unzutreffend: Abgesehen davon, dass der Prozessvergleich ausschließlicher Gegenstand der Untersuchung *Bonin*s ist, wendet sich *Bonin* lediglich gegen die methodische Vorgehensweise anderer Autoren, die bereits zu Beginn ihrer Abhandlungen die Rechtsnatur des Prozessvergleichs festlegen, (sodann) daraus Antworten auf zweifelhafte Einzelfragen abzuleiten suchen. Hingegen setzt sich *Bonin* für die Induktive Methode ein und erörtert mit dem Prozessvergleich zusammenhängende Einzelfragen *unabhängig von dessen Wesensbestimmung* (*Bonin*, Der Prozeßvergleich, S. 4 ff.); fehlerhaft ist daher auch die Annahme *Marburger*s in: Staudinger, § 779 Rn. 1, *Bonin* sei gegenüber einer begrifflichen Festlegung des Vergleichs „skeptisch".

4 Wie Fn. 1; ähnlich Protokolle der Kommission für die zweite Lesung des Entwurfs des Bürgerlichen Gesetzbuchs, Band II, Berlin, 1898, S. 524: „[...] daß es mit Rücksicht auf die Fälle, in denen der Entw. und die bestehenden Reichsgesetze den Vergleich erwähnen, immerhin auffallen würde, wenn das B.G.B sich jeder Begriffsbestimmung enthielte, zumal es nach dem Sprachgebrauch nicht immer zweifellos sei, ob ein

Demnach hat nur ein solches (zumindest zweiseitiges) Rechtsgeschäft als ein Vergleich i.S.d. deutschen BGB zu gelten, das zur Beendigung eines Streites oder zur Behebung einer Ungewissheit über ein Rechtsverhältnis geschlossen wird[5]; zur Erreichung dieses Zwecks muss jeder Kontrahent einander Zugeständnisse machen.

Durch den Vergleich wird das streitige, jedenfalls als möglich vorausgesetzte Rechtsverhältnis auf eine neue Grundlage gestellt. Dies hat zur Folge, dass nunmehr jeder Rückgriff auf die frühere Rechtslage (genauer: ursprünglich aufgestellte Rechtsbehauptung, da die Ausgangsrechtslage ungewiss ist) ausgeschlossen ist[6].

Die Platzierung der Vergleichsregelung in § 779 BGB, damit dem BBesonderen Teil des Schuldrechts mag die Annahme nahelegen, dass im Vergleich ein selbstständiger Vertragstypus zu erblicken wäre. So wird im deutschen Schrifttum gelegentlich vertreten, dass es sich beim Vergleichsvertrag um einen eigenen Vertragstyp „mit dem Bereinigungszweck als typischem Vertragszweck" handele[7].

Abkommen unter die Kategorie des Vergleichs falle [...]"; ebenso *Habersack* in: MüKo-BGB, § 779 Rn. 1.

5 Es muss stets ein „Vertrag" geschlossen werden. Ein bloß einseitiges Rechtsgeschäft genügt daher nicht.

6 BGH NJW 1963, 1197, 1198; *Esser/Weyers*, Schuldrecht Bd. II/1, S. 373; *Gröschler* in: Soergel, 13. Aufl., § 779 Rn. 33; *Habersack* in: MüKo-BGB, § 779 Rn. 36; *Lorentz* in: Soergel, 12. Aufl., § 779 Rn. 33; *Marburger* in: Staudinger, § 779 Rn. 37; *Stadler* in: Jauernig, § 779 Rn. 11; kritisch gegenüber dem Rückgriffsverbot jedoch *Bork*, Der Vergleich, S. 166 f. („Es ist folglich nicht präzise, von einem ‚Rückgriffsverbot' zu sprechen."); zur prozessrechtlichen Deutung des Rückgriffsverbots *Häsemeyer*, ZZP 108 (1995), 289, 297 ff.

7 *Bork*, Der Vergleich, S. 1, 164 f., der die Stellung des Vergleichs im System des BGB für richtig hält. Dies begründet *Bork* damit, dass allein der typische Geschäftszweck des Vergleichs für dessen gegenwärtige systematische Einordnung maßgeblich sei. Nach *Bork* soll der Änderungsvertrag, der im Gegensatz zum Vergleich im Allgemeinen Schuldrecht steht, ein „allgemeines, Schuldverhältnisse betreffendes neutrales Instrument ohne typischen Geschäftszweck" sein; dazu auch *Oertmann*, Der Vergleich im gemeinen Civilrecht, S. 40 ff. mit ausführlicher Darstellung der zur systematischen Stellung des Vergleichs vertretenen Literaturansichten. *Oertmann* sieht in der dem Vergleich immanenten besonderen, individuellen causa, nämlich „der Beseitigung der gegenseitigen Ungewissheit gegen Entgelt" den Grund für die systematische Stellung des Vergleichs im Besonderen Teil des Schuldrechts; *Lehmann*, Der Prozeßvergleich, S. 82, der wegen des sog. Feststellungszwecks (näher dazu unten III. 2.) den Vergleich jedenfalls als einen „Vertrag von selbständiger Eigenart" bezeichnet.

Richtig ist zwar, dass der Vergleich gerade in seinem Streitbeseitigungszweck seine Eigenart findet[8]. Jedoch vermag dieser besondere Vergleichszweck – für sich genommen – die Qualifizierung des Vergleichsvertrags als ein eigener Vertragstypus nicht zu rechtfertigen: Der Vergleich hat keinen vergleichsspezifischen bzw. -eigentümlichen und notwendigen Leistungsinhalt, der ihn von anderen Rechtsgeschäften abgrenzen würde, daher eine besondere Regelung als unerlässlich erscheinen ließe[9]. Für die Einordnung eines Vertrags in das Besondere Schuldrecht dürfte dies allein entscheidend sein. Auf das Vorhandensein eines etwaigen typischen Geschäftsanlasses oder -zweckes kann es nicht ohne Weiteres ankommen[10]. So kennt das Vergleichsrecht anders als z.B. das Kauf- oder Werkvertragsrecht keine den Vergleich als solchen kennzeichnenden, vergleichstypischen Pflichten. An den Vergleich knüpft das BGB also keine bestimmten Leistungsverpflichtungen, die dieser Geschäftsart für immer eigentümlich sind.

Entsprechendes dürfte ebenso von den Vergleichswirkungen gelten: Vertritt man die Ansicht, wonach der Vergleich verfügende Wirkung hat oder haben kann[11], so ist davon auszugehen, dass durch den Vergleich zu bewirkende unmittelbare Rechtsänderungen äußerst vielgestaltig, von Fall zu Fall verschiedenartig sind. Es gibt keine vergleichstypischen dinglichen Wirkungen.

Der von den Parteien stets verfolgte besondere Vergleichszweck, die bestehende Rechtsunsicherheit zu beseitigen, ist zwar für das Vorliegen eines Vergleichs begriffsnotwendig, jedoch stellt er insbesondere keine Wirksamkeitsvoraussetzung des Vergleichsvertrags dar[12]. Vielmehr handelt es sich dabei um

---

8 So handelt es sich beim Vergleich um einen Unterfall der sog. Feststellungsverträge, näher dazu unten III. 2.

9 *Habersack* in: MüKo-BGB, § 779 Rn. 2, der den Vergleich „besser den Gestaltungsmitteln des Allgemeinen Schuldrechts" zuordnen will; ebenso *Titze*, Bürgerliches Recht, S. 71 ff., der den Vergleich – allerdings ohne jegliche Begründung – im Allgemeinen Teil des Schuldrechts behandelt.

10 So aber *Bork*, Der Vergleich, S. 165.

11 Unten III. 1. und 2.

12 So aber ausdrücklich *Lehmann*, Der Prozeßvergleich, S. 88. Nach *Lehmann* soll auch die Nichtverwirklichung des Streitbeseitigungszwecks zur Unwirksamkeit des Vergleichs führen. Dem ist nicht zuzustimmen: Richtig ist, dass der sog. Feststellungszweck (näher dazu unten III. 2) beim Vorliegen des weiteren Tatbestandsmerkmals, nämlich gegenseitigen Nachgebens einen Vertrag zum Vergleich machen kann. Zu beachten ist aber, dass dieser Feststellungszweck nach dem Wortlaut des § 779 Abs. 1 BGB, „Ein Vertrag, durch den der Streit […] beseitigt wird […]" für die Annahme des Vergleichs stets realisiert sein muss. Verfehlt er, so scheidet der Vergleich m.E. schon tatbestandlich

ein Tatbestandsmerkmal des Vergleichs. Der Tatbestand des Rechtsgeschäfts muss strikt von den Wirksamkeitsvoraussetzungen des Rechtsgeschäfts unterschieden werden[13]. Fehlt von vornherein ein solcher Vergleichszweck oder lässt er sich nach dem Vergleichsschluss nicht verwirklichen, so ist eben kein Vergleich i.S.d. § 779 Abs. 1 BGB gegeben[14].

Mit Rücksicht auf seine Folgewirkung, nämlich die Neuordnung des streitigen Rechtsverhältnisses der Vertragsparteien[15] scheint der Vergleich vielmehr dem Änderungsvertrag und der Novation ähnlich[16] und die gegenwärtige gesetzgeberische Aufnahme des Vergleichsvertrags in das Besondere Schuldrecht des BGB dürfte wohl damit als missglückt angesehen werden.

Andererseits kann keinem Zweifel unterliegen, dass es sich beim Vergleichsvertrag um einen schuldrechtlichen Vertrag handelt; durch den Vergleich wird eine obligatorische Beziehung zwischen den Vertragsparteien begründet[17].

Die knappe, wenig ausführliche Gesetzesfassung des Vergleichs lässt zahlreiche Einzelfragen wie z.B. solche zur Rechtsnatur des Vergleichsvertrags, zu seinen verpflichtenden und verfügenden Wirkungen oder zur causa des Vergleichs (= Vergleichszweck) offen. Bevor die Klärung dieser Fragen angegangen werden kann, sollen im Folgenden zunächst die einzelnen tatbestandlichen Voraussetzungen des Vergleichs näher erläutert werden.

---

aus. Genauso wie es keinen Kaufvertrag gibt, der keine Regelung über die Kaufsache enthält, ist ein Vergleich im Fall der Verfehlung des Streitbeseitigungszwecks als überhaupt nicht zustande gekommen anzusehen. Damit existiert kein Vergleich, der als unwirksam gelten könnte; gegen die hier vertretene Auffassung ferner *Lenel*, AcP 79 (1892), 49, 82, der meint, der Vergleich sei im Zweckverfehlungsfalle „nicht bloß anfechtbar, sondern nichtig".

13 Statt aller *Ellenberger* in: Grüneberg, Überbl. vor § 104 Rn. 3.

14 Ähnlich *Veeser*, Der vollstreckbare Anwaltsvergleich, S. 55.

15 Dazu unten III. 2.

16 So ausdrücklich *Fikentscher/Heinemann*, Schuldrecht, S. 212 ff.; ebenso *Larenz*, Schuldrecht Bd. I, S. 93 ff.; *Medicus/Lorenz*, Schuldrecht I, S. 126 ff. Alle Genannten behandeln den Vergleich im Zusammenhang mit dem Änderungsvertrag und der Schuldersetzung (= Novation). Selbst *Bork*, Der Vergleich, S. 119 ff., 127 ff. folgert aus der rechtlichen Wirkung des Vergleichs, dass dieser – wenn auch nicht in allen Fällen – ein Änderungsvertrag sei. Weiter führt *Bork* aus: „Darin, daß der Vergleich typischerweise die Beseitigung von Streit oder Ungewissheit bezweckt, beweist er erneut seine Verwandtschaft mit dem Änderungsvertrag.", *Bork*, Der Vergleich, S. 153.

17 Abzulehnen ist daher auch die Ansicht, wonach der Vergleich in den Allgemeinen Teil des BGB einzustellen sei, u.a. *Schnorr v. Carolsfeld*, Beiträge zur Lehre vom Vergleich, S. 148 ff.

II. Tatbestandliche Voraussetzungen des Vergleichs

Nach dem Wortlaut des § 779 Abs. 1 BGB kann jedes streitige oder ungewisse Rechtsverhältnis zwischen den Parteien vergleichsweise neu geordnet werden.

1. Rechtsverhältnis als Gegenstand der Vergleichsregelung

a) Begriff des Rechtsverhältnisses

Es besteht Einigkeit darüber, dass jedes Rechtsverhältnis, über das Streit oder Ungewissheit besteht, tauglicher Gegenstand des Vergleichsvertrags ist[18]. Ein Vergleich ist nur dort möglich, wo zwischen den Parteien ein „Rechtsverhältnis", gleich welcher Art, streitig oder unsicher ist. Grundlegende Voraussetzung für den Abschluss eines Vergleichs bildet danach das streitige oder ungewisse Ausgangsrechtsverhältnis, das nunmehr durch den Vergleichsvertrag bereinigt werden soll. Ob die Beziehung der Beteiligten ein vergleichsfähiges Rechtsverhältnis ist, kann im Einzelfall sehr fraglich werden[19]. Dennoch scheint man sich bisher weitgehend mit banalen Formeln wie „der Begriff des Rechtsverhältnisses ist grundsätzlich weit zu fassen"[20] oder „der Begriff des Rechtsverhältnisses umfasst bzw. ergreift Rechtsverhältnisse aller Art"[21] begnügt zu haben, ohne

---

18 *Bork*, Der Vergleich, S. 100 f.; *E. Ehmann*, Schuldanerkenntnis und Vergleich, S. 105; *Esser/Weyers*, Schuldrecht Bd. II/1, S. 372; *Gerhardt* in: Athenäum-Zivilrecht Bd. I, 695, 765; *Gröschler* in: Soergel, 13. Aufl., § 779 Rn. 7 f.; *Habersack* in: MüKo-BGB, § 779 Rn. 3; *Hammer*, Außergerichtliche Vergleichsvereinbarungen in den USA und in Deutschland, S. 127; *Lorentz* in: Soergel, 12. Aufl., § 779 Rn. 8; *Marburger* in: Staudinger, § 779 Rn. 2; *Müller* in: Erman, § 779 Rn. 3; *Stadler* in: Jauernig, § 779 Rn. 4; *Steffen* in: RGRK, § 779 Rn. 7 f.; *Strecker* in: Planck, Vorbem. zu § 779 Anm. I. 1. a); missverständlich *Kübler*, Feststellung und Garantie, S. 132: „Gegenstand der unmittelbaren Wirkung des Feststellungsvertrages sind Schuldverhältnisse; sie sind es auch dann, wenn sie auf sachen-, familien- oder erbrechtlichen Beziehungen beruhen."

19 So musste sich das RG bereits 1912 mit der Frage befassen, ob zwischen den Vertragspartnern eines zur Vermeidung drohender Enteignung geschlossenen Grundstückskaufvertrags ein Rechtsverhältnis i.S.d § 779 Abs. 1 BGB bestanden hat, mit der Folge, dass jener Vertrag ein Vergleich ist, RG Recht 1912 Nr. 1778; dazu auch BGH NJW 1980, 889 ff.

20 Etwa BGH NJW-RR 1992, 363; NJW 1980, 889, 890; 1972, 157; *Gröschler* in: Soergel, 13. Aufl., § 779 Rn. 7; *Habersack* in: MüKo-BGB, § 779 Rn. 3; *Marburger* in: Staudinger, § 779 Rn. 2; *Sprau* in Grüneberg, § 779 Rn. 5; *Steffen* in: RGRK, § 779 Rn. 7.

21 Etwa *Habersack* in: MüKo-BGB, § 779 Rn. 3; *Lorentz* in: Soergel, 12. Aufl., § 779 Rn. 8; *Marburger* in: Staudinger, § 779 Rn. 2.

zugleich diesen Rechtsbegriff als Tatbestandsmerkmal des Vergleichs näher zu definieren. Lediglich stellte der III. Zivilsenat des BGH für das Vorliegen eines vergleichsfähigen Rechtsverhältnisses zuletzt dahin gehende Forderung auf, dass sich die rechtlichen Beziehungen zwischen den Parteien „schon so verdichtet und konkretisiert" haben müssten, dass die eine Partei auf die Entschließungsfreiheit anderer Einfluss nehmen könne[22].

Damit stellt sich die Frage, was unter einem Rechtsverhältnis i.S.d. § 779 Abs. 1 BGB zu verstehen ist. In der allgemeinen Rechtslehre wird das Rechtsverhältnis als jede durch Rechtsvorschriften geregelte Beziehung einer Person zu einer anderen Person oder zu einer Sache definiert[23]. Der in diesem Sinne

---

22 BGH NJW 1980, 889, 890. Diese Ansicht der Rechtsprechung teilen z.B. *Habersack* in: MüKo-BGB, § 779 Rn. 4, *Marburger* in: Staudinger, § 779 Rn. 4 sowie *Sprau* in: Grüneberg, § 779 Rn. 5; zudem BGHZ 59, 69, 71, wo ersichtlich auf eine rechtserhebliche Einschränkung der Entschließungsfreiheit des einen Teils durch den anderen abgestellt wird. Freilich hält *Bork*, Der Vergleich, S. 210, Fn. 20 die vom BGH geforderte Möglichkeit, die Entschließungsfreiheit des betroffenen Eigentümers beeinflussen zu können, für entbehrlich, da „die Konkretisierung zu einem Rechtsverhältnis häufig genug nicht durch eine Einschränkung(smöglichkeit), sondern durch eine Erweiterung der Entschließungsfreiheit des Betroffenen <erfolgt>, indem ihm neue subjektive Rechte zuwachsen". So habe der betroffene Grundstückseigentümer ab Einleitung des Planfeststellungsverfahrens „wenigstens Anhörungs- und Beteiligungsrechte".

23 *Bork*, Der Vergleich, S. 101 f., 192; *Brox/Walker*, AT des BGB, S. 285; *E. Ehmann*, Schuldanerkenntnis und Vergleich, S. 105; *Hübner*, AT des BGB, S. 192; *Lehmann/Hübner*, AT des BGB, S. 80; *Schnorr v. Carolsfeld*, Beiträge zur Lehre vom Vergleich, S. 2, wo zudem noch die „rechtliche Beziehung einer Sache zu einer anderen Sache" erwähnt wird. Dabei soll es sich aber nach *Schnorr v. Carolsfeld*, Beiträge zur Lehre vom Vergleich, S. 12 f. in Wahrheit auch um einen Fall des Rechtsverhältnisses zwischen einer Person und einer Sache handeln; *v. Tuhr*, Der AT des Deutschen Bürgerlichen Rechts Bd. I, S. 123 ff. Dieser will die Beziehung zwischen zwei Sachen als die rechtliche Eigenschaft der Sache, etwa Zubehöreigenschaft auffassen, *v. Tuhr*, Der AT des Deutschen Bürgerlichen Rechts Bd. I, S. 125, Fn. 13; *Veeser*, Der vollstreckbare Anwaltsvergleich, S. 56; ferner BGH NJW 2000, 2663, 2664 m.w.N.; a.A.: *Neuner*, AT des Bürgerlichen Rechts, S. 223, die den Begriff „Rechtsverhältnis" nur als die rechtliche Beziehung zwischen Personen bestimmen will, da die Beziehung einer Person zu einer Sache immer ein „Verhältnis von Person zu Person" in Bezug auf die Sache sei, ebenso *Hubmann*, Das Persönlichkeitsrecht, S. 120. Hiergegen zu Recht *Bork*, Der Vergleich, S. 204 f. Zu beachten ist, dass sich aus einem Rechtsverhältnis einer Person zu einer Sache Rechtsverhältnisse zwischen Personen entwickeln können, so z.B. im Fall der Eigentumsbeeinträchtigung kann der Eigentümer gem. § 1004 Abs. 1 Satz 1 BGB vom Störer die Beseitigung der Beeinträchtigung verlangen, statt aller *Brox/Walker*, AT des BGB, S. 285.

aufgefasste Begriff des Rechtsverhältnisses begegnet auch im Bereich des Zivilprozessrechts: Unter einem Rechtsverhältnis versteht § 256 Abs. 1 ZPO nämlich eine bestimmte Rechtsbeziehung zwischen einer Person und einer anderen oder einer Sache[24]. Diese recht weit gefasste Definition des Begriffs des Rechtsverhältnisses hat *Bork* einst in seiner Habilitationsschrift über den Vergleich zu präzisieren versucht: Er bezeichnet Rechtsverhältnisse zunächst allgemein als „einheitliche", „rein normative" Beziehungen, die einem Rechtssubjekt unter Ausschluss aller anderen eine spezielle „Verhaltensberechtigung" in Bezug auf eine bestimmte Sache oder eine bestimmte Person verleihen[25]. In diesem Sinne enthält jedes Rechtsverhältnis nach seiner Auffassung wenigstens ein subjektives Recht, auch wenn es sich nicht darin erschöpft[26]. Nach *Bork* gleicht das Rechtsverhältnis im engeren Sinne aber dem einzelnen subjektiven Recht[27] und ist sachlich nichts Anderes als vom objektiven Recht vorgesehene konkrete Rechtsfolge[28]. Für die Abgrenzung des Rechtsverhältnisses zu anderen, sonstigen Verhältnissen (etwa rein faktischer, gesellschaftlicher oder moralischer Art[29]) ist also entscheidend, dass das Erstere zumindest ein subjektives Recht, d.h. eine „individuelle Verhaltensberechtigung" in Bezug auf eine konkrete Sache oder eine konkrete Person begründet. Nicht jede rechtliche Beziehung kann daher als

24 RGZ 148, 3, 6; 144, 54, 56; 107, 303, 304 (von einem konkreten Tatbestand herrührende „Rechtsfolge"); BGHZ 22, 43, 47; BGH NJW 2009, 751; 2001, 3789; 2000, 2663, 2664; 1984, 1556; 1982, 1878, 1879; aus der Kommentarliteratur etwa *Becker-Eberhard* in: MüKo-ZPO, § 256 Rn. 10; *Greger* in: Zöller, § 256 Rn. 3.

25 *Bork*, Der Vergleich, S. 192 ff., 205 ff.

26 *Bork*, Der Vergleich, S. 193, 198 ff.; ähnlich *Neuner*, AT des Bürgerlichen Rechts, S. 222, 225 f. Anders *v. Tuhr*, Der AT des Deutschen Bürgerlichen Rechts Bd. I, S. 125, wonach ein Rechtsverhältnis als „die Gesamtheit der Rechtsfolgen aus einer Beziehung einer Person zu einer anderen oder zu einer Sache" zu verstehen sei, ohne Rücksicht darauf, „ob nun diese Rechtfolgen in einem subjektiven Recht bestehen, oder in der Möglichkeit der Entstehung eines solchen, oder in sonstigen Rechtswirkungen". Die von *v. Tuhr* zur Veranschaulichung dieser Ausführungen in Fn. 14 als Beispiel genannte Auflassung i.S.d § 925 Abs. 1 BGB begründet nach überwiegender Meinung wohl (zumindest) eine in gewissem Maße gesicherte Rechtsposition des Auflassungsempfängers, nämlich eine Eigentumsanwartschaft desselben, v.a. *Diehn* in: Staudinger, § 925 Rn. 121 ff.

27 *Bork*, Der Vergleich, S. 198 f.; ähnlich *v. Tuhr*, Der AT des Deutschen Bürgerlichen Rechts Bd. I, S. 125.

28 *Bork*, Der Vergleich, S. 201; ebenso RGZ 107, 303, 304; BAG BB 1971, 568, 569; *Schnorr v. Carolsfeld*, Beiträge zur Lehre vom Vergleich, S. 2; *v. Tuhr*, Der AT des Deutschen Bürgerlichen Rechts Bd. I, S. 123; *Zeuner* in: FS für Schumann, 595, 603, 610.

29 Näher dazu *Bork*, Der Vergleich, S. 203 f.

einem Vergleich zugängliches Rechtsverhältnis i.S.d. § 779 Abs. 1 BGB qualifiziert werden: Dazu bedarf es stets einer Individualisierung und Konkretisierung der rechtlichen Beziehung[30].

Auf die grundlegende Frage, was unter einem Rechtsverhältnis zu verstehen, vornehmlich, wie dieses von anderen Verhältnissen abzugrenzen ist, näher einzugehen, ist durch das Anliegen dieser Arbeit nicht erfordert. Jene bedarf daher keiner weiteren Vertiefung. Vielmehr möge es hier mit der soeben skizzierten Definition des Rechtsverhältnisses sein Bewenden haben, die auf eine individualisierte und konkretisierte Rechtsbeziehung einer Person zu einer Person oder zu einer Sache abstellt, in der wenigstens ein subjektives Recht enthalten ist.

Als möglicher Regelungsgegenstand eines Vergleichs kommen also zunächst konkrete Ansprüche i.S.d. § 194 Abs. 1 BGB in Betracht, die ja verschiedener Art sein können, z.B. von schuld-, sachen-, familien-, erb-, gesellschafts-, wettbewerbs-, arbeitsrechtlichen oder auch öffentlich-rechtlichen Beziehungen herrühren können. Aber auch Gestaltungsrechte können Gegenstand eines Vergleichs sein[31]. Vergleichsfähig sind zudem rechtliche Beziehungen zwischen einer Person und einer Sache, etwa wenn die Parteien über das Eigentum an einer Sache streiten[32]. Daneben ist auch ein Vergleich über die Inhaberschaft von bestimmten Rechtspositionen wie z.B. Forderung, Erbschaft, Gesellschaftsanteil oder Urheberrecht[33] möglich. Vergleiche, mit denen Streit oder Ungewissheit

---

30 *Bork*, Der Vergleich, S. 197 ff., 204. *Bork* unterscheidet zwischen „allgemeiner Rechtsbeziehung" einerseits und subjektivem Recht (= Rechtsverhältnis im engeren Sinne) andererseits. Eine allgemeine, allen Rechtsgenossen auferlegte Verpflichtung, etwa das Leben des Anderen nicht zu verletzen aus § 823 Abs. 1 BGB, sei nach *Bork* kein Rechtsverhältnis, sondern nur eine „allgemeine Norm des objektiven Rechts".

31 BGHZ 26, 236, 237 f.; aus der Kommentarliteratur etwa *Gröschler* in: Soergel, 13. Aufl., § 779 Rn. 8; *Lorentz* in: Soergel, 12. Aufl., § 779 Rn. 8; *Marburger* in: Staudinger, § 779 Rn. 2.

32 Dem hält *Neuner*, AT des Bürgerlichen Rechts, S. 223 entgegen, dass die – nach seiner Auffassung wohl faktische – Beziehung einer Person zu einer Sache erst „in einer sozialen Beziehung zu anderen Personen rechtlich relevant werde. Nach *Neuner* soll das Eigentum damit als ein (*latentes*) Rechtsverhältnis unter Personen zu betrachten sein; ähnlich *Hadding*, JZ 1986, 926 ff., der Sachenrechte, also Eigentum und beschränktes dingliches Recht als Rechtsverhältnisse zwischen ihrem Inhaber und einer unbestimmten Vielzahl von Personen verstehen will (kritisch dagegen *Niehues*, JZ 1987, 453 f.); *ders.*, JZ 1987, 454 f. Die Frage, ob es ein Rechtsverhältnis zwischen einer Person und einer Sache gibt, braucht hier nicht näher erörtert zu werden. Eine Stellungnahme dazu findet sich z.B. bei *Bork*, Der Vergleich, S. 204 f.

33 *Bork*, Der Vergleich, S. 109.

über die Rechtsinhaberschaft beseitigt werden sollen, lassen sich dabei ohne terminologische Bedenken auch unter die „Zuständigkeitsvergleiche" einordnen[34]: Geregelt wird durch solche Vergleiche, wem die fragliche Rechtsposition zusteht (die „Zuständigkeit an einer Sache oder einem Recht").

Zu beachten ist allerdings, dass das Rechtsverhältnis, das den Gegenstand von Streit oder Ungewissheit, damit eigentlich den des Vergleichs bildet, nicht im Ganzen betroffen zu sein braucht; es genügt vielmehr, dass über einzelne Punkte eines Rechtsverhältnisses gestritten wird und sich die Parteien nur über diese Punkte einigen[35].

b) Entbehrlichkeit der tatsächlichen Existenz des streitigen Rechtsverhältnisses

Das Rechtsverhältnis, auf das sich Streit oder Ungewissheit beziehen, braucht nicht tatsächlich zu bestehen[36]. Nicht selten werden die Parteien darüber streiten, ob ein Anspruch des Gläubigers (ein Rechtsverhältnis im engeren Sinne) überhaupt besteht. Ein in solchen Situationen zur Streitbeseitigung geschlossener Vertrag ist auch dann ein Vergleich i.S.d. § 779 Abs. 1 BGB, wenn sich später ermitteln lässt, dass das einseitig behauptete Rechtsverhältnis in Wirklichkeit

---

34 *Bork*, Der Vergleich, S. 109, 134 ff.; *E. Ehmann*, Schuldanerkenntnis und Vergleich, S. 111; *Veeser*, Der vollstreckbare Anwaltsvergleich, S. 57.

35 Dass sich der Vergleich auf einzelne Voraussetzungen eines Anspruchs, z.B. die Höhe des Anspruchs beschränken kann, hat das ROHG bereits im Jahr 1871 in Bezug auf „Anerkennungsvertrag" (= Vergleich) über Feuerversicherungsansprüche bestätigt, ROHG 2, 395, 397, 401 f.; dazu *Fischer* in: Bamberger/Roth/Hau/Poseck, § 779 Rn. 11; *Marburger* in: Staudinger, § 779 Rn. 2; *Oertmann*, Der Vergleich im gemeinen Civilrecht, S. 86 ff.; *Schnorr v. Carolsfeld*, Beiträge zur Lehre vom Vergleich, S. 2 f., 15 f., 69 ff.; *Zitelmann*, Das Recht des BGB, S. 145; auch BGH NJW 1972, 157: „Die Ansicht, dass ein Vergleich nicht vorliegen könne, wenn nur über *einen* Punkt eine Einigung erzielt werden[!], ist [..] bislang nicht vertreten worden und mit dem Wortlaut des § 779 BGB nicht zu vereinbaren."

36 Dies dürfte unumstritten sein. RG DR 1941, 1997, 1998 (= Deutsches Recht, Wochenausgabe); BGH NJW-RR 1992, 363; NJW 1972, 157; *Bork*, Der Vergleich, S. 211, 224; *Brödermann* in: PWW, § 779 Rn. 4; *E. Ehmann*, Schuldanerkenntnis und Vergleich, S. 105 f.; *Fischer* in: Bamberger/Roth/Hau/Poseck, § 779 Rn. 11; *Habersack* in: MüKo-BGB, § 779 Rn. 25; *Hammer*, Außergerichtliche Vergleichsvereinbarungen in den USA und in Deutschland, S. 127; *Lorentz* in: Soergel, 12. Aufl., § 779 Rn. 8; *Marburger* in: Staudinger, § 779 Rn. 4; *Schmidt*, NJW 1970, 229; *ders.*, MDR 1972, 1025, 1026; *Schnorr v. Carolsfeld*, Beiträge zur Lehre vom Vergleich, S. 3 f.; *Stadler* in: Jauernig, § 779 Rn. 4; *Steffen* in: RGRK, § 779 Rn. 7; *Veeser*, Der vollstreckbare Anwaltsvergleich, S. 58.

nicht existiert hat. Andernfalls wäre der Anwendungsbereich des § 779 BGB nicht nur unerheblich eingeschränkt[37]. Dass das streitige oder ungewisse Rechtsverhältnis nicht wirklich bestehen muss, lässt sich zudem mit dem Gesetzeswortlaut in Einklang bringen, der nur von dem Streit *über* ein Rechtsverhältnis, nicht „aus" oder „in" einem Rechtsverhältnis spricht[38]. Deshalb genügt es, dass ein Rechtsverhältnis zumindest von einer Partei behauptet wird[39]. Freilich muss es sich stets um eine schon vor dem Vertragsabschluss konkretisierte (wirkliche oder vermeintliche) Rechtsbeziehung handeln, die ein subjektives Recht im oben beschriebenen Sinne umfasst. Hingegen reicht die bloße Möglichkeit, dass zwischen den Parteien ein Rechtsverhältnis künftig zur Entstehung gelangen wird (z.B. durch die Verletzung des sich aus § 823 Abs. 1 BGB ergebenden „allgemeinen Störungsverbots") nicht aus[40].

---

37 BGH NJW 1972, 157: „[...] es wäre sinn- und zweckwidrig, § 779 BGB nur in den Fällen anwenden zu wollen, in denen der einen Partei gegen die andere tatsächlich ein Anspruch zusteht"; *Bork*, Der Vergleich, S. 211; *Hammer*, Außergerichtliche Vergleichsvereinbarungen in den USA und in Deutschland, S. 128. Entgegen *Bork*, Der Vergleich, S. 211, Fn. 26 kann indes nicht angenommen werden, dass der BGH bei der vorstehenden Entscheidung die Ansicht vertreten hätte, ein Rechtsverhältnis i.S.d § 779 BGB sei jedenfalls in dem später begründeten Verwaltungs- oder Prozessrechtsverhältnis zu sehen. Wie *Bork* dabei zu Recht meint, wird über dieses Rechtsverhältnis gewiss nicht gestritten. Die von *Bork* besprochenen Ausführungen des BGH dürften vielmehr dahin zu verstehen sein, dass die Partei, die sich einen Anspruch zuschreibt, ihren diesbezüglichen Rechtsstandpunkt gegenüber der anderen kundtun muss.

38 *Bork*, Der Vergleich, S. 211, der allerdings darauf abstellt, dass es tatbestandlich keines Streits „im Rahmen" eines Rechtsverhältnisses bedürfe.

39 Wie Fn. 36. Zwar mag die in der Literatur vielfach vertretene Ansicht, es könne sich auch um ein nur in der Vorstellung der Parteien bestehendes Rechtsverhältnis handeln (insbesondere *Habersack* in: MüKo-BGB, § 779 Rn. 4; *Marburger* in: Staudinger, § 779 Rn. 4; *Steffen* in: RGRK, § 779 Rn. 8), an sich zutreffend sein. Dabei wird jedoch völlig außer Acht gelassen, dass ein in solchem Fall geschlossener Vergleich gem. § 779 Abs. 1 BGB öfter unwirksam sein wird.

40 *Bork*, Der Vergleich, S. 208, 225, Fn. 93; *Gröschler* in: Soergel, 13. Aufl., § 779 Rn. 7; *Lorentz* in: Soergel, 12. Aufl., § 779 Rn. 8; *Schnorr v. Carolsfeld*, Beiträge zur Lehre vom Vergleich, S. 4; *Steffen* in: RGRK, § 779 Rn. 7; ferner *Habersack* in: MüKo-BGB, § 779 Rn. 4 sowie *Marburger* in: Staudinger, § 779 Rn. 4, wonach es auf die Einwirkungsmöglichkeit des einen Teils auf die Entschließungsfreiheit des anderen ankommen soll, hierzu BGH NJW 1980, 889, 890.

c) *Erfordernis der privatautonomen Gestaltungsmacht über den Vergleichsgegenstand*

In der Literatur sowie in der Rechtsprechung findet sich vielfach der Hinweis, das Rechtsverhältnis, welches durch den Vergleich geregelt werde, müsse der privatautonomen Gestaltungsfreiheit bzw. Dispositionsbefugnis der Vergleichsparteien unterliegen[41].

Gegen das Erfordernis der Verfügungsbefugnis der Parteien über den Vergleichsgegenstand könnte man anführen, dass im Gesetz eine derartige Einschränkung der Vergleichsgegenstände keine Stütze findet[42]. § 779 Abs. 1 BGB spricht insoweit nur von einem „Rechtsverhältnis", das nach dessen Wortlaut keinerlei Einengung unterworfen ist[43].

Dieser Einwand greift jedoch nicht durch: Wie man bereits im Gesetzgebungsverfahren zu Recht erkannte, besteht überhaupt kein Regelungsbedürfnis, die Nichtvergleichsfähigkeit von solchen Rechtsverhältnissen, die der Parteidisposition entzogen sind, (nicht-dispositive Rechtsverhältnisse) ausdrücklich anzuordnen[44]. Als schuldrechtlicher Vertrag unterliegt der Vergleich ohnehin

---

41 Die ganz h.M.: RGZ 164, 62, 63; BGHZ 15, 190, 193; 14, 381, 387 f; *Brödermann* in: PWW, § 779 Rn. 5; *Enneccerus/Lehmann*, Recht der Schuldverhältnisse Bd. II, S. 810; *Esser/Weyers*, Schuldrecht Bd. II/1, S. 372; *Fischer*, Bamberger/Roth/Hau/Poseck, § 779 Rn. 34; *Gerhardt* in: Athenäum-Zivilrecht Bd. I, 695, 765; *Gröschler* in: Soergel, 13. Aufl., § 779 Rn. 7 f.; *Habersack* in: MüKo-BGB, § 779 Rn. 5; *Lorentz* in: Soergel, 12. Aufl., § 779 Rn. 8 f.; *Marburger* in: Staudinger, §779 Rn. 5; *Müller* in: Erman, § 779 Rn. 4; *Oertmann*, Der Vergleich im gemeinen Civilrecht, S. 78; *Pikart*, WM 1967, 590; *Reinhardt*, NJW 1970, 697; *Schnorr v. Carolsfeld*, Beiträge zur Lehre vom Vergleich, S. 13 ff.; *Sprau* in: Grüneberg, § 779 Rn. 6; *Stadler* in: Jauernig, § 779 Rn. 4 f.; *Steffen* in: RGRK, § 779 Rn. 9. Demgegenüber stellt *E. Ehmann*, Schuldanerkenntnis und Vergleich, S. 106 auf die Verfügungsbefugnis der Parteien über die im Vergleich vereinbarten *Rechtsfolgen* ab und verlangt, dass die Parteien in einem Vergleich nur solche Regelungen vereinbaren müssten, die „von ihrer Dispositionsmacht gedeckt sind".

42 Nach dem Gesetzeswortlaut soll nach *Bork*, Der Vergleich, S. 227 „eigentlich selbstverständlich" sein, dass auch nicht-dispositive Rechtsverhältnisse vergleichsfähig sind.

43 Dagegen lautet § 36 Abs. 1 Satz 1 FamFG: „Die Beteiligten können einen Vergleich schließen, soweit sie über den Gegenstand des Verfahrens verfügen können."; so auch § 106 Satz 1 VwGO („über den Gegenstand des Vergleichs") sowie § 101 Abs. 1 SGG („über den Gegenstand der Klage").

44 Motive zu dem Entwurf eines BGB für das Deutsche Reich, Band II, Berlin/Leipzig, 1888, S. 653 (= *Mugdan*, Die gesammten Materialien zum BGB für das Deutsche Reich Bd. II, S. 365): „Endlich besteht auch kein Bedürfnis zu besonderen Bestimmungen über die Unzulässigkeit von Vergleichen zum Zweck der Ordnung von Rechtsverhältnissen,

den allgemeinen Vorschriften, und aus diesen ergibt sich klar und eindeutig, welche bestimmten Rechtsverhältnisse einer privatautonomen Regelung, damit einem Vergleich nicht zugänglich sind.

Dass die Parteien befugt sein müssen, über das streitige Rechtsverhältnis einen Vergleich zu schließen, bedeutet indessen nicht zwangsläufig, dass sie über dieses Rechtsverhältnis *verfügungsbefugt* sein müssen. Die Frage nach der Verfügungsbefugnis stellt sich nur dann, wenn durch den Vergleichsvertrag tatsächlich unmittelbar über das streitige Rechtsverhältnis verfügt wird[45]. Die Parteien können jedoch in einem Vergleich einen anderen Inhalt als eine Verfügung über das streitige Rechtsverhältnis vereinbaren und sich darauf beschränken, reinobligatorische Pflichten zu begründen[46]. In derartigen Fällen ist entscheidend, ob die Parteien das betreffende Rechtsverhältnis im Rahmen der Rechtsordnung durch einen Vertrag eigenverantwortlich (um-)gestalten dürfen oder dies durch zwingende Vorschriften grundsätzlich ausgeschlossen ist. Statusverhältnisse, wie z.B. Ehe oder Abstammung[47] können als solche nicht rechtsgeschäftlich

---

welche der Verfügungsgewalt der Betheiligten entzogen sind, oder die Wirkungen des Vergleiches gegenüber dritten Personen durch besondere Vorschriften zu regeln. In beiderlei Hinsicht sind die allgemeinen Grundsätze genügend. Insbesondere ergibt sich aus den Vorschriften des vierten Buchs, inwieweit bestimmte familienrechtliche Verhältnisse der Privatdisposition entzogen sind." Hieraus kann m.E. entgegen *Bork*, der Vergleich, S. 226 f. sowie *Veeser*, Der vollstreckbare Anwaltsvergleich, S. 66 keineswegs gefolgert werden, dass grundsätzlich auch nicht-dispositive Rechtsverhältnisse durch den Vergleich geregelt werden könnten. Im Gegenteil ging man davon aus, dass derartige Rechtsverhältnisse nicht den Gegenstand eines Vergleichs sein können. Es wurde lediglich für unnötig gehalten, die Unzulässigkeit von Vergleichen über Rechtsverhältnisse, die der Parteidisposition entrückt sind, besonders zu regeln.

45 *Bork*, Der Vergleich, S. 226 f.; *Hammer*, Außergerichtliche Vergleichsvereinbarungen in den USA und in Deutschland, S. 129 f.; *Lehmann*, Der Prozeßvergleich, S. 168 ff.; *Münzberg* in: Stein/Jonas, § 794 Rn. 15; *Seiler* in: Thomas/Putzo, § 794 Rn. 13; *Tempel* in: FS für Schiedermair, 517, 531; *Veeser*, Der vollstreckbare Anwaltsvergleich, S. 65 f. Zur Möglichkeit eines wirksamen Abschlusses eines Prozessvergleichs durch den Prozessstandschafter *Bonin*, Der Prozeßvergleich, S. 73 ff.

46 Als Beispiel nennt *Lehmann*, Der Prozeßvergleich, S. 168 den Fall, in dem die Parteien über ein Grundstückseigentum streiten und sich darauf einigen, dass sich der eine Teil verpflichtet, dem anderen gegen eine Gegenleistung das fragliche Grundstück aufzulassen.

47 Nach *Marburger* in: Staudinger, § 779 Rn. 6 sei die Abstammung gleichwohl „faktisch disponibel".

begründet, aufgehoben oder sonst irgendwie modifiziert werden; sie können daher als solche niemals Gegenstand eines Vergleichs sein[48].

---

48 Auch *Bork* will dies offensichtlich nicht bestreiten, *Bork*, Der Vergleich, S. 225 f. Gleichwohl nimmt er an, durch Vergleich könnten grundsätzlich auch Streitigkeiten über nicht-dispositive Rechtsverhältnisse beigelegt werden, sie seien also „vergleichsfähig". Zur Begründung dieser Ansicht wird angeführt, die h.M. lasse selbst Vergleiche beispielsweise über Ehe- oder Statussachen zu. Ähnlich *Hammer*, Außergerichtliche Vergleichsvereinbarungen in den USA und in Deutschland, S. 129, Fn. 712; *Veeser*, Der vollstreckbare Anwaltsvergleich, S. 66. Dem ist nicht zu folgen: In dem vom BGH in BGHZ 28, 45 ff. entschiedenen Fall ging es um einen vertraglich vereinbarten beiderseitigen Rechtsmittelverzicht vor dem Erlass eines Scheidungsurteils. Abgesehen davon, dass das Gericht zu der Frage überhaupt keine Stellung nahm, ob der lediglich von den Parteien als Vergleich bezeichnete Vertrag tatsächlich als solcher zu würdigen war, betraf die dort in Rede stehende Vereinbarung allein das Recht auf Einlegung eines Rechtsmittels, damit das Prozessrechtsverhältnis (zur Vergleichsfähigkeit des Prozessrechtsverhältnisses unten h)). Der ursprüngliche Streit über die Scheidung der Ehe wurde entgegen *Bork*, der Vergleich, S. 226 nicht durch den fraglichen Vertrag beigelegt, sondern durch ein Scheidungsurteil beendet. Des Weiteren lag der Entscheidung des BGH in NJW 1964, 549 f. der Fall zugrunde, in dem sich der Kläger erst nach der Verkündung eines Scheidungsurteils verpflichtet hatte, seine Klage zurückzunehmen, damit nachträglich auf sein Scheidungsrecht zu verzichten (zur umstrittenen Frage, ob ein Verzicht auf das Scheidungsrecht möglich ist: BGHZ 97, 304, 308 ff.). Der Ausgangsrechtsstreit über die Scheidung der Ehe wurde auch dort durch ein der Parteivereinbarung vorausgehendes Urteil beendet. Etwas Anderes ergibt sich auch nicht aus der Entscheidung des OLG Stuttgart in MDR 1955, 368, die folgenden Leitsatz enthält: „Eine Ehesache eignet sich höchstens in dem Falle als Gegenstand eines Vergleichs, wenn dieser dazu führt, dass die sonst zur Fortsetzung des Streits entschlossenen Parteien sich in einer die gerichtliche Entscheidung erübrigenden Weise einigen." Wer diesen Leitsatz oberflächlich wörtlich nimmt, könnte meinen, dass auch die Ehesachen vergleichsfähig wären. Dies ist jedoch abwegig: Mit dem fraglichen Vergleich hatten die Parteien den Unterhalt, das Sorgerecht sowie das Verkehrsrecht für den Fall der Scheidung der Ehe aus Verschulden des Klägers nach Erhebung einer Widerklage und Rücknahme der Klage festgelegt. Es erging sodann ein Urteil, durch das die Ehe aus Verschulden des Klägers geschieden wurde. Die anhängige Ehesache als solche war mithin nicht der eigentliche Regelungsgegenstand des Vergleichs; vielmehr setzte der Vergleich den Abschluss des Ehescheidungsverfahrens durch ein Scheidungsurteil voraus, und regelte ausschließlich die einzelnen Scheidungsfolgenpunkte. Die Entscheidung des OLG Oldenburg in JurBüro 1957, 34 belegt klar und eindeutig, dass ein Vergleich über die Abstammung i.S.d. §§ 1591 ff. BGB nicht möglich ist (so auch RGZ 164, 62 f.). Im Streitfall hatten die Parteien einen gerichtlichen Vergleich (= Prozessvergleich) abgeschlossen, in dem sich der Kläger gegen Übernahme der eigenen außergerichtlichen Kosten verpflichtet hatte, die Ehelichkeitsanfechtungsklage

Da der Vergleich Streit oder Ungewissheit über ein Rechtsverhältnis beseitigen soll, muss sich der Vergleichsvertrag inhaltlich stets auf dieses streitige oder ungewisse Rechtsverhältnis beziehen[49]. Andernfalls ist die Streitbeseitigung kaum denkbar. Man kann deshalb sagen, dass das streitige oder ungewisse Rechtsverhältnis, auf dessen Rechtsfolgen sich die Parteien mit dem

---

zurückzunehmen sowie die Gerichtskosten zu tragen. Das Gericht führte aus, der Mangel der Dispositionsbefugnis der Parteien über den Anfechtungsanspruch schließe nicht aus, dass „die Parteien zur Erledigung des Rechtsstreits Erklärungen abgeben oder sich zu Handlungen verpflichten, die Ihnen freistehen, z.B. Rücknahme der Klage oder Widerklage oder des Rechtsmittels". Der Gegenstand des Vergleichs war somit das Prozessrechtsverhältnis selbst (zur Vergleichsfähigkeit des Prozessrechtsverhältnisses unten h)), nicht das ursprünglich strittige Abstammungsverhältnis. Dass auch der materiell-rechtliche Ausgangsstreit durch den Prozessvergleich faktisch endgültig erledigt wurde (da die Frist für die Geltendmachung des Anfechtungsanspruchs damit abgelaufen war), war bloß eine mittelbare, reflexartige Folge des Vergleichs. Dies macht das nicht-dispositive Abstammungsverhältnis aber nicht zum Gegenstand des Vergleichs. Dass über Ehesachen i.S.d § 121 FamFG kein Vergleich geschlossen werden kann, wird schließlich in dem vom OLG Zweibrücken in JurBüro 1983, 226 f. entschiedenen Fall deutlich. In dem anhängigen Ehescheidungsverfahren hatten die Parteien einen Vergleich abgeschlossen, in dem sie auf die Durchführung des Versorgungsausgleichs verzichtet hatten. Nach § 1587 o BGB a.F. bedurften solche Vereinbarungen über den Versorgungsausgleich jedoch zu ihrer Wirksamkeit der Genehmigung durch das FamG (das Genehmigungserfordernis besteht heute nicht mehr, § 6 VersAusglG i.V.m. § 1587 BGB). Zu Recht stellte das Gericht fest, dass die Dispositionsbefugnis der Parteien über den Versorgungsausgleich dadurch nicht ausgeschlossen war. Da der Vergleich auch familiengerichtlich genehmigt worden war, erachtete es ihn für wirksam. Der Gegenstand des Streits und des Vergleichs war allein der Versorgungsausgleich. Das Ehescheidungsverfahren wurde nicht durch den Vergleich, sondern durch ein Urteil abgeschlossen.

49 *Bork*, Der Vergleich, S. 226: Erforderlich sei ein (zumindest mittelbarer) „thematischer Bezug" zum streitigen Rechtsverhältnis. Daher ist die von *Hammer*, Außergerichtliche Vergleichsvereinbarungen in den USA und in Deutschland, S. 129 sowie von *Veeser*, Der vollstreckbare Anwaltsvergleich, S. 63 – allerdings ohne jegliche Begründung – aufgestellte Behauptung, das streitige Rechtsverhältnis müsse nicht unbedingt „Vertragsobjekt" sein, mehr als fragwürdig. Soweit sich *Veeser* dabei auf die Kommentierung *Steffens* zu § 779 in RGRK (*Steffen* in: RGRK, § 779 Rn. 31) bezieht, ist dies nahezu völlig irreführend: *Steffen* erläutert, dass der Vergleich seinem Inhalt nach über das eigentlich streitige Rechtsverhältnis „hinausgreifen" und neben diesem zugleich andere Rechtsbeziehungen der Parteien regeln kann. Danach muss sich der Vergleichsvertrag notwendig auf das streitige Rechtsverhältnis beziehen.

Vergleichsvertrag einigen[50], immer den eigentlichen Vergleichsgegenstand bildet[51]. Mit anderen Worten: Durch den Vergleich wird stets irgendwie[52] auf das Rechtsverhältnis, über das Streit oder Ungewissheit besteht, eingewirkt[53].

---

50 Der Vergleich muss stets auf die Regelung von Rechtsfolgen gerichtet sein, *Bork*, Der Vergleich, S. 100, 103, 212; *Hammer*, Außergerichtliche Vergleichsvereinbarungen in den USA und in Deutschland, S. 132 f.; *Marburger* in: Staudinger, § 779 Rn. 2; *Veeser*, Der vollstreckbare Anwaltsvergleich, S. 57 f.; ferner *Steffen* in: RGRK, § 779 Rn. 8 („Die Parteien müssen sich auf der Rechtsfolgen-Ebene bewegen wollen.").

51 So auch *Bork*, Der Vergleich, S. 101.

52 Eine *unmittelbare* Einwirkung auf das streitige Rechtsverhältnis in Form einer Verfügung wird häufig anzutreffen sein, erforderlich ist sie indes nicht. Wie bereits dargestellt, können sich die Parteien eines Vergleichs darauf beschränken, reinobligatorische Pflichten zu übernehmen, ohne eine Verfügung über das streitige Rechtsverhältnis zu treffen. Daraus folgt aber entgegen *Bork*, Der Vergleich, S. 226, (im Anschluss daran) *Hammer*, Außergerichtlichen Vergleichsvereinbarungen in den USA und in Deutschland, S. 129 sowie *Veeser*, Der vollstreckbare Anwaltsvergleich, S. 63 nicht zwingend, dass allein maßgeblich wäre, dass der materiell-rechtliche Streit „indirekt" bzw. „mittelbar" durch Vergleich beseitigt wird, ohne dass das streitige materiell-rechtliche Rechtsverhältnis unmittelbarer Vergleichsinhalt zu sein braucht. Der Vergleich soll das streitige bzw. ungewisse Rechtsverhältnis regeln und zielt damit auf dessen Rechtsfolgen. Wie dies möglich sein soll, ohne dass das den Streitgegenstand bildende Rechtsverhältnis unmittelbarer Vertragsobjekt zu sein braucht, ist sehr zweifelhaft. Die von *Bork* zur Debatte gestellte Entscheidung des OLG Oldenburg in JurBüro 1957, 34 betrifft einen Fall, in dem sich der Kläger in einem Prozessvergleich zur Rücknahme seiner Ehelichkeitsanfechtungsklage sowie zur Zahlung der Gerichtskosten (einschließlich seiner eigenen außergerichtlichen Kosten) verpflichtet hatte, während die Beklagte ihre eigenen außergerichtlichen Kosten übernommen hatte (oben Fn. 48). Der Vergleich bezog sich dort allein auf das Prozessrechtsverhältnis (zur Vergleichsfähigkeit des Prozessrechtsverhältnisses unten h)), nicht auf das materiell-rechtliche Abstammungsverhältnis. Über jene rein prozessuale Beziehung der Parteien hatten auch Streit oder Ungewissheit geherrscht, da der Verfahrensausgang aufgrund fortbestehender Zweifel an der Vaterschaft des Klägers im Zeitpunkt des Abschlusses des Vergleichs unsicher gewesen war (niemand weiß, ob der Kläger ohne seine Klagerücknahme eine für ihn positive (rechtskraftfähige) gerichtliche Entscheidung erwirkt hätte (worauf er mit seiner Klagerücknahme möglicherweise verzichtet hatte), oder ob seine Ehelichkeitsanfechtungsklage ohne Erfolg geblieben wäre. Auch die Kostenfolge war aufgrund des offenen Verfahrensergebnisses unklar gewesen. Dies scheint *Bork*, Der Vergleich, S. 215, 225 f. jedoch zu verkennen. Unerheblich ist der Umstand, dass auch der materiell-rechtliche Streit mittelbar durch den Vergleich endgültig beseitigt wurde (da eine neue Anfechtungsklage ausgeschlossen war).

53 So ausdrücklich *Schnorr v. Carolsfeld*, Beiträge zur Lehre vom Vergleich, S. 7, 13, 46; ebenso *Habersack* in: MüKo-BGB, § 779 Rn. 5.

Daraus folgt zwingend, dass der Vergleich nur solche Rechtsverhältnisse zum Inhalt haben kann, welche die Parteien innerhalb der Grenzen der Privatautonomie frei zu gestalten vermögen. Das Erfordernis der freien Gestaltungsmacht bzw. Dispositionsbefugnis der Vergleichsparteien über den Vertragsgegenstand erweist sich damit als denk- bzw. folgerichtig; es stellt keinesfalls ein überflüssiges Verlangen dar[54].

Als Ergebnis dürfte festzuhalten sein: Vergleichsfähig sind nur diejenigen Rechtsverhältnisse, die als solche einer privatautonomen Regelung zugänglich sind. Die Parteien müssen stets befugt sein, die infrage stehende Rechtsbeziehung eigenverantwortlich, nach ihrem eigenen Willen zu gestalten. (Von vornherein) unwirksam bzw. unzulässig sind demgegenüber Vergleiche, die indisponible Rechtsverhältnisse (also solche, die der Dispositionsbefugnis der Parteien entzogen sind) regeln sollen[55].

---

54 So aber *Bork*, Der Vergleich, S. 226 f. Der (im Ergebnis als unberechtigt anzusehenden) Kritik *Borks* liegt dessen fehlerhafte Annahme zugrunde, nach der h.M. müsste eine Verfügung über das streitige Rechtsverhältnis vergleichsnotwendig sein, *Bork*, Der Vergleich, S. 227. Dies trifft schlechthin nicht zu: Die von der h.M. verlangte *Verfügungsbefugnis* der Beteiligten über das infrage stehende Rechtsverhältnis ist im Sinne der diesbezüglichen Gestaltungsfreiheit der Beteiligten zu verstehen. Der Vergleich muss nicht unbedingt eine Verfügung enthalten. Im Übrigen sei zu vermerken, dass die Ausführungen *Borks* insoweit geradezu widersprüchlich sind, als *Bork* einerseits meinen will, das streitige Rechtsverhältnis sei Vergleichsgegenstand, so *Bork*, Der Vergleich, S. 100 f., andererseits aber dafür eintritt, das streitige Rechtsverhältnis brauche nicht Vertragsgegenstand bzw. -inhalt zu sein, *Bork*, Der Vergleich, S. 225 f.); ähnlich *Hammer*, Außergerichtliche Vergleichsvereinbarungen in den USA und in Deutschland, S. 129 f. und *Veeser*, Der vollstreckbare Anwaltsvergleich, S. 63 ff. (beide Genannte folgen *Bork*).

55 Womit selbstverständlich nichts gegen die grundsätzliche Möglichkeit einer Umdeutung des Vergleichsvertrags in einen anderen Vertrag (§ 140 BGB) gesagt ist. Wenn beispielsweise A und B einen Streit über das Erbrecht dadurch beilegen wollen, dass sie in einem Vertrag feststellen, der wahre Erbe sei A, so ist dieser Vergleich als (von Anfang an) unwirksam anzusehen: Durch den Vertrag mag zwar der Streit über das Erbrecht endgültig beseitigt werden. Die Parteien (= Erbprätendenten) sind jedoch nicht befugt, die Erbenstellung vertraglich zu begründen. Ein solcher (unwirksamer) Vergleich kann aber u.U. in einen Erbschaftskaufvertrag i.S.d. §§ 2371-2385 BGB umzudeuten sein (§ 140 BGB). Vorausgesetzt sind allerdings, dass der das Erbrecht des A Anerkennende (also B) der wahre Erbe war, und dass die in § 2371 BGB vorgeschriebene Form beachtet wurde. Es liegt dann ein gültiger Erbschaftskaufvertrag (und damit kein Vergleich) vor. Es besteht kein Anlass, diesen Erbschaftskaufvertrag als Vergleich zu behandeln. A.A.: *Lehmann*, Der Prozeßvergleich, S. 169, der die Anerkennung des subjektiven

d) *Erfordernis der Identität der Parteien des neu zu ordnenden Rechtsverhältnisses mit den Vergleichsparteien*

Fraglich ist, ob das Rechtsverhältnis, über das gestritten wird, zwischen den Parteien des Vergleichsvertrags bestehen muss. Diese in jüngerer Zeit von *Bork*[56] erneut aufgerollte Problematik stellt sich u.a. bei einer Vereinbarung einer Abfindungsleistung durch einen Dritten, die dieser mit dem (angeblichen) Gläubiger im Wege gegenseitigen Nachgebens trifft.

Dem Grundsatz nach ist die Frage zu bejahen. Mit einem Vergleichsvertrag einigen sich die Vertragsparteien auf Rechtsfolgen des streitigen oder ungewissen Rechtsverhältnisses. Außer im praktisch selten anzutreffenden Fall der zufälligen Übereinstimmung der ursprünglichen Rechtslage mit der vergleichsweise neu geregelten erfährt dieses Ausgangsrechtsverhältnis durch den Vergleich auf dessen Rechtsfolgenseite irgendeine Änderung bzw. Modifikation, wozu die Vertragsschließenden natürlich befugt sein müssen. Dies ist mehr als konsequent, da das den Vergleichsgegenstand bildende Rechtsverhältnis der privatautonomen Regelungsmacht der Vergleichsparteien unterliegen muss; die Grenze vergleichsweiser Regelungsmöglichkeit verläuft notwendig dort, wo die Privatautonomie ihre Schranken findet.

Erbrechts durch den einen Teil als Vertrag auf Veräußerung der Erbschaft verstehen und in diesem Vertrag einen wirksamen Vergleich sehen will; ferner *Veeser*, Der vollstreckbare Anwaltsvergleich, S. 68. Da man in solchen Fällen sagen kann, dass mit dem Abschluss des Vergleichsvertrags ein rechtlich unzulässiger Weg eingeschlagen wird, dürften grundsätzlich keine Bedenken bestehen, (statt von einer bloßen Auslegung) von einer Umdeutung des Vertrages zu sprechen (die Frage des Verhältnisses der Umdeutung eines Rechtsgeschäfts zur Auslegung desselben braucht hier nicht behandelt zu werden). Für eine Umdeutung nach § 140 BGB ist das Vorliegen eines nichtigen Rechtsgeschäfts stets erforderlich. Nimmt man hingegen an, der Vertrag über das Erbrecht könne im Wege der Auslegung nach den §§ 133, 157 BGB ggf. als ein Erbschaftskaufvertrag aufrechterhalten werden, so dürfte daraus gleichwohl nicht zu folgern sein, dass ein wirksamer Vergleich in Ansehung des indisponiblen Erbrechts möglich wäre: Durch die Auslegung wird der unwirksame Vergleichsvertrag doch niemals zu einem gültigen. Es kann allenfalls ein wirksamer Erbschaftskaufvertrag vorliegen.

56 *Bork*, Der Vergleich, S. 228 ff., 328 ff.; (im Anschluss daran) *E. Ehmann*, Schuldanerkenntnis und Vergleich, S. 107; *Hammer*, Außergerichtliche Vergleichsvereinbarungen in den USA und in Deutschland, S. 131 f.; *Veeser*, Der vollstreckbare Anwaltsvergleich, S. 69.

Wenngleich grundsätzlich auch ein Dritter gem. § 267 Abs. 1 Satz 1 BGB die vom Schuldner geschuldete Leistung mit schuldbefreiender Wirkung erbringen, damit das Schuldverhältnis zwischen dem Gläubiger und dem Schuldner unmittelbar zum Erlöschen bringen kann, ist ein Vergleich zwischen der einen Partei des streitigen Rechtsverhältnisses und einer Drittperson zugunsten der anderen Partei nicht möglich[57]. In subjektiver Hinsicht ist ein Dritter, der am streitigen Rechtsverhältnis nicht selbst beteiligt ist, nicht vergleichsfähig. In einem Abkommen, in dem sich ein Gläubiger gegen Zahlung einer Abfindungssumme durch einen am streitigen Rechtsverhältnis nicht beteiligten Dritten für (von diesem) befriedigt erklärt, kann daher kein Vergleich gesehen werden[58].

Der Kritik *Borks*[59] ist zuzugeben, dass ein Vergleich in solchen Fällen nicht deshalb ausscheidet, weil die eine am streitigen Rechtsverhältnis beteiligte Partei (also der Schuldner) durch das fragliche Abkommen keinerlei Vermögenseinbuße erleidet[60]. Ein gegenseitiges Nachgeben i.S.d. § 779 Abs. 1 BGB erfordert nämlich nicht, dass die am streitigen Rechtsverhältnis Beteiligten durch den Vergleich eine Vermögenseinbuße erleiden müssen. Wie später zu zeigen sein wird, beinhaltet das gegenseitige Nachgeben lediglich „vermögensneutrale" Verzichte auf die Weiterverfolgung (der Richtigkeit) des ursprünglichen Standpunktes (*Prätentionsverzichte*); mit ihrem Nachgeben weichen die Parteien von ihren bisherigen Rechtsbehauptungen ab und nehmen nunmehr jeweils einen für die andere günstigeren Standpunkt ein, was keinesfalls mit als dessen Rechtsfolge (möglicherweise) eintretenden Vermögenseinbußen verwechselt werden darf[61].

Ebenso richtig ist, dass nur die Vertragsschließenden, zwischen denen Streit oder Ungewissheit besteht, einander irgendwelche Zugeständnisse machen müssen[62]. Für einen Vergleich ist nach dem Wortlaut des § 779 Abs. 1 BGB

---

57 A.A.: *E. Ehmann*, Schuldanerkenntnis und Vergleich, S. 107.

58 Im Ergebnis zutreffend: RGZ 127, 126, 128; RG HRR 1929 Nr. 1908; *Gerhardt* in: Athenäum-Zivilrecht Bd. I, 695, 765; *Gröschler* in: Soergel, 13. Aufl., § 779 Rn. 28; *Habersack* in: MüKo-BGB, § 779 Rn. 30; *Lorentz* in: Soergel, 12. Aufl., § 779 Rn. 8 („Gegenstand des Vergleichs ist ein Rechtsverhältnis zwischen den Parteien"); *Marburger* in: Staudinger, § 779 Rn. 3; *Müller* in: Erman, § 779 Rn. 4; *Schnorr v. Carolsfeld*, Beiträge zur Lehre vom Vergleich, S. 7 ff. (10); *Sprau* in: Grüneberg, § 779 Rn. 5; *Steffen* in: RGRK, § 779 Rn. 8; a.A.: *Oertmann*, Der Vergleich im gemeinen Civilrecht, S. 109.

59 *Bork*, Der Vergleich, S. 230, 329.

60 So aber RGZ 127, 126, 128: „Denn der Vergleich setzt [...] ein gegenseitiges Nachgeben voraus, wirkt daher niemals ausschließlich zugunsten einer Partei, sondern belastet zugleich beide."; ebenso *Schnorr v. Carolsfeld*, Beiträge zur Lehre vom Vergleich, S. 7 ff.

61 Dazu unten 4 a).

62 *Bork*, Der Vergleich, S. 228.

notwendig und zugleich ausreichend, dass jeder Vertragsteil (und nicht auch eine Drittperson) nachgibt.

Daraus ergibt sich indes nicht, dass ein Gläubiger mit einem Dritten einen wirksamen Vergleichsvertrag zugunsten seines Schuldners schließen könnte: Festzuhalten ist zunächst daran, dass ein Erlassvertrag nur zwischen dem Gläubiger und dem Schuldner geschlossen werden kann, was bereits aus dem eindeutigen Wortlaut des § 397 BGB hervorgeht[63]. Einigen sich die Parteien darauf, dass Ansprüche der einen Partei (also des Gläubigers) gegen einen Dritten (also den Schuldner) abgegolten sind, ist diese Einigung demnach dahin auszulegen bzw. umzudeuten, dass der Gläubiger dadurch in erster Linie gegenüber der anderen Vertragspartei verpflichtet ist, keine Ansprüche mehr gegen seinen von dieser anderen Vertragspartei personenverschiedenen Schuldner geltend zu machen. Ob derartige Vereinbarungen einen echten Vertrag zugunsten Dritter i.S.d. § 328 BGB darstellen, mit der Folge, dass der (Dritt-)Schuldner gegen den Gläubiger einen unmittelbaren Anspruch auf Unterlassung der Inanspruchnahme seiner Person daraus hat (sog. *pactum de non petendo*), kann hier dahingestellt bleiben. Auszugehen ist nur von den Erkenntnissen, dass ein drittbegünstigender Erlassvertrag rechtsdogmatisch unmöglich ist, und dass auch kein praktisches Bedürfnis besteht, einen solchen rechtlich anzuerkennen[64].

Demzufolge kann ein am streitigen Rechtsverhältnis nicht beteiligter Dritter das in der Erklärung des Gläubigers, ein Anspruch gegen den Schuldner bestehe nicht, liegende Angebot zum Abschluss eines Erlassvertrages (§ 397 BGB) ohne Zustimmung des Letzteren weder entgegennehmen noch im eigenen Namen annehmen. Der Dritte kann allenfalls als vollmachtloser Vertreter i.S.d. § 177 Abs. 1 BGB im Namen des begünstigten Schuldners handeln.

---

63 Hier wird der Ansicht gefolgt, die zu Recht einen Erlassvertrag zugunsten Dritter ablehnt. So RGZ 148, 257, 262 f.; 127, 126, 128; BGH NJW 2010, 64, 65; 1994, 2483, 2484; MDR 2002, 1183; VersR 1960, 727, 729; KG OLGZ 1978, 67, 71; OLG Celle VersR 1970, 541, 542; *Gernhuber*, Das Schuldverhältnis, S. 474 f.; *ders.*, Die Erfüllung und ihre Surrogate, S. 384; *Grüneberg* in: Grüneberg, Einf. vor § 328 Rn. 8; *Hadding* in: Soergel, § 328 Rn. 109, 115; dagegen nur *Gottwald* in: MüKo-BGB, § 328 Rn. 276. Auch *Oertmann*, Der Vergleich im gemeinen Civilrecht, S. 107 nimmt einen drittbegünstigenden Erlass – allerdings ohne jegliche Begründung – selbstverständlich an.

64 So ausdrücklich *Gernhuber*, Das Schuldverhältnis, S. 474; *ders.*, Die Erfüllung und ihre Surrogate, S. 384; dagegen z.B. *Bork*, Der Vergleich, S. 231, 331.

Ein Vergleich über eine dem Grunde oder der Höhe nach streitige Forderung[65] enthält aber nach einer richtigen Ansicht notwendigerweise einen (*unecht bedingten*) Erlass[66]. Die Vergleichsparteien müssen daher im Hinblick auf diesen Erlassvertrag abschlussbefugt sein. Mangels solcher Abschlussbefugnis scheidet ein am streitigen Schuldverhältnis nicht beteiligter Dritter von vornherein als Vergleichspartei aus.

Freilich kann ein Dritter in die Vergleichsregelung in der Weise einbezogen werden, dass er darin als Leistungsempfänger bestimmt wird. Der Vergleich kann unbestreitbar einen echten Vertrag zugunsten Dritter i.S.d. § 328 BGB darstellen, wodurch der Dritte einen eigenen Anspruch gegen den Versprechenden erwerben kann[67].

Im Ergebnis darf also gelten, dass es keinen Vergleich über Drittrechtsverhältnisse in Gestalt eines drittbegünstigenden Erlassvertrags geben kann. Vergleichsfähig ist nur ein Rechtsverhältnis, das zwischen den Vergleichsparteien besteht[68].

e) Kein Vergleich über Tatsachen

Der Satz *facta infecta fieri non possunt*[69] belehrt, dass niemand imstande ist, durch eigenen Willen etwas an Tatsachen zu ändern. Die Privatautonomie verleiht dem

65 Da es hier um die Frage geht, ob sich der Gläubiger mit einem Dritten zugunsten des Schuldners vergleichen kann, sind nur solche Vergleiche relevant.

66 Näher dazu unten III. 2.

67 *Bork*, Der Vergleich, S. 230, 328; *Habersack* in: MüKo-BGB, § 779 Rn. 30; *Marburger* in: Staudinger, § 779 Rn. 68; zum Prozessvergleich der Eltern über den Kindesunterhalt, BGH NJW 1983, 2200, 2201.

68 Dagegen spricht auch nicht der Zuständigkeitsstreit. Wenn A und B um das Sacheigentum streiten, betrifft der Streit nicht bloß das Zuordnungsverhältnis der Sache zu einer Person, sondern auch ein Rechtsverhältnis zwischen A und B. Behauptet jede Partei, selbst Eigentümer der Sache zu sein, enthält diese Behauptung zugleich die Anmaßung der Befugnis, ohne Erlaubnis der anderen auf die Sache einwirken zu können. Durch die Anmaßung eigener Zugriffsrechte entsteht ein (hinreichend konkretisiertes) Rechtsverhältnis zwischen den Parteien. Dass sich ein Rechtsverhältnis zwischen Personen aus einem Rechtsverhältnis einer Person zu einer Sache entwickeln kann, wurde schon erörtert, oben Fn. 23. Das scheinen sowohl *Bork*, Der Vergleich, S. 229 als auch *Hammer*, Außergerichtliche Vergleichsvereinbarungen in den USA und in Deutschland, S. 131, Fn. 720 zu verkennen.

69 D.h., Geschehenes kann man nicht ungeschehen machen.

einzelnen Individuum keine Willensmacht über Tatsachen[70]. Für den Vergleich i.S.d. § 779 BGB gilt, dass er nur über Rechtsverhältnisse geschlossen werden kann; Vergleiche über Tatsachen kommen grundsätzlich nicht infrage[71].

Aus rechtlichen Beziehungen zwischen Personen ergeben sich aber nicht nur über reine Rechtsfragen bzw. -ansichten (z.B. Wirksamkeit einer zwischen den Parteien vereinbarten AGB-Klausel) Streitigkeiten oder Unklarheiten. Vielmehr werden die Parteien auch (sogar häufiger) darüber streiten, ob bestimmte Tatsachen vorgelegen haben, an die durch die Rechtsordnung Rechtsfolgen geknüpft sind, die als solche also einen rechtserheblichen Tatbestand bilden[72]. So kann etwa zweifelhaft sein, ob das Darlehen tatsächlich an den Darlehensnehmer ausgezahlt worden ist, dessen Rückzahlung nunmehr vom Darlehensgeber begehrt wird. Strittig kann weiterhin sein, ob der Käufer den Kaufpreis bereits vollständig gezahlt hat oder noch einen Restbetrag zahlen muss. Denkbar wäre auch, dass die Parteien darüber streiten, ob die gelieferte Ware einwandfreie Beschaffenheit aufweist oder nicht.

Man darf fragen, ob ein in derartigen Fällen zum Bereinigungszweck geschlossener Vertrag deshalb nicht als Vergleich, sondern als (rechtlich unbedeutende) Tatsacheneinigung zu qualifizieren ist, weil es – ganz streng genommen – am Tatbestandsmerkmal des Streits *über ein Rechtsverhältnis* fehlt. Beispiele:

Fall 1. A verlangt von B die Rückzahlung von 1000 EUR und meint, er habe diesem ein zinsloses Darlehen in gleicher Höhe gewährt. B bestreitet indes, den geforderten Geldbetrag entgegengenommen zu haben. Um des Rechtsfriedens willen kommen sie überein, dass B 500 EUR empfangen habe.
Fall 2. C und D streiten darüber, ob C den gesamten Kaufpreis von 300 EUR vollständig gezahlt hat (so nach der Behauptung des C) oder noch 100 EUR zahlen muss (so nach der Behauptung des D). Sie einigen sich schließlich, dass C bereits 250 EUR gezahlt habe.

Fall 3. E kauft von F ein Bild für 2.000 EUR. Später verweigert E die Zahlung des vereinbarten Kaufpreises mit der Behauptung, dass das Bild wider sein Erwarten nicht ein Original, sondern nur eine Kopie sei; das Bild sei allenfalls 1.000 EUR wert. F, der

70 Statt aller *v. Tuhr*, Der AT des Deutschen Bürgerlichen Rechts Bd. II/1, S. 267 f. sowie Bd. II/2, S. 255.

71 Insbesondere *Herschel*, ArbuR 1973, 318, 319 f.: „[..] dabei bleiben, dass dem § 779 BGB ein Tatsachenvergleich fremd ist."

72 *Schnorr v. Carolsfeld*, Beiträge zur Lehre vom Vergleich, S. 4; *v. Tuhr*, Der AT des Deutschen Bürgerlichen Rechts Bd. II/2, S. 252 f.; im Ergebnis auch *Zitelmann*, Das Recht des BGB, S. 145, der von einem „Thatbestandsmoment für die Begründung oder Aufhebung des betr. Rechtsverhältnisses" spricht.

seinerseits von der Echtheit des Bildes überzeugt ist, aber die Kosten einer Expertise scheut, einigt sich schließlich mit E, dass der Wert des Bildes (aufgrund des Verdachts der Unechtheit) 1.500 EUR betrage[73].

Im Ergebnis dürften hier keine Bedenken bestehen, dass es sich bei den sämtlichen von den Parteien getroffenen Einigungen jeweils um einen Vergleich i.S.d. § 779 Abs. 1 BGB und nicht um eine bloße „Tatsacheneinigung[74]" handelt. Denn die Parteien streiten hier nur scheinbar über rein tatsächliche Umstände, nämlich den Empfang des Darlehens, die Zahlung des gesamten Kaufpreises sowie die Echtheit des Bildes. In Wirklichkeit streiten sie jedoch darüber, ob der Darlehensrückzahlungsanspruch des A in Höhe von 1.000 EUR besteht, ob C die Kaufpreisforderung des D bereits restlos erfüllt hat, und schließlich ob E den Kaufpreis von 2.000 EUR auf 1.000 EUR mindern kann. So wird sich der Streit über Tatsachen bei näherem Hinsehen als ein Streit über das Rechtsverhältnis selbst erweisen, das vom Vorliegen der bestrittenen Tatsachen abhängt[75]. Gestritten wird also über rechtlich relevante Tatsachen, aus denen die Begründung oder Aufhebung eines Rechtsverhältnisses folgt. Streit und Einigung über Tatsachen betreffen in diesem Fall stets ein Rechtsverhältnis i.S.d. § 779 Abs. 1 BGB und die Einigung stellt einen Vergleich dar[76].

So liegt in der Einigung über die tatsächlich abgenommene Darlehensvaluta von 500 EUR eine verbindliche Regelung darüber, dass B nunmehr verpflichtet ist, an A ein Darlehen von 500 EUR zurückzuzahlen. Ebenso ist die im Fall 2 von den Parteien getroffene Einigung über die Summe des tatsächlich gezahlten Kaufpreises von 250 EUR in Wahrheit eine Einigung über die Höhe der Restkaufpreisforderung des D (die Restkaufpreisforderung des D soll fortan 50 EUR betragen). Schließlich betrifft die Einigung über den tatsächlichen Wert des Bildes (der Wert des Bildes betrage 1.500 EUR) in Wirklichkeit die Frage, wie hoch die Kaufpreisschuld des E ist (E soll das Bild für 1.500 EUR bekommen).

---

73 Dieser Beispielsfall wurde dem bei *Bork*, Der Vergleich, S. 121 nachgebildet.

74 A.A.: *Herold*, GrünhutsZ 16 (1889), 694, 696 ff., wonach der Vergleich stets eine „Thatsacheneinigung" sein soll, weil jeder Vergleich begrifflich voraussetze, dass durch ihn die Ungewissheit über eine für einen Rechtsanspruch relevante Tatsache beseitigt werde. Dem ist nicht zu folgen: Wie schon *Bork*, Der Vergleich, S. 103, Fn. 18 zu Recht vermerkt, gäbe es danach keinen Vergleich, der den Streit oder die Ungewissheit über reine Rechtsfragen beseitigen könnte. Das kann aber niemals richtig sein.

75 *Bork*, Der Vergleich, S. 103 f., der insoweit vor „allzu begrifflichem Denken" warnt.

76 Insofern missverständlich *Veeser*, Der vollstreckbare Anwaltsvergleich, S. 57: „Auch beim Vergleich können rein tatsächliche Voraussetzungen nicht als Rechtsverhältnis anerkannt werden."

Dementsprechend dürfte man die von der Rechtsprechung des BAG entwickelte Rechtsfigur des sog. Tatsachenvergleichs, der dann vorliegen soll, wenn sich die Parteien über die tatsächlichen Voraussetzungen eines Anspruchs (und nicht über den Anspruch selbst) verständigen[77], unbestreitbar unter den Vergleichsbegriff des § 779 BGB einordnen können[78]: Die Vereinbarung über das Vorliegen oder Nichtvorliegen von Tatsachen ist in Wirklichkeit eine Vereinbarung über die aus den Tatsachen folgenden Rechtsfolgen, also das Bestehen oder Nichtbestehen des in tatsächlicher Hinsicht streitigen oder ungewissen Anspruchs.

Bezieht sich die Einigung der streitenden Parteien ihrem Wortlaut nach auf bloße Tatsachen, so ist sie im Wege der Auslegung nach den §§ 133, 157 BGB darauf zu überprüfen, ob die Parteien mit der Tatsacheneinigung rechtliche Erfolge für das streitige Rechtsverhältnis herbeiführen wollten[79]. Ein Vergleich i.S.d. § 779 BGB (wonach er ein „Vertrag" ist!) setzt stets voraus, dass die Parteien Willenserklärungen „gerade in Bezug auf das streitige Rechtsverhältnis" abgegeben haben.

Dadurch, dass sich die Parteien auf rechtsgeschäftlicher Ebene bewegen wollten, unterscheidet sich der Vergleich zugleich einmal vom außergerichtlichen Geständnis[80], das sich in Ermangelung derartigen Rechtsfolgenwillens als eine bloße Wissenserklärung bzw. Meinungsäußerung darstellt[81]. Mit ihr bekundet der Erklärende lediglich seine Überzeugung vom Vorliegen einer Tatsache oder

---

77 Etwa BAGE 47, 355, 360; BAG ZIP 1996, 1995, 1996; DB 1995, 52; NZA 1986, 95, 97; BB 1981, 790; 1998, 1798 f.; ArbuR 1973, 317; LAG Hamm BB 1998, 1953; *Gröschler* in: Soergel, 13. Aufl., § 779 Rn. 9; *Habersack* in: MüKo-BGB, § 779 Rn. 14, auch Rn. 33; *Lorentz* in: Soergel, 12. Aufl., § 779 Rn. 10; *Marburger* in: Staudinger, § 779 Rn. 13; *Veeser*, Der vollstreckbare Anwaltsvergleich, S. 57; ferner *Hammer*, Außergerichtliche Vergleichsvereinbarungen in den USA und in Deutschland, S. 132.

78 So *Bork*, Der Vergleich, S. 104; auch *E. Ehmann*, Schuldanerkenntnis und Vergleich, S. 105, Fn. 26. Auf den verwirrenden Begriff „Tatsachenvergleich" sollte daher m.E. besser verzichtet werden; ungenau *Hammer*, Außergerichtliche Vergleichsvereinbarungen in den USA und in Deutschland, S. 132.

79 *Bork*, Der Vergleich, S. 105, 107 f.; auch *Ritzmann*, Über den Feststellungsvertrag, S. 64.

80 Man spricht auch vom Zeugnis gegen sich selbst oder vom schlicht-bestätigenden (nichtrechtsgeschäftlichen) Anerkenntnis.

81 Zur Bedeutung eines solchen Geständnisses im Prozess: *Bork*, Der Vergleich S. 105; *Marburger*, Das kausale Schuldanerkenntnis als einseitiger Feststellungsvertrag, S. 100 f.; *Tägert*, Beiträge zur Theorie des Feststellungsvertrages, S. 51 ff.; *v. Tuhr*, Der AT des Deutschen Bürgerlichen Rechts Bd. II/2, S. 248 ff. Die Frage, ob das außergerichtliche Geständnis beweislastumkehrend wirkt, kann hier dahinstehen.

aber auch vom Bestehen eines Rechts, ohne dass er gehindert wäre, später die zugestandenen Umstände zu bestreiten[82]. Für die Abgrenzung des Vergleichs von einem solchen Geständnis kann mithin nicht darauf ankommen, ob die abgegebene Erklärung auf eine Tatsache oder auf ein Recht lautet; maßgeblich ist allein, ob der Parteiwille auf die Regelung von Rechtsfolgen gerichtet ist oder nicht[83].

Zum anderen lässt sich der Vergleich vom sog. Geständnisvertrag[84] dadurch unterscheiden, dass der erkennbare Parteiwille gerade auf die (materiellen) Rechtsfolgen des streitigen Rechtsverhältnisses bezogen ist[85]. Beim Vergleich handelt es sich um eine Parteieinigung über die (materiellen) Rechtsfolgen des streitigen Rechtsverhältnisses. Hingegen liegt ein Geständnisvertrag vor, wenn die Parteien lediglich vereinbaren, dass eine bestimmte Tatsache nunmehr unbestreitbar feststehen soll[86]. So gehen die Parteien mit dem Geständnisvertrag bloß eine Verpflichtung zur Unterlassung bestimmter Tatsachenbehauptungen ein[87]. Beim Geständnisvertrag erschöpft sich der Rechtsfolgenwille – anders als beim Vergleich – darin, eine vertragliche Verpflichtung zu begründen, bestimmte Behauptungen nicht zu bestreiten oder nicht aufzustellen. Ob im konkreten Fall ein Vergleich oder ein Geständnisvertrag vorliegt, kann freilich aufgrund

82 *Marburger*, Das kausale Schuldanerkenntnis als einseitiger Feststellungsvertrag, S. 100; *Tägert*, Beiträge zur Theorie des Feststellungsvertrages, S. 50; *v. Tuhr*, Der AT des Deutschen Bürgerlichen Rechts Bd. II/2, S. 248.

83 Zur Abgrenzung des sog. kausalen (deklaratorischen) Schuldanerkenntnisses von der Wissenserklärung ohne rechtsgeschäftlichen Charakter: BGHZ 66, 250, 253 ff.; BGH ZIP 1986, 1059, 1060 f.; NJW 1984, 799 f.; *Coester*, JA 1982, 579 ff.; *Lindacher*, JuS 1973, 79 ff.; *Marburger*, Das kausale Schuldanerkenntnis als einseitiger Feststellungsvertrag, S. 100 f.; *Möschel*, DB 1970, 913 ff.; *Reinicke*, NJW 1970, 885 ff.; *Tägert*, Beiträge zur Theorie des Feststellungsvertrages, S. 50 ff.; *v. Tuhr*, Der AT des Deutschen Bürgerlichen Rechts Bd. II/2, S. 248 ff.

84 Die Frage, ob ein solcher Vertrag überhaupt zulässig ist, kann hier offengelassen werden (zum Meinungsstand *Ritzmann*, Über den Feststellungsvertrag, S. 73 ff.). Im Übrigen ist der Terminus uneinheitlich.

85 *Bork*, Der Vergleich, S. 106; auch *Tägert*, Beiträge zur Theorie des Feststellungsvertrages, S. 53.

86 *Ritzmann*, Über den Feststellungsvertrag, S. 71 f. Eine ausführliche Darstellung der Rechtsnatur des Geständnisvertrages findet sich ferner bei *Ritzmann*, Über den Feststellungsvertrag, S. 73 ff.

87 Statt vieler *Bork*, Der Vergleich, S. 105 f.; anders z.B. *Habersack* in: MüKo-BGB, § 779 Rn. 33, der den Geständnisvertrag als eine materiell-rechtliche Rechtsfolgenvereinbarung deuten will.

ähnlicher äußerer Form beider Verträge im Einzelfall schwer zu beurteilen sein. Der Parteiwille ist im Wege der Auslegung der abgegebenen Erklärungen zu ermitteln[88].

f) Sittliche bzw. moralische Ansprüche

Im Schrifttum kann man zuweilen dem Ansatz begegnen, wonach auch bloße moralische Ansprüche (= Forderungen, Verpflichtungen) Gegenstand eines Vergleichs sein kann[89]. Sind unter moralischen Ansprüchen ausschließlich solche *außerrechtlichen* Ansprüche zu verstehen, die lediglich auf guter Sitte, Anstand, Billigkeit usw. beruhen, scheint der Ansatz jedoch mehr als fragwürdig, da ein Vergleich nach dem Wortlaut des § 779 Abs. 1 BGB nur über Rechtsverhältnisse geschlossen werden kann[90]. Hier bedarf es einer differenzierenden Betrachtung[91]: Kein Vergleich ist ein Vertrag, durch den der Streit über das Bestehen einer nach übereinstimmender Auffassung beider Parteien bloß moralischen bzw. sittlichen Pflicht beigelegt werden soll[92]. Hingegen wird ein Vergleich stets dann anzunehmen sein, wenn die eine Partei behauptet, einen rechtlichen Anspruch zu haben, während die andere allenfalls aus Sittlichkeitsgründen verpflichtet zu sein glaubt und schließlich eine solche moralische Verpflichtung eingeht[93]. Gleichgültig ist dabei, ob der erhobene Rechtsanspruch tatsächlich

---

88 Es sei noch der Hinweis *Ritzmanns*, Über den Feststellungsvertrag, S. 65 bemerkt: „Es geht ihnen bei diesem Vertragschluß (also beim Geständnisvertrag) dann nicht um eine materiell-rechtliche Regelung, vielmehr wollen sie damit Vorsorge für eine künftige prozessuale Auseinandersetzung treffen".

89 So *Haase*, JR 1973, 65; *Lorentz* in: Soergel, 12. Aufl., § 779 Rn. 9; *Marburger* in: Staudinger, § 779 Rn. 2; *Müller* in: Erman, § 779 Rn. 3; *Stadler* in: Jauernig, § 779 Rn. 4; *Steffen* in: RGRK, § 779 Rn. 8.

90 Oben a).

91 *Bork*, Der Vergleich, S. 210 ff.; (im Anschluss daran) *Habersack* in: MüKo-BGB, § 779 Rn. 3, *Hammer*, Außergerichtliche Vergleichsvereinbarungen in den USA und in Deutschland, S. 133 f. sowie *Veeser*, Der vollstreckbare Anwaltsvergleich, S. 58; im Ergebnis ebenso *E. Ehmann*, Schuldanerkenntnis und Vergleich, S. 105 sowie *Fischer* in: Bamberger/Roth/Hau/Poseck, § 779 Rn. 11.

92 Z.B. Das Versprechen des vermögenden Freundes, seinem verelenden Freund ein zinsloses Darlehen zu gewähren.

93 Nicht anders lagen die vom RG in JW 1928, 3036 f. sowie in DR (= Deutsches Recht) 1941, 1997 ff. entschiedenen Fälle, worauf u.a. *Bork*, Der Vergleich, S. 210 ff. zu Recht hinweist. Der irreführende Ausdruck „Vergleich über eine moralische Forderung" sollte daher vermieden werden, *Bork*, Der Vergleich, S. 211 („verwirrend").

begründet ist[94]. Die prätendierende Partei braucht nicht einmal ganz davon überzeugt zu sein; erforderlich ist nur, dass ein zumindest von der einen Seite für möglich gehaltener Rechtsanspruch von dieser als solcher vorgebracht wird.

Da es auf die wirkliche (objektive) Rechtslage nicht ankommt, ist unerheblich, ob dem Prätendenten objektiv ein rechtlich erzwingbarer Anspruch zusteht oder ob er lediglich an das Vorhandensein eines solchen glaubt und seinen diesbezüglichen (vermeintlichen) Standpunkt verfolgt. Ein Vertrag, der ein Versprechen der Erfüllung von nach Auffassung beider Parteien rein sittlichen bzw. moralischen Verpflichtungen beinhaltet, ist aber kein Vergleich. Hier fehlt es bereits an einem vergleichsfähigen Regelungsgegenstand.

g) Künftige, bedingte oder betagte Ansprüche

Nach einhelliger Ansicht kommen auch künftige, bedingte oder betagte Ansprüche als Objekt einer vergleichsweisen Regelung in Betracht[95]. Es muss sich freilich um einen (spätestens) im Moment des Vertragsabschlusses hinreichend konkretisierten und individualisierten Anspruch handeln, mit dessen Entstehung sicher gerechnet werden kann (künftige Ansprüche), dessen Entstehung nur noch vom Eintritt eines ungewissen Ereignisses abhängt (bedingte Ansprüche) oder der zwar bereits entstanden, dessen Geltendmachung aber zeitweise aufgeschoben ist (betagte Ansprüche). Der bloße Hinweis, ein Enteignungsrecht könne möglicherweise irgendwann in der Zukunft entstehen, genügt daher nicht[96].

Keinen Vergleich stellt indessen eine Absprache dar, die dazu dienen soll, zu verhindern, dass Streit oder Ungewissheit überhaupt entsteht (sog. „vorsorgliche Rechtsgestaltung“)[97].

---

94 Dazu bereits oben b).

95 U.a. BGH NJW 1972, 157; 1972, 2264, 2265; WM 1972, 1318, 1319; *Bork*, Der Vergleich, S. 208; *Brödermann* in: PWW, § 779 Rn. 4; *Gröschler* in: Soergel, 13. Aufl., § 779 Rn. 8; *Habersack* in: MüKo-BGB, § 779 Rn. 3; *Hammer*, Außergerichtliche Vergleichsvereinbarungen in den USA und in Deutschland, S. 128; *Lorentz* in: Soergel, 12. Aufl., § 779 Rn. 8; *Marburger* in: Staudinger, § 779 Rn. 2; *Veeser*, Der vollstreckbare Anwaltsvergleich, S. 59 ff.; *Sprau* in: Grüneberg, § 779 Rn. 5; *Stadler* in: Jauernig, § 779 Rn. 4; *Steffen* in: RGRK, § 779 Rn. 7.; im Ergebnis ebenso *Fischer* in: Bamberger/Roth/Hau/Poseck, § 779 Rn. 13.

96 Statt vieler *Bork*, Der Vergleich, S. 208 ff.; dagegen etwa *Haase*, JR 1973, 65; *Schmidt*, NJW 1970, 229 f.; *ders.*, MDR 1972, 1025 f.

97 Zur Abgrenzung des Vergleichs von einer bloß vorsorglichen Rechtsgestaltung, *Häsemeyer*, ZZP 108 (1995), 289, 293; ferner *Habersack* in: MüKo-BGB, § 779 Rn. 4;

h) *Prozessrechtsverhältnis als Rechtsverhältnis i.S.d. § 779 Abs. 1 BGB*

Sehr problematisch ist, ob das Prozessrechtsverhältnis als Rechtsverhältnis i.S.d. § 779 Abs. 1 BGB angesehen werden kann.

Diese Frage wird sowohl in der Literatur wie auch in der Rechtsprechung weit überwiegend bejaht[98]. Man scheint sich dabei mit dem schlichten Hinweis, „Der Begriff [des Rechtsverhältnisses i.S.d. § 779 BGB] umfasst das **Prozessrechtsverhältnis** in allen seinen Gestaltungen."[99], zu begnügen, ohne dies weiter zu begründen. Die einschlägigen Entscheidungen beschränken sich ebenfalls darauf, den jeweiligen Inhalt des Vergleichsvertrags (Rücknahme einer Klage oder Rechtsmittelverzicht) zu benennen[100]. Zum Prozessrechtsverhältnis, worüber Streit oder Ungewissheit nach § 779 Abs. 1 BGB bestanden haben muss, wird dagegen schlechthin geschwiegen. Daher wird kaum verwundern, dass vereinzelt unter Hinweis auf die unreflektierte Wiedergabe der dazugehörenden Judikatur die Ansicht vertreten wird, die Annahme der Vergleichsfähigkeit des Prozessrechtsverhältnisses beruhe auf einer „unzulässigen Vermengung

---

Hammer, Außergerichtliche Vergleichsvereinbarungen in den USA und in Deutschland, S. 128.

98 So z.B. RGZ 159, 186, 189 (Rücknahme einer Klage); 102, 217, 219 ff. (Rücknahme einer Klage); BGHZ 28, 45, 48 f. (Rechtsmittelverzicht); BGH NJW-RR 1989, 802 (Rücknahme eines Rechtsmittels unter einer Bedingung); NJW 1989, 39 f. (Rücknahme eines Rechtsmittels); 1964, 549 (Rücknahme einer Klage); 1961, 460 (Rücknahme einer Klage); OLG Karlsruhe OLGRspr. 6 (1903), 8 ff. (Rücknahme eines Rechtsmittels, nämlich der Berufung – und nicht die Zuständigkeit des angerufenen Gerichts – war der Gegenstand des der dort in Rede stehenden Parteivereinbarung, was gelegentlich verkannt wird, so *Bork*, Der Vergleich, S. 213 und *Veeser*, Der vollstreckbare Anwaltsvergleich, S. 62, Fn. 307); OLG Oldenburg in JurBüro 1957, 34; *Gröschler* in: Soergel, 13. Aufl., § 779 Rn. 7; *Habersack* in: MüKo-BGB, § 779 Rn. 15 f.; *Lorentz* in: Soergel, 12. Aufl., § 779 Rn. 9; *Marburger* in: Staudinger, § 779 Rn. 2; *Martini*, MDR 1961, 731, 732 ff. (unter gebührenrechtlichen Aspekten); *Oertmann*, Der Vergleich im gemeinen Civilrecht, S. 85; offengelassen: BGH NJW 1972, 157; *Schnorr v. Carolsfeld*, Beiträge zur Lehre vom Vergleich, S. 3, Fn. 9.

99 So ausdrücklich *Gröschler* in: Soergel, 13. Aufl., § 779 Rn. 7; *Lorentz* in: Soergel, 12. Aufl., § 779 Rn. 9.

100 Ausnahme: OLG Karlsruhe OLGRspr. 6 (1903), 8 ff. Dazu unten Fn. 115.

der Tatbestandsmerkmale [des § 779 BGB]", mithin einer fehlerhaften Subsumtion; Gegenstand des Vergleichsvertrags sei streng von dem des Streits auseinanderzuhalten[101].

Tatsächlich wird ein Prozess unter allen Umständen durch einen (zunächst nur außergerichtlichen) Streit der Parteien um ein materiell-rechtliches Rechtsverhältnis veranlasst, mit dem klägerischen Ziel der (positiven) gerichtlichen Feststellung eines von diesem prätendierten materiellen Rechts. Hieraus folgt jedoch nicht zwingend, dass stets nur um ein materiell-rechtliches Rechtsverhältnis gestritten werden kann – hier sei nur an zivilprozessuale Zwischenstreitigkeiten erinnert –. Unter den *prozessierenden* Parteien herrscht der Streit nämlich in zweifacher Hinsicht: Sie streiten nicht nur über das den Gegenstand des Hauptsacheverfahrens bildende materielle Rechtsverhältnis, sondern auch über prozessuale Fragen, die mit der Klageerhebung (§ 253 Abs. 1 ZPO) aufgeworfen werden und nicht unmittelbar jenes Rechtsverhältnis betreffen. Pauschal lässt sich feststellen, dass mit dem Eintritt der Rechtshängigkeit ein neues zusätzliches Streitobjekt geschaffen wird, das *in abstracto*[102] von dem Streitgegenstand des Hauptsacheverfahrens zu trennen ist; es entsteht das (dreiseitige) Prozessrechtsverhältnis sowohl zwischen den Parteien als Sonderverbindung wie auch zwischen ihnen und dem Gericht[103].

Bülow hat bereits im Jahr 1868 in seiner Monografie „Die Lehre von den Proceßeinreden und die Proceßvoraussetzungen" den (Zivil-)Prozessbegriff dahin erfasst, dass der Prozess ein „stufenweise vorwärtsschreitendes, sich von Schritt zu Schritt entwickelndes [öffentlich-rechtliches] Rechtsverhältnis" sei[104]. In der Folgezeit hat diese Ansicht in der Zivilprozessrechtswissenschaft weitgehenden Beifall gefunden und dürfte heute als ganz herrschend gelten[105]. Demnach ist der Prozess nicht nur eine durch eine ganze Reihe von Partei- sowie Gerichtshandlungen geschaffene, dynamische „Rechtslage" der Parteien in Bezug auf ihr materielles Rechtsverhältnis, die sich als eine unsichere Aussicht auf ein nach Maßgabe des Rechts zu erwartendes Urteil fortentwickelt[106], sondern begründet

---

101 So *Bork*, Der Vergleich, S. 214, 217 ff.; (im Anschluss daran) *Veeser*, Der vollstreckbare Anwaltsvergleich, S. 63.

102 I.S.v. *rein gedanklich besehen*.

103 Statt vieler *Vollkommer* in: Zöller, Einl. Rn. 36.

104 *Bülow*, Die Lehre von den Proceßeinreden und die Proceßvoraussetzungen, S. 1 ff.

105 Statt vieler *Lüke*, ZZP 108 (1995), 427, 433. Zur rechtsgeschichtlichen Entwicklung des Begriffs des Prozessrechtsverhältnisses *Lüke*, ZZP 108 (1995), 427, 428 ff.

106 So aber v.a. *Goldschmidt*, Der Prozeß als Rechtslage, S. 146 ff., 253 ff.; (ihm folgend) *Nakano*, ZZP 79 (1966), 99, 101 ff.

auch rein formale Rechtsbeziehungen zwischen den an ihm beteiligten Subjekten, nämlich sowohl zwischen dem Kläger und dem Beklagten als auch zwischen diesen und dem Gericht; die Gesamtheit solcher prozessualen Beziehungen bildendes (einheitliches) Prozessrechtsverhältnis ist ein vom materiell-rechtlichen (Privat-)Rechtsverhältnis unabhängiges (Sonder-)Verhältnis, aus dem sich neben prozessualen Lasten und Aussichten echte prozessuale Pflichten und Rechte, insbesondere die mit dem sog. Justizgewährungsanspruch der Parteien[107] korrespondierende Pflicht des Gerichts zur Rechtsschutzgewährung ergeben[108].

Ist die Existenz eines Prozessrechtsverhältnisses demzufolge nicht zu leugnen, so sind keine triftigen Gründe dafür ersichtlich, weshalb eine Einigung über rein prozessuale Beziehungen kein Vergleich i.S.d. § 779 BGB sein soll. Insbesondere vermögen die von *Bork*[109] erhobenen Einwände gegen die Vergleichsfähigkeit des Prozessrechtsverhältnisses nicht zu überzeugen: Festzuhalten ist zunächst, dass der Gegenstand eines Rechtsstreits bzw. Prozesses – *formal betrachtet* – immer ein materiell-rechtliches Rechtsverhältnis ist. Die stattfindende gerichtliche Verhandlung betrifft stets dieses Rechtsverhältnis. Damit kann indes nicht gesagt werden, dass die Parteien ausschließlich nur über das zum eigentlichen Streitgegenstand gemachte Rechtsverhältnis des materiellen Rechts streiten[110]. Durch die Klageerhebung i.S.d. § 253 Abs. 1 ZPO entsteht ein dreiseitiges Prozessrechtsverhältnis, woraus ein (unbestreitbar v.a. aus dem Rechtsstaatsprinzip i.S.d. Art. 20 Abs. 3 GG folgender) Anspruch der Parteien auf effektiven Rechtsschutz, darunter ein prozessualer Anspruch des Klägers auf Entscheidung in der Sache durch das Gericht erwächst[111]. Will man dem

---

107 D.h. zivilprozessualer Anspruch der Parteien auf Rechtsschutz, auch Justizanspruch genannt. Näher dazu z.B. *Vollkommer* in: Zöller, Einl. Rn. 30 ff.

108 Hier wird die Auffassung vertreten, dass es sich beim Prozessrechtsverhältnis um ein Dreiecksverhältnis handelt. Es entstehen demnach prozessrechtliche Beziehungen der Parteien zueinander einerseits und zum Gericht andererseits. So insbesondere *Brehm* in: Stein/Jonas, Einl. vor § 1 Rn. 204 ff.; *Hüßtege* in: Thomas/Putzo, Vorbem. zu § 50 Rn. 1; *Lüke*, ZZP 108 (1995), 427, 436; *Musielak* in: Musielak/Voit, Einl. Rn. 55 ff.; *Rauscher* in: MüKo-ZPO, Einl. Rn. 31 ff.; *Vollkommer* in: Zöller, Einl. Rn. 36; ähnlich *Berges*, NJW 1965, 1505, 1508 f., der das Prozessverhältnis als ein „einheitliches Verhandlungsverhältnis *der Parteien*" begreifen, und den Begriff „Gefüge" für jenes verwenden will.

109 *Bork*, Der Vergleich, S. 213 ff.; ebenso *Veeser*, Der vollstreckbare Anwaltsvergleich, S. 63 ff., die sich der Auffassung *Borks* anschließt.

110 So aber *Bork*, Der Vergleich, S. 213; *Veeser*, Der vollstreckbare Anwaltsvergleich, S. 63.

111 So ausdrücklich bereits RGZ 102, 217, 220.

Prozess den Rechtsverhältnischarakter nicht in jeder Beziehung absprechen[112], so darf man annehmen, dass über dieses rein prozessuale Verhältnis stets zumindest *mit*gestritten wird[113]. Streit oder Ungewissheit betreffen jedenfalls u.a. auch den prozessrechtlichen Anspruch des Klägers auf Erlass einer ihm günstigen, rechtskraftfähigen Entscheidung durch das Gericht. Denn ob der Kläger einen solchen (rein prozessualen) Anspruch hat, beurteilt sich im Ergebnis notwendig nach der streitigen materiellen Rechtslage, nämlich danach, ob der von ihm klageweise geltend gemachte materielle Anspruch tatsächlich besteht oder nicht, was natürlich noch gerichtlich festgestellt werden muss. Ungeachtet dieser engen Verknüpfung mit dem materiell-rechtlichen Rechtsverhältnis ist das strittige Prozessrechtsverhältnis stets als von jenem materiell-rechtlichen Verhältnis abstrahiert[114], verselbstständigt zu betrachten. Die Parteien eines anhängigen gewordenen Rechtsstreits streiten demnach in doppelter Hinsicht: Gestritten wird zunächst einmal über das Rechtsverhältnis des materiellen Rechts. Zum anderen streiten die Parteien aber auch über das prozessuale Rechtsverhältnis, das als solches eigenständig durch die Klageerhebung entsteht.

Da die Prozessparteien gleichzeitig zusätzlich darum streiten, ob der Kläger einen prozessrechtlichen Anspruch auf den von ihm im konkreten Rechtsstreit begehrten Rechtsschutz hat, spricht nichts dagegen, anzunehmen, dass sie gerade diesen Streit durch bloße prozessuale Einigung im Wege gegenseitigen Nachgebens beilegen können. Verständigt sich z.B. der Kläger mit dem Beklagten lediglich darauf, dass er seine Klage zurücknimmt, während der Beklagte sämtliche Kosten des Rechtsstreits übernimmt, ohne zugleich das (streitgegenständliche) materiell-rechtliche Rechtsverhältnis klären zu wollen, beseitigt diese rein prozessuale Verständigung gleichwohl den Streit der Parteien über deren durch den aktuell rechtshängigen Prozess geschaffene prozessrechtliche Beziehung[115]. Da

---

112 Auch *Bork* will offensichtlich die Existenz eines Prozessrechtsverhältnisses als solches nicht abstreiten, *Bork*, Der Vergleich, S. 217 f.; in diesem Sinne auch *Veeser*, Der vollstreckbare Anwaltsvergleich, S. 65.

113 A.A.: *Bork*, Der Vergleich, S. 213, 215, 219; *Veeser*, Der vollstreckbare Anwaltsvergleich, S. 63 f.

114 Damit soll gemeint sein, dass auf das den Verfahrensgegenstand bildende materiellrechtliche Rechtsverhältnis gar kein Bezug genommen wird.

115 OLG Karlsruhe OLGRspr. 6 (1903), 8, 9: „Die Parteien sind über ein zwischen ihnen bestehendes zivilrechtliches Verhältnis in Streit geraten, ihre Meinungsverschiedenheiten haben zur Klagerhebung geführt. Durch diesen Akt ist zu dem materiellen Rechtsverhältnis ein formelles, das prozessuale mit seinen eigenen und vielgestaltigen Rechtswirkungen hinzugetreten. [...] Diesen Zwischenstreit [über die Zuständigkeit des angerufenen Gerichts] und damit den ganzen anhängigen Prozess zu beseitigen,

in derartigen Fällen ein Bereinigungswille der Parteien jedenfalls in Bezug auf das prozessuale Rechtsverhältnis bejaht werden kann, muss etwaige Absicht der Parteien, *außergerichtlich* um das materiell-rechtliche Rechtsverhältnis weiter zu streiten, außer Betracht bleiben. Ebenso irrelevant ist, dass ein neuer Prozess in derselben Sache jederzeit möglich ist. Maßgeblich ist allein, dass im Hinblick auf das eigenständige Prozessrechtsverhältnis eine endgültige Bereinigung vorliegt[116].

Die bereits vor Erlass eines Urteils abgegebenen Erklärungen der Parteien, für den Fall des Eintritts einer bestimmten Bedingung auf Rechtsmittel zu verzichten[117], betreffen unmittelbar allein das prozessuale Recht der Parteien auf Einlegung eines Rechtsmittels, genauer auf Ersetzung einer noch ergehenden, möglicherweise ungünstigen Gerichtsentscheidung durch eine günstigere. Der vertragliche Ausschluss des Rechts auf Einlegung eines Rechtsmittels soll die künftig sicher eintretende Streitigkeit bzw. Ungewissheit darüber, ob die durch die gerichtliche Entscheidung beschwerte Partei einen (durchsetzbaren) prozessualen Anspruch auf deren Überprüfung sowie Korrektur hat, endgültig bereinigen. Insoweit besteht kein Anlass, das Vorhandensein des Bereinigungszwecks in Abrede zu stellen[118].

Dementsprechend bestehen keine Bedenken, in der Vereinbarung über die Klagerücknahme (beim Vorliegen sonstiger Voraussetzungen des § 779 BGB) einen Vergleich über das Prozessrechtsverhältnis zu sehen[119]: Die Parteien eines rechtshängig gewordenen Rechtsstreits streiten nicht nur über das materiell-rechtliche Rechtsverhältnis, sondern u.a. auch über die prozessuale Frage, ob der Kläger einen (prozessrechtlichen) Anspruch auf (positive) Feststellung

war der Zweck des fraglichen Übereinkommens. […] Der Begriff ‚Rechtsverhältnis' [i.S.d § 779 BGB] ist so allgemein, daß er auch die mannigfachen, durch die prozessuale Rechtsverfolgung und Rechtsverteidigung sich kraft Gesetzes entwickelnden, mitunter rein formalen Rechtsbezeichnungen mitumfasst."

116 A.A.: *Bork*, Der Vergleich, S. 223.

117 In BGHZ 28, 45 ff. schlossen die Parteien bereits vor Erlass des Scheidungsurteils einen von diesen selbst als Vergleich bezeichneten Vertrag ab, in dem sich beide u.a. verpflichteten, für den Fall einer Scheidung aus beiderseitigem gleichem Verschulden auf Einlegung der Berufung zu verzichten. Der BGH entschied, dass der fragliche Vertrag nicht sittenwidrig (§ 138 Abs. 1 BGB) sei, BGHZ 28, 45, 49 ff.

118 So aber *Bork*, Der Vergleich, S. 219, 223.

119 Dieses Ergebnis wird in BGH NJW 1964, 549 f. (dazu bereits oben Fn. 48) sowie BAG NJW 1979, 2267 f. bestätigt, soweit dort ausgeführt ist, dass die Klagerücknahme vergleichsweise geregelt werden könne.

des von ihm geltend gemachten Rechts, mithin auf Erlass einer ihm günstigen Gerichtsentscheidung hat. Das Versprechen des Klägers, seine bereits erhobene Klage zurückzunehmen, soll gerade diesen (zusätzlichen) Streit über das Prozessrechtsverhältnis beilegen; in Bezug auf dieses Verhältnis soll eine endgültige Bereinigung erreicht werden.

Hält man an dem hier gefundenen Ergebnis fest, dass grundsätzlich auch über das Prozessrechtsverhältnis ein Vergleich i.S.d. § 779 BGB geschlossen werden kann, ist eine Vermischung der Tatbestandsmerkmale „Rechtsverhältnis“ und „Vertragsinhalt“ bzw. „gegenseitiges Nachgeben“ zu verneinen, die nach *Bork* „auf einer unzureichenden ‚Subsumtion‘“ beruhen soll[120]. Zwar trifft uneingeschränkt zu, dass zwischen den Parteien vereinbarte prozessuale Erklärungen wie z.B. die Rücknahme einer Klage[121] oder der Rechtsmittelverzicht[122] den eigentlichen Vergleichs- bzw. Vertragsinhalt bilden[123]. Verkannt wird jedoch, dass solche Erklärungen selbst – soweit ersichtlich – bislang noch von niemand für den Gegenstand von Streit oder Ungewissheit erklärt worden sind. In den einschlägigen Fällen wurde stets auch um das Prozessrechtsverhältnis gestritten, das im konkreten Einzelfall durch die Klageerhebung entstanden war. Dieser Streit wurde sodann durch die Rücknahme der Klage oder durch den Rechtsmittelverzicht beseitigt.

Dass sich der in OLG Oldenburg JurBüro 1957, 34 in Rede stehende Vergleich allein auf das Prozessrechtsverhältnis bezog, wurde schon dargetan: Strittig, daher zu klären war dort u.a. die rein prozessuale Frage, ob der Ehelichkeitsanfechtungsklage ohne die vergleichsweise vereinbarte Klagerücknahme des Klägers stattzugeben gewesen wäre, besser, ob der Kläger einen prozessrechtlichen Anspruch auf Erlass einer für ihn positiven, rechtskraftfähigen Entscheidung hatte[124].

Kommt es im Rahmen eines bereits anhängig gewordenen Rechtsstreits zu einem Zwischenstreit, bei dem es ausschließlich um verfahrensrechtliche Fragen geht, wenn etwa über die Zuständigkeit des Gerichts gestritten wird, und sich die Parteien nachträglich dahin einigen, dass für den Rechtsstreit das konkret

---

120 *Bork*, Der Vergleich, S. 214, 218 f. (Im Anschluss daran) Ferner *Veeser*, Der vollstreckbare Anwaltsvergleich, S. 63.

121 RGZ 102, 217, 219 ff.; BGH NJW 1961, 460.

122 BGHZ 28, 45, 48 f.

123 *Bork*, Der Vergleich, S. 213 f.; *Veeser*, Der vollstreckbare Anwaltsvergleich, S. 63.

124 Dazu oben Fn. 48. A.A.: *Bork*, Der Vergleich, S. 215; *Veeser*, Der vollstreckbare Anwaltsvergleich, S. 64.

angegangene Gericht zuständig sein soll[125], stellt sich beim Vorliegen des gegenseitigen Nachgebens die Frage, ob in einer derartigen „Zwischeneinigung" ein Vergleich i.S.d. § 779 BGB liegen kann.

Abzulehnen sind zunächst die von *Bork* geäußerten Bedenken, es sei sinnlos, den Streit über die für den (Rechts-)Streit geltenden „Spielregeln" selbst als Streit über ein Rechtsverhältnis i.S.d. § 779 BGB aufzufassen[126]: Sicher darf gelten, dass es bei der Frage des Vergleichscharakters von Verträgen nicht entscheidend auf irgendwelche Zweckmäßigkeitserwägungen bzw. Nützlichkeitsgedanken ankommen kann. Maßgeblich für die Einordnung eines Vertrags als Vergleich ist allein, ob in diesem Vertrag die einzelnen Tatbestandsmerkmale des Vergleichs i.S.d. § 779 BGB gefunden werden können; ist dies zu bejahen, liegt stets ein Vergleich i.S.d. Vorschrift vor.

Die „Spielregeln", die beim Durchführen jedes Zivilrechtsstreits zu beobachten sind, sind solche der ZPO, die prozessuale Beziehungen der Parteien zueinander einerseits und zum Gericht andererseits regeln. Dass ein Zwischenstreit ausschließlich diese Beziehungen betrifft, die ihrerseits den Fortgang des Streits der Parteien über ein materiell-rechtliches Rechtsverhältnis bestimmen, bedeutet nun nicht, dass er nur im Gesamtgefüge dieses Hauptsacheverfahrens von Bedeutung sein kann. Bei Zwischenstreiten handelt es sich nicht um ein bloßes Glied- bzw. Begleitphänomen des eigentlichen Rechtsstreits; sie stellen sich vielmehr als verselbstständigte Streite dar, die ausschließlich prozessrechtliche Fragen erfassen[127].

Von daher bestehen keine Bedenken, eine Einigung, mit der ein Zwischenstreit mit rein prozessrechtlichem Charakter im Wege gegenseitigen Nachgebens beigelegt wird, als Vergleich i.S.d. § 779 BGB aufzufassen. Es mag sein, dass solche Zwischeneinigung bisher noch nirgendwo explizit als Vergleich i.S.d. Vorschrift bezeichnet worden ist[128]. Dies dürfte im Ergebnis indes unschädlich sein.

---

125 Hier wird stets das Vorliegen der Voraussetzungen für die Zulässigkeit einer Zuständigkeitsvereinbarung unterstellt. Diese sind: 1. Für das Verfahren darf keine ausschließliche Zuständigkeit begründet sein. 2. Es muss sich um eine vermögensrechtliche Streitigkeit handeln (§ 40 Abs. 2 ZPO).

126 *Bork*, Der Vergleich, S. 217; (ihm folgend) ebenso *Veeser*, Der vollstreckbare Anwaltsvergleich, S. 65.

127 Dies räumt auch *Bork*, Der Vergleich, S. 217 f. selbst ein. Allerdings soll die Verselbstständigung der prozessualen Zwischenverfahren nach *Bork* allein der Beschleunigung des Hauptsacheverfahrens, damit letztlich der Prozessökonomie dienen, *Bork*, Der Vergleich, S. 218.

128 *Bork*, Der Vergleich, S. 217: „Würde der Streit über die Zuständigkeit des Gerichts […] durch eine nachträgliche Gerichtsstandsvereinbarung beigelegt (und dann sofort

Für das Vorliegen eines Vergleichs kommt es nur darauf an, ob ein Vertrag gegeben ist, durch den Streit oder Ungewissheit über ein Rechtsverhältnis im Wege gegenseitigen Nachgebens beseitigt wird.

Diesem Resultat steht auch nicht entgegen, dass Prozesshindernisse beseitigende „Zwischeneinigungen" *kein (echter) Prozessvergleich*[129] *i.S.d. § 794 Abs. 1 Nr. 1 ZPO* sind[130]. Gem. § 794 Abs. 1 Nr. 1 ZPO legt jeder (vollstreckbare) Prozessvergleich wesensnotwendig den Rechtsstreit ganz oder zumindest in Betreff eines Teiles des Streitgegenstandes bei[131]. Hingegen wird der Rechtsstreit durch eine Einigung über den Gegenstand eines Zwischenstreits wie z.B. eine nachträgliche Prorogation auch nicht zum Teil beigelegt; die Streitsache bleibt trotz der Einigung weiter rechtshängig. Deshalb stellt eine derartige (Zwischen-)Einigung keinen Prozessvergleich dar, den § 794 Abs. 1 Nr. 1 ZPO im Auge hat[132]. Dies unterbindet freilich nicht, die das Zwischenurteil i.S.d. § 303 ZPO ersetzende Einigung als Vergleich „überhaupt" aufzufassen, falls die übrigen Vergleichsvoraussetzungen des § 779 BGB vorliegen[133]. Auch sie beendet einen Streit über ein Rechtsverhältnis, nämlich das Prozessrechtsverhältnis.

Schon unter terminologischen Aspekten könnte man erwägen, ob nicht alle in einem anhängigen Prozess abgeschlossenen Vergleiche allgemein in Abgrenzung zum sog. außergerichtlichen Vergleich unter dem Begriff „Prozessvergleich"

---

weiter zur Sache verhandelt), käme niemand auf die Idee, diese Zwischeneinigung als Vergleich aufzufassen."

129 Dieser Begriff hat sich in der deutschen Rechtswissenschaft eingebürgert, *Wolfsteiner* in: MüKo-ZPO, § 794 Rn. 4, der allerdings den Begriff „gerichtlicher Vergleich" als „jetzt besser passend<e>" erachtet und ihn daher bevorzugt verwendet.

130 So *Bork*, Der Vergleich, S. 217 f.; *Bonin*, Der Prozeßvergleich, S. 23, der allerdings derartige Zwischeneinigungen hinsichtlich einer darin vereinbarten Kostenregelung einem Prozessvergleich i.S.d. § 794 Abs. 1 Nr. 1 ZPO gleichsetzen will; *Esser* in: FS für Lehmann Bd. II, 713, 726, Fn. 56; *Lehmann*, Der Prozeßvergleich, S. 108; *Seiler* in: Thomas/Putzo, § 794 Rn. 5; ferner *Paul*, Der Vergleich im Civilprozeß, S. 44 f.

131 Zur Beendigung der Rechtshängigkeit durch den Prozessvergleich nur *Habersack* in: MüKo-BGB, § 779 Rn. 82 sowie *Marburger* in: Staudinger, § 779 Rn. 110.

132 *Bonin*, Der Prozeßvergleich, S. 23; *Esser* in: FS für Lehmann Bd. II, 713, 726, Fn. 56; *Lehmann*, Der Prozeßvergleich, S. 108; *Seiler* in: Thomas/Putzo, § 794 Rn. 5; ferner *Paul*, Der Vergleich im Civilprozeß, S. 45.

133 So schon *Paul*, Der Vergleich im Civilprozeß, S. 45; *Lehmann*, Der Prozeßvergleich, S. 108, der eine Beilegung des Zwischenstreits durch einen Vergleich für möglich hält: „Gewiß kann der Streit über ein einzelnes selbständiges Angriffs- oder Verteidigungsmittel durch einen Vergleich beseitigt werden, falls nur die sonstigen Vergleichsvoraussetzungen gegeben sind."

zusammenzufassen sind[134]. Jedenfalls enthält sich die ZPO jeglicher Begriffsbestimmung, was unter dem Begriff „Prozessvergleich" zu verstehen ist. Gegen ein solches weiteres Verständnis des Terminus „Prozessvergleich" spricht jedoch, dass man seit alters ausschließlich Vergleiche i.S.d. § 794 Abs. 1 Nr. 1 ZPO unter den Begriff des Prozessvergleichs zu fassen pflegt. Es erscheint daher - nicht zuletzt im Interesse begrifflicher Präzision - ratsamer, die hier erörterten Zwischeneinigungen anderweitig zu benennen: Im Unterschied zum (Prozess-)Vergleich i.S.d. § 794 Abs. 1 Nr. 1 ZPO lassen sich derartige Einigungen bedenkenlos als Zwischenvergleich bezeichnen[135].

Freilich wird ein prozessualer Zwischenstreit regelmäßig deshalb nicht durch Parteivereinbarungen beendet werden können, da der Gegenstand des Zwischenstreits der Parteidisposition entzogen ist[136]. Ist dies dagegen (ausnahmsweise) nicht der Fall, z.B. beim Zwischenstreit über den nicht ausschließlichen Gerichtsstand, so stellt die unter gegenseitigem Nachgeben zustande gekommene Einigung einen Zwischenvergleich über das Prozessrechtsverhältnis dar.

Schließlich verträgt sich die Vergleichsfähigkeit des Prozessrechtsverhältnisses auch mit dem Erfordernis der Dispositionsbefugnis der Parteien über den Vergleichsgegenstand. Der die deutsche ZPO beherrschende Dispositionsgrundsatz besagt, dass die Parteien befugt sind, über Inhalt und Gang des Zivilprozesses *im Ganzen* zu verfügen (sog. Parteiherrschaft über das Zivilverfahren)[137].

Als Ergebnis darf somit festgehalten werden, dass das Prozessrechtsverhältnis als solches ein Rechtsverhältnis i.S.d. § 779 Abs. 1 BGB ist. Dadurch, dass die Parteien ein gerichtliches Verfahren einleiten, schaffen sie ein neues zusätzliches Streitobjekt, und zwar das Prozessrechtsverhältnis, das gegebenenfalls vergleichsweise geregelt werden kann. Auch ein Vertrag, der zur Beilegung eines

---

134 Dafür: Etwa *Paul*, Der Vergleich im Civilprozeß, S. 44 f. Offenbar dagegen: U.a. *Bonin*, Der Prozeßvergleich, S. 1 ff. (9, 22 f.); *Esser* in: FS für Lehmann Bd. II, 713, 726, Fn. 56; *Lehmann*, Der Prozeßvergleich, S. 8 ff. (42 ff., 108).

135 So ausdrücklich *Paul*, Der Vergleich im Civilprozeß, S. 45; ähnlich *Seiler* in: Thomas/Putzo, § 794 Rn. 5 („prozessuale od materiell-rechtliche Gegenstände"); demgegenüber will u.a. *Esser* in: FS für Lehmann Bd. II, 713, 726, Fn. 56 einen Vergleich „über eine einstweilige Regelung des Streitverhältnisses" (z.B. im einstweiligen Verfügungsverfahren nach den §§ 935 oder 940 ZPO) als Zwischenvergleich begreifen. Ebenso *Bork*, Der Vergleich, S. 215, Fn. 44.

136 U.a. *Bonin*, Der Prozeßvergleich, S. 22. Prozess- bzw. Sachurteilsvoraussetzungen unterliegen meistens nicht der Dispositionsmacht der Parteien. Zum Erfordernis der Dispositionsbefugnis über den Vergleichsgegenstand bereits oben c).

137 Statt vieler *Rauscher* in: MüKo-ZPO, Einl. Rn. 337 f.

Zwischenstreits im Wege gegenseitigen Nachgebens abgeschlossen wird, ist ein materiell-rechtlicher Vergleich i.S.d. § 779 BGB.

Nur am Rande sei erwähnt, dass auch der Wortlaut des § 779 BGB der Vergleichsfähigkeit des Prozessrechtsverhältnisses nicht entgegensteht; jedenfalls geht daraus nicht unmittelbar hervor, dass nur ein materiell-rechtliches Rechtsverhältnis Gegenstand eines Vergleichs sein kann.

2. Streit oder Ungewissheit (§ 779 Abs. 1 BGB)

Ein Vergleich setzt weiterhin voraus, dass zum Zeitpunkt des Vergleichsschlusses über das den Gegenstand des Vergleichs bildende Rechtsverhältnis „Streit oder Ungewissheit" herrscht[138].

„Streit" bedeutet, dass die Parteien voneinander divergierende, gegensätzliche Standpunkte zur Sach- sowie Rechtslage vertreten und diese als ihre Auffassungen vorbringen[139]. Dafür genügt, dass jede Partei gegenüber dem entgegengesetzten Standpunkt der anderen „ernstlich" an ihrem eigenen festhält, wobei sie nicht wirklich von der Richtigkeit ihrer Prätention überzeugt sein muss; Streit ist grundsätzlich auch dann zu bejahen, wenn eine Partei bewusst falsche

---

138 BGHZ 66, 250, 255; BGH NJW-RR 1994, 434, 435; LG Frankenthal, JurBüro 1987, 870, 871; *Bork*, Der Vergleich, S. 231 ff., 238 f.; *E. Ehmann*, Schuldanerkenntnis und Vergleich, S. 108; *Fischer* in: Bamberger/Roth/Hau/Poseck, § 779 Rn. 10; *Gröschler* in: Soergel, 13. Aufl., § 779 Rn. 23; *Habersack* in: MüKo-BGB, § 779 Rn. 25; *Hammer*, Außergerichtliche Vergleichsvereinbarungen in den USA und in Deutschland, S. 134; *Lorentz* in: Soergel, 12. Aufl., § 779 Rn. 23; *Marburger*, Das kausale Schuldanerkenntnis als einseitiger Feststellungsvertrag, S. 104; *ders.* in: Staudinger, § 779 Rn. 22, 25; *Müller* in: Erman, § 779 Rn. 15; *Schnorr v. Carolsfeld*, Beiträge zur Lehre vom Vergleich, S. 20; a.A.: *Häsemeyer*, ZZP 108 (1995), 289, 293, der es für genügend hält, dass künftige Rechtsungewissheit oder Streit jetzt „vorbeugend" beseitigt werden.

139 RG DR (= Deutsches Recht) 1941, 1997 f.; *Bork*, Der Vergleich, S. 232; *Brödermann* in: PWW, § 779 Rn. 10; *E. Ehmann*, Schuldanerkenntnis und Vergleich, S. 108; *Fischer* in: Bamberger/Roth/Hau/Poseck, § 779 Rn. 12; *Gröschler* in: Soergel, 13. Aufl., § 779 Rn. 23; *Habersack* in: MüKo-BGB, § 779 Rn. 25; *Hammer*, Außergerichtliche Vergleichsvereinbarungen in den USA und in Deutschland, S. 134; *Lorentz* in: Soergel, 12. Aufl., § 779 Rn. 23; *Marburger*, Das kausale Schuldanerkenntnis als einseitiger Feststellungsvertrag, S. 103; *ders.* in: Staudinger, § 779 Rn. 22; *Müller* in: Erman, § 779 Rn. 17; *Oertmann*, Der Vergleich im gemeinen Civilrecht, S. 57; *Schnorr v. Carolsfeld*, Beiträge zur Lehre vom Vergleich, S. 15; *Stadler* in: Jauernig, § 779 Rn. 6; *Steffen* in: RGRK, § 779 Rn. 3; *Tägert*, Beiträge zur Theorie des Feststellungsvertrages, S. 18; *Veeser*, Der vollstreckbare Anwaltsvergleich, S. 72 f.

Behauptungen über das Rechtsverhältnis aufstellt[140]. Ebenso wenig ändert etwas am Begriff des Vergleichs, dass der Gegner weiß, dass die andere Partei selbst ihre eigene Behauptung anzweifelt[141]. Bereits aus dem Gesetzeswortlaut, der Streit oder Ungewissheit *der Parteien* verlangt, ergibt sich, dass es allein auf die subjektive Sicht der Parteien ankommt. Unerheblich ist daher auch, ob objektiv eine unübersichtliche Rechtslage besteht, die auch für einen rechtskundigen Dritten nicht „sofort" zu beurteilen wäre[142]. Andererseits ist für den Vergleich zu fordern, dass zwischen den Vergleichsparteien ein ernsthafter Streit bestehen muss[143]. Wird der Streit von den Vertragspartnern bloß fingiert, so ist der abgeschlossene Vertrag mangels des Tatbestandsmerkmals „Streit" kein Vergleich[144].

---

140 RG DR (= Deutsches Recht) 1941, 1997, 1998; *Bork*, Der Vergleich, S. 233; *E. Ehmann*, Schuldanerkenntnis und Vergleich, S. 108; *Hammer*, Außergerichtliche Vergleichsvereinbarungen in den USA und in Deutschland, S. 135; *Marburger*, Das kausale Schuldanerkenntnis als einseitiger Feststellungsvertrag, S. 103; *ders.* in: Staudinger, § 779 Rn. 22; *Oertmann*, Der Vergleich im gemeinen Civilrecht, S. 58; *Schnorr v. Carolsfeld*, Beiträge zur Lehre vom Vergleich, S. 15. In diesen Fällen können u.U. die §§ 123, 138, 826 BGB Anwendung finden, RG DR (= Deutsches Recht) 1941, 1997, 1998; *Bork*, Der Vergleich, S. 233 f.; *E. Ehmann*, Schuldanerkenntnis und Vergleich, S. 108; *Oertmann*, Der Vergleich im gemeinen Civilrecht, S. 58 f.

141 *Bork*, Der Vergleich, S. 233; *Schnorr v. Carolsfeld*, Beiträge zur Lehre vom Vergleich, S. 15.

142 RG JW 1901, 138; *Bork*, Der Vergleich, S. 232 f.; *E. Ehmann*, Schuldanerkenntnis und Vergleich, S. 108; *Habersack* in: MüKo-BGB § 779 Rn. 25; *Hammer*, Außergerichtliche Vergleichsvereinbarungen in den USA und in Deutschland, S. 134; *Marburger*, Das kausale Schuldanerkenntnis als einseitiger Feststellungsvertrag, S. 103; *ders.* in: Staudinger, § 779 Rn. 22; *Müller* in Erman, § 779 Rn. 17; *Schnorr v. Carolsfeld*, Beiträge zur Lehre vom Vergleich, S. 16; *Stadler* in: Jauernig, § 779 Rn. 6; *Steffen* in: RGRK, § 779 Rn. 3; *Veeser*, Der vollstreckbare Anwaltsvergleich, S. 73. Dagegen: Z.B. BGHZ 65, 147, 151; 16, 296, 303; 3, 193, 197. In den genannten Entscheidungen legte der BGH bei der Beurteilung der Erfüllung der Tatbestandsmerkmale „Streit oder Ungewissheit" einen objektivierten Maßstab an und stellte ausdrücklich darauf ab, ob „auch bei objektiver Beurteilung" ernsthafte Zweifel unter den Parteien herrschen könnten. Hierzu auch *Breetzke*, NJW 1969, 1408 und *Hammer*, Außergerichtliche Vergleichsvereinbarungen in den USA und in Deutschland, S. 135 f.

143 „Die Parteien müssen ernstlich streiten.", dazu *Bork*, Der Vergleich, S. 233; *Hammer*, Außergerichtliche Vergleichsvereinbarungen in den USA und in Deutschland, S. 134 f.; *Marburger*, Das kausale Schuldanerkenntnis als einseitiger Feststellungsvertrag, S. 103; *ders.* in: Staudinger, § 779 Rn. 22; *Schnorr v. Carolsfeld*, Beiträge zur Lehre vom Vergleich, S. 15; *Veeser*, Der vollstreckbare Anwaltsvergleich, S. 73.

144 Zum sog. „Scheinvergleich" *Bork*, Der Vergleich, S. 233; *Hammer*, Außergerichtliche Vergleichsvereinbarungen in den USA und in Deutschland, S. 134 f.; *Marburger*

Die Parteien können über das Rechtsverhältnis als Ganzes streiten, so z.B., wenn die Existenz eines Vertragsverhältnisses streitig ist. Möglich ist aber auch, dass der Streit nur Teile eines Rechtsverhältnisses erfasst; Gegenstand des Streits können auch einzelne Modalitäten einer Leistung wie Fälligkeit, Leistungsort, Verzinsung oder das Bestehen von Einwendungen oder Einreden usw. sein[145].

Schließlich braucht der Streit nicht in einem förmlichen Verfahren ausgetragen zu werden[146].

Im Ungewissen sind sich die Parteien über ein Rechtsverhältnis, wenn darüber in tatsächlicher oder rechtlicher Hinsicht aus deren Sicht keine Klarheit herrscht[147]. Ungewissheit beruht also auf subjektiven Zweifeln tatsächlicher oder

---

in: Staudinger, § 779 Rn. 22; *Oertmann*, Der Vergleich im gemeinen Civilrecht, S. 56 (möglicherweise „nur eine Schenkung"); *Schnorr v. Carolsfeld*, Beiträge zur Lehre vom Vergleich, S. 20; *Veeser*, Der vollstreckbare Anwaltsvergleich, S. 73.

145 RGZ 117, 306, 308 (Aufwertungsanspruchshöhe); RG Gruchot 47, 934, 936 (Verjährungseinrede); BGHZ 61, 153, 157 (Diensterfindervergütungshöhe); BGH NJW-RR 1992, 363 f. (Wertersatzhöhe); WM 1971, 1511 (Entschädigungshöhe); *Fischer* in: Bamberger/Roth/Hau/Poseck, § 779 Rn. 11; *Gröschler* in: Soergel, 13. Aufl., § 779 Rn. 23; *Habersack* in: MüKo-BGB, § 779 Rn. 25; *Lorentz* in: Soergel, 12. Aufl., § 779 Rn. 23; *Marburger*, Das kausale Schuldanerkenntnis als einseitiger Feststellungsvertrag, S. 103; *ders.* in: Staudinger, § 779 Rn. 25; *Müller* in: Erman, § 779 Rn. 18; *Schnorr v. Carolsfeld*, Beiträge zur Lehre vom Vergleich, S. 16; *Sprau* in: Grüneberg, § 779 Rn. 4; *Stadler* in: Jauernig, § 779 Rn. 6 („Umfang gleichgültig"); *Steffen* in: RGRK, § 779 Rn. 5.

146 *Bork*, Der Vergleich, S. 232; *Marburger*, Das kausale Schuldanerkenntnis als einseitiger Feststellungsvertrag, S. 103; *ders.* in: Staudinger, § 779 Rn. 22; *Rietsch*, Der besondere Voraussetzungstatbestand beim Vergleich, S. 38; *Schnorr v. Carolsfeld*, Beiträge zur Lehre vom Vergleich, S. 15; *Tägert*, Beiträge zur Theorie des Feststellungsvertrages, S. 20.

147 Heute dürfte diese Ansicht als einhellig gelten: RG DR (= Deutsches Recht) 1941, 1997, 1998; BGH NJW-RR 1992, 363; *Bork*, Der Vergleich, S. 234; *Brödermann* in: PWW, § 779 Rn. 10; *Gröschler* in: Soergel, 13. Aufl., § 779 Rn. 23; *Hammer*, Außergerichtliche Vergleichsvereinbarungen in den USA und in Deutschland, S. 136; *Lorentz* in: Soergel, 12. Aufl., § 779 Rn. 23; *Marburger*, Das kausale Schuldanerkenntnis als einseitiger Feststellungsvertrag, S. 103; *ders.* in: Staudinger, § 779 Rn. 23; *Pikart*, WM 1967, 590, 591 f.; *Schnorr v. Carolsfeld*, Beiträge zur Lehre vom Vergleich, S. 16, 19; *Sprau* in: Grüneberg, § 779 Rn. 4; *Stadler* in: Jauernig, § 779 Rn. 6 f.; *Steffen* in: RGRK, § 779 Rn. 4; *Veeser*, Der vollstreckbare Anwaltsvergleich, S. 73. Ungenau: BGH NJW-RR 2007, 263, 264 Rn. 16 f. Dort war zu klären, ob der betreffende Vergleich über eine Restwerklohnforderung gem. § 134 InsO anfechtbar war. Der BGH stellte lediglich dahin gehende Vermutung an, dass das gegenseitige Nachgeben i.S.d § 779 BGB *im Regelfall* angenommen werden könne, wenn bei verständiger Würdigung des Sachverhalts oder

rechtlicher Art. Ein Vergleich setzt somit keine objektiv bestehende Unklarheit über ein Rechtsverhältnis voraus; die Parteien können sich auch bei unverständiger, vermeintlicher Ungewissheit vergleichen[148]. Ein Vergleichsabschluss ist grundsätzlich sogar bei vorsätzlich herbeigeführter Ungewissheit möglich[149]. Andererseits reicht eine bloß objektive Ungewissheit nicht aus, um den in dieser Situation von den Parteien abgeschlossenen Vertrag als Vergleich zu qualifizieren, wenn die Parteien die Rechtslage klarsehen[150]. Abgesehen davon, dass diese eine objektiv herrschende Unklarheit praktisch in fast aller Regel merken werden[151], folgt schon aus dem Wortlaut des § 779 Abs. 1 BGB („Ungewissheit *der Parteien*"), dass gerade unter ihnen Zweifel bestehen müssen[152].

Es entspricht einer ganz weit verbreiteten Ansicht, auch die nur seitens eines Vertragspartners vorhandene subjektive Ungewissheit genüge für den Abschluss eines Vergleichs[153]. Teilweise wird dabei im Hinblick auf den Bereinigungszweck

---

der Rechtslage eine Ungewissheit bestanden habe. § 55 VwVfG enthält eine dahin gehende Legaldefinition des Vergleichs.

148 Statt vieler *Bork*, Der Vergleich, S. 234 f.

149 *Bork*, Der Vergleich, S. 235; *Schnorr v. Carolsfeld*, Beiträge zur Lehre vom Vergleich, S. 18; ferner KG KGBl. 1898, 56, 57: Die Höhe des dem Grunde nach unstreitigen Abfindungs- oder Verpflegungsanspruchs war deshalb ungewiss, weil die Vergleichsparteien nach Maßgabe der einschlägigen gesetzlichen Bestimmungen erforderliche Ermittlungen und Feststellungen – wissentlich – unterließen.

150 *Bork*, Der Vergleich, S. 234; *Marburger*, Das kausale Schuldanerkenntnis als einseitiger Feststellungsvertrag, S. 104; *ders.* in: Staudinger, § 779 Rn. 23; *Oertmann*, Der Vergleich im gemeinen Civilrecht, S. 59; *Schnorr v. Carolsfeld*, Beiträge zur Lehre vom Vergleich, S. 19.

151 So *Oertmann*, Der Vergleich im gemeinen Civilrecht, S. 59; ferner *Marburger* in: Staudinger, § 779 Rn. 23: Der Fall sei kaum denkbar. Abweichend *Schnorr v. Carolsfeld*, Beiträge zur Lehre vom Vergleich, S. 19: Es fehlt am gegenseitigen Nachgeben.

152 Statt aller *Bork*, Der Vergleich, S. 234; *Marburger*, Das kausale Schuldanerkenntnis als einseitiger Feststellungsvertrag, S. 104; *ders.* in: Staudinger, § 779 Rn. 23.

153 RG DR (= Deutsches Recht) 1941, 1997 f.; OLG Braunschweig OLGRspr. 25, 4, 5; *Gröschler* in: Soergel, 13. Aufl., § 779 Rn. 23; *Hammer*, Außergerichtliche Vergleichsvereinbarungen in den USA und in Deutschland, S. 136; *Lorentz* in: Soergel, 12. Aufl., § 779 Rn. 23; *Marburger* in: Staudinger, § 779 Rn. 23; *Müller* in: Erman, § 779 Rn. 15; *Schnorr v. Carolsfeld*, Beiträge zur Lehre vom Vergleich, S. 17 f.; *Steffen* in: RGRK, § 779 Rn. 4; *Veeser*, Der vollstreckbare Anwaltsvergleich, S. 73. Eine Zusammenfassung der verschiedenen Ansichten findet sich bei *Strohe*, Die gebührenrechtliche Problematik des außergerichtlichen Vergleichs gemäß § 779 BGB, S. 20 f.

des Vergleichs gefordert, dass die Zweifel der einen Partei der anderen bewusst bzw. bekannt sein müssen[154].

Geht man zunächst vom Wortlaut des § 779 Abs. 1 BGB „Ungewissheit *der* ***Parteien***“ aus, dürfte schwer anzuzweifeln sein, dass ein Vergleich danach stets beiderseitige Ungewissheit voraussetzt[155]. Überdies ist m.E. schon sehr fraglich, ob eine Fallkonstellation überhaupt möglich ist, in der sich die Ungewissheit in der Person der nur einen Partei befindet: Wenn also der Gläubiger meint, sich seiner Forderung ganz sicher zu sein und der Schuldner dagegen zweifelt, so muss man im Ergebnis sagen können, dass die anfänglich (subjektiv) gewisse Forderung des Ersteren allein schon durch die Zweifel des Letzteren zu einer ungewissen wird. Denn auch in diesem Fall ist eine (möglicherweise streitige) Auseinandersetzung nicht völlig ausgeschlossen. Immerhin dürfte die (subjektiv) sichere Forderung nunmehr als dem unsicheren Ausgang eines Prozesses ausgesetzt gelten. Insbesondere wird die Beweisführung nicht ohne Weiteres durch den Gläubiger zu bewältigen sein. Hinzu kommt, dass der Erlass eines materiell unrichtigen Urteils in der Praxis nicht ganz selten vorkommt. Unbestreitbar kann man den Ausgang eines Prozesses niemals mit absoluter Sicherheit voraussehen. All diese Umstände machen die sichere Forderung zu einer unsicheren und bewirken damit eine (gemeinsame) Ungewissheit aufseiten beider Parteien[156]. Von einer subjektiven Gewissheit der einen Partei kann keine

---

154 *Bork*, Der Vergleich, S. 235; *Habersack* in: MüKo-BGB, § 779 Rn. 25; *Sprau* in: Grüneberg, § 779 Rn. 4; *Strohe*, Die gebührenrechtliche Problematik des außergerichtlichen Vergleichs gemäß § 779 BGB, S. 22. Allerdings ist das (zusätzliche) Erfordernis der Kenntnis schon deshalb als überflüssig anzusehen, weil der sicheren Partei aufgrund von Vertragsverhandlungen die Unsicherheit der anderen stets bekannt sein muss, ähnlich *Strohe*, Die gebührenrechtliche Problematik des außergerichtlichen Vergleichs gemäß § 779 BGB, S. 22. Im Übrigen sei hier vermerkt: Die gewöhnlich zitierte Entscheidung des BVerwG in NJW 1979, 327, 330 betrifft streng genommen nicht den Fall einer nur einseitigen Ungewissheit. Zwar führte das Gericht aus, dass die „den Beteiligten übereinstimmend bewusste“ Ungewissheit sowie deren Überwindung Wesensmerkmal des Vergleichs darstellen würden. Ausschlaggebend war jedoch, dass beim Abschluss des dort in Rede stehenden Vergleichs unter den daran Beteiligten gar keine Ungewissheit (über ein künftiges Uferbauverbot) bestanden hatte.

155 Unter Berufung auf den Gesetzeswortlaut („*der Parteien*“) verlangt *Hedemann*, Der Vergleichsirrtum nach dem Recht des Deutschen Reiches, S. 65 auch für § 779 Abs. 2 BGB beiderseitige Unsicherheit.

156 Abweichend: *Rietsch*, Der besondere Voraussetzungstatbestand beim Vergleich, S. 39 f., der alle genannten Umstände bloß als entfernte Möglichkeiten ansieht, die keinen berechtigten Zweifel zu begründen vermögen sollen.

Rede sein, solange die Gegenpartei zweifelt und in Bezug auf die Rechtslage unsicher ist. Zum Wesen der Gewissheit gehört notwendig die Anerkennung des Gegners[157] und an einer solchen fehlt es, wenn der eine Kontrahent die Rechtslage nicht als zweifelsfrei feststehend betrachtet.

Als Fazit lässt sich folglich festhalten: § 779 Abs. 1 BGB setzt für jeden Vergleich beiderseitige Ungewissheit voraus. Ungewissheit lediglich bei einer Partei bedeutet in Wirklichkeit Ungewissheit beider Parteien. Allein dadurch, dass der Gegner nicht sicher weiß (und die Rechtslage infrage stellt), wird der von der anderen Partei als gewiss angenommene Anspruch zu einem zumindest in der Geltendmachung ungewissen[158].

Da ein Streit zwangsläufig Ungewissheit (jedenfalls über seinen Ausgang) zur Folge hat[159], hätte man auf das Tatbestandsmerkmal „Streit" verzichten können[160]. Andererseits können sich die Parteien auch im Ungewissen sein, ohne dass zugleich ein Streit herrscht[161], insbesondere über die zukünftige

---

157 So ausdrücklich *Oertmann*, Der Vergleich im gemeinen Civilrecht, S. 57 f., der dies freilich nur auf streitige Ansprüche bezieht.

158 Es sei noch Folgendes bemerkt: Die von *Schnorr v. Carolsfeld*, Beiträge zur Lehre vom Vergleich 17 f. erwogene Vergleichsmöglichkeit im Fall, in dem sich der Gläubiger über seine Forderung im Unklaren ist, während der Schuldner sicher weiß, jenem zur Zahlung verpflichtet zu sein, ist rein theoretischer Natur. In einem solchen Fall wird der Schuldner stets geneigt sein, das Bestreiten seiner Schuld zu versuchen, statt sich mit dem Gläubiger zu vergleichen.

159 So ausdrücklich *E. Ehmann*, Schuldanerkenntnis und Vergleich, S. 108; *Marburger*, Das kausale Schuldanerkenntnis als einseitiger Feststellungsvertrag, S. 103 f.; *ders.* in: Staudinger, § 779 Rn. 24; *Oertmann*, Der Vergleich im gemeinen Civilrecht, S. 57 f.; *Strohe*, Die gebührenrechtliche Problematik des außergerichtlichen Vergleichs gemäß § 779 BGB, S. 23. A.A.: Z.B. *Schnorr v. Carolsfeld*, Beiträge zur Lehre vom Vergleich, S. 17, der Mischformen zwischen Streit und Ungewissheit anerkennen will.

160 *Strohe*, Die gebührenrechtliche Problematik des außergerichtlichen Vergleichs gemäß § 779 BGB, S. 23 (das Tatbestandsmerkmal des Streits sei überflüssig); *E. Ehmann*, Schuldanerkenntnis und Vergleich, S. 108 (das Tatbestandsmerkmal der Ungewissheit sei für den Vergleich hinreichend). Hintergrund der Beibehaltung des Tatbestandsmerkmals „Streit" ist die gesetzgeberische Klarstellung, dass neben Streit auch bloße Ungewissheit über ein Rechtsverhältnis als Grundlage eines Vergleichs ausreicht, was vor Inkrafttreten des BGB umstritten war, hierzu *Hedemann*, Der Vergleichsirrtum nach dem Recht des Deutschen Reiches, S. 62 f. und *Strohe*, Die gebührenrechtliche Problematik des außergerichtlichen Vergleichs gemäß § 779 BGB, S. 23.

161 *Fischer* in: Bamberger/Roth/Hau/Poseck, § 779 Rn. 13; *Habersack* in: MüKo-BGB, § 779 Rn. 25; *Marburger*, Das kausale Schuldanerkenntnis als einseitiger

Rechtsentwicklung[162].

3. Unsicherheit der Rechtsverwirklichung (§ 779 Abs. 2 BGB)

Der Ungewissheit über ein Rechtsverhältnis stellt § 779 Abs. 2 BGB die hinsichtlich der tatsächlichen Durchsetzbarkeit eines Anspruchs bestehende Unsicherheit gleich. Der im Entwurf der ersten Lesung noch nicht enthaltene heutige § 779 Abs. 2 BGB wurde erst in den Entwurf der zweiten Lesung aufgenommen[163], nachdem kritisiert worden war, dass die im ersten Entwurf vorgeschlagene Begriffsbestimmung des Vergleichs zu eng sei[164]. Dem neuen Abs. 2 kam demnach nur Verdeutlichungsfunktion zu[165]. Der ursprünglichen gesetzgeberischen Vorstellung entspricht, dass „Ungewissheit" auch dann vorliege, wenn ein an sich gewisser und bestimmter Anspruch z.B. infolge der drohenden bzw. bereits eingetretenen Zahlungsunfähigkeit des Schuldners oder der zu befürchtenden Aussichtslosigkeit einer Vollstreckung in seiner Durchsetzung gefährdet ist[166]. § 779 Abs. 2 BGB enthält daher eine bloße Ergänzung der Vergleichsdefinition des Abs. 1 und erschöpft sich darin, diesen klarzustellen[167]. Das Wort „Unsicherheit" hat dabei die gleiche Bedeutung wie das „Ungewissheit"[168].

Feststellungsvertrag, S. 104; *ders.* in: Staudinger, § 779 Rn. 24; *Sprau* in: Grüneberg, § 779 Rn. 4.

162 So RGZ 117, 306, 310 (Aufwertungsanspruch); BGH WM 1963, 288, 289 (Lastenausgleichsverbindlichkeit).

163 *Hedemann*, Der Vergleichsirrtum nach dem Recht des Deutschen Reiches, S. 61; skeptisch gegenüber der Aufnahme des Abs. 2 jedoch *Lehmann*, Der Prozeßvergleich, S. 94, Fn. 17, der meint, man hätte besser in der ZPO einen weiteren Begriff des Prozessvergleichs festlegen sollen.

164 So namentlich *Fischer*, Recht und Rechtsschutz, S. 41.

165 Protokolle der Kommission für die zweite Lesung des Entwurfs des Bürgerlichen Gesetzbuchs, Band II, Berlin, 1898, S. 527 („eine zweckmäßige und zur Abschneidung von Zweifeln empfehlenswerthe Verdeutlichung des Entw.").

166 Motive zu dem Entwurf eines BGB für das Deutsche Reich, Band II, Berlin/Leipzig, 1888, S. 651.

167 *Bork*, Der Vergleich, S. 236; *Marburger* in: Staudinger, § 779 Rn. 26; *Steffen* in: RGRK, § 779 Rn. 1, 6; *Strohe*, Die gebührenrechtliche Problematik des außergerichtlichen Vergleichs gemäß § 779 BGB, S. 22; *Veeser*, Der vollstreckbare Anwaltsvergleich, S. 74; ferner *Hedemann*, Der Vergleichsirrtum nach dem Recht des Deutschen Reiches, S. 64. A.A.: *Schnorr v. Carolsfeld*, Beiträge zur Lehre vom Vergleich, S. 21 f. (Abs. 2 habe einen eigenständigen, von Abs. 1 trennbaren Regelungsgehalt).

168 So ausdrücklich *Bork*, Der Vergleich, S. 236; *Marburger* in: Staudinger, § 779 Rn. 26; ferner *Hedemann*, Der Vergleichsirrtum nach dem Recht des Deutschen Reiches, S. 64.

§ 779 Abs. 2 BGB umfasst mithin diejenigen Fälle, in denen lediglich die tatsächliche Realisierbarkeit eines an sich unbestrittenen, feststehenden Anspruchs unsicher ist[169], etwa wenn die Leistungsfähigkeit des Schuldners oder der Erfolg der Zwangsvollstreckung zweifelhaft ist[170]. Hingegen dürfte Abs. 1 einschlägig sein, wenn sich die Unsicherheit auf die Erbringbarkeit von in einem Prozess erforderlichen Beweisen[171] oder auf aus einer schwankenden Rechtsprechung resultierende Prozessergebnisse[172] bezieht. Ob Abs. 1 oder Abs. 2 des § 779 BGB im konkreten Einzelfall gegeben ist, ist angesichts der Gleichstellung der beiden Vorschriften indes ohne besondere praktische Relevanz[173].

Die Unsicherheit der Anspruchsverwirklichung dürfte in den meisten Fällen nur auf der Seite des Gläubigers bestehen; bei drohender bzw. bereits eingetretener Zahlungsunfähigkeit wird der Schuldner kaum Zweifel hegen, ob der vom Gläubiger erhobene Anspruch erfüllbar ist oder nicht[174]. Hier muss man daher die subjektive Ungewissheit nur einer Partei genügen lassen[175], da andernfalls

---

169 *Bork*, Der Vergleich, S. 236; *Hedemann*, Der Vergleichsirrtum nach dem Recht des Deutschen Reiches, S. 64; *Strohe*, Die gebührenrechtliche Problematik des außergerichtlichen Vergleichs gemäß § 779 BGB, S. 22; *Veeser*, Der vollstreckbare Anwaltsvergleich, S. 74. Anders: Z.B. RG DR (= Deutsches Recht) 1941, 1997, 1998, wo schon der Anspruch als solcher ungewiss war.

170 BGHZ 116, 319, 330 (drohende Zahlungsunfähigkeit des Schuldners); *Bork*, Der Vergleich, S. 236; *Gröschler* in: Soergel, 13. Aufl., § 779 Rn. 24; *Habersack* in: MüKo-BGB, § 779 Rn. 26; *Hammer*, Außergerichtliche Vergleichsvereinbarungen in den USA und in Deutschland, S. 136; *Lorentz* in: Soergel, 12. Aufl., § 779 Rn. 24; *Marburger* in: Staudinger, § 779 Rn. 26; *Müller* in: Erman, § 779 Rn. 16; *Steffen* in: RGRK, § 779 Rn. 6.

171 Für Abs. 2: *Bork*, Der Vergleich, S. 236; *Marburger* in: Staudinger, § 779 Rn. 26; *Müller* in: Erman, § 779 Rn. 16; *Steffen* in: RGRK, § 779 Rn. 6. Offengelassen: *Habersack* in: MüKo-BGB, § 779 Rn. 26. Dagegen spricht, dass § 779 Abs. 2 BGB solche Fälle betrifft, in denen der Anspruch als solcher feststeht, d.h. vom Schuldner nicht bestritten wird bzw. nicht mehr bestritten werden kann. Eines Beweises bedürfen jedoch nur streitige Tatsachen. Wenn anspruchsbegründende Tatsachen unter den Parteien streitig sind (und daher Beweise erhoben werden müssen), liegt ein an sich streitiger Anspruch vor, was in den Anwendungsbereich des Abs. 1, nicht des Abs. 2 fällt.

172 *Bork*, Der Vergleich, S. 236, Fn. 23. A.A.: *Marburger* in: Staudinger, § 779 Rn. 26.

173 *Bork*, Der Vergleich, S. 236; *Habersack* in: MüKo-BGB, § 779 Rn. 26.

174 So auch v.a. *Bork*, Der Vergleich, S. 237.

175 Statt aller *Bork*, Der Vergleich, S. 237; *Rietsch*, Der besondere Voraussetzungstatbestand beim Vergleich, S. 42 f., der im Übrigen die einseitige Inanspruchnahme eines Rechts mit der Unsicherheit der Anspruchsverwirklichung gleichstellt; *Schnorr v. Carolsfeld*, Beiträge zur Lehre vom Vergleich, S. 27 ff. Abzulehnen ist stets die These *Hedemanns*, Der Vergleichsirrtum nach dem Recht des Deutschen Reiches, S. 65,

der Abschluss von Vergleichen in jenem typischen Fall, welchen § 779 Abs. 2 BGB gerade erfassen soll, unmöglich wäre. Dem steht auch der Gesetzeswortlaut nicht entgegen: Gem. § 779 Abs. 2 BGB steht es der Ungewissheit (der Parteien) über ein Rechtsverhältnis gleich, wenn die Verwirklichung eines Anspruchs (wenigstens aus der Sicht einer Partei) unsicher ist[176].

Für eine Einschränkung, dass die Unsicherheit der einen Partei der anderen bekannt sein müsse, dürfte kein praktisches Bedürfnis bestehen: Der sicheren Partei wird im Rahmen von Vertragsverhandlungen die Unsicherheit der anderen Partei zwangsläufig bekannt werden[177].

4. Gegenseitiges Nachgeben

Streit oder Ungewissheit bzw. Unsicherheit der Rechtsverwirklichung müssen „im Wege gegenseitigen Nachgebens" beseitigt werden. Dieses Tatbestandsmerkmal muss auch in den Fällen des § 779 Abs. 2 BGB erfüllt sein. Wenn z.B. der Gläubiger aus Besorgnis, sonst völlig leer ausgehen zu müssen, einen Teil seiner an sich unstreitigen, längst fälligen Forderung erlässt und dadurch den Schuldner zur sofortigen Zahlung veranlasst, sind im Ergebnis keine triftigen Gründe dafür ersichtlich, auf das Tatbestandsmerkmal „gegenseitiges Nachgeben" zu verzichten, um einen Vergleich bejahen zu können. Wie nachfolgend aufzuzeigen versucht wird, können bzw. müssen auch hier beide Parteien nachgeben[178].

Ebenso setzt der zur Beilegung eines Rechtsstreits abgeschlossene Prozessvergleich ein gegenseitiges Nachgeben voraus. Die gegenteilige Auffassung, wonach

---

wonach beiderseitige Unsicherheit dem Gebot der Logik zufolge zu verlangen sei. *Hedemann* lehnt die ihm entgegengehaltene Konstruktion, dass sich der Schuldner die Unsicherheit des Gläubigers stillschweigend zu eigen mache, ab und hält die Fassung des § 779 Abs. 2 BGB letztendlich für „verunglückt". Dagegen zu Recht *Schnorr v. Carolsfeld*, Beiträge zur Lehre vom Vergleich, S. 28 f.

176 Entgegen *Strohe*, Die gebührenrechtliche Problematik des außergerichtlichen Vergleichs gemäß § 779 BGB, S. 20 stellt § 779 Abs. 2 gerade klar, dass auch die nur einseitige Unsicherheit der beiderseitigen Ungewissheit i.S.d Abs. 1 gleichsteht.

177 Bereits oben Fn. 154. Dagegen *Schnorr v. Carolsfeld*, Beiträge zur Lehre vom Vergleich, S. 27 f. (notwendig sei „Unsicherheitsberedung").

178 *Bork*, Der Vergleich, S. 252; *Marburger* in: Staudinger, § 779 Rn. 27; ähnlich *Hedemann*, Der Vergleichsirrtum nach dem Recht des Deutschen Reiches, S. 66 f., 69 sowie *Lehmann*, Der Prozeßvergleich, S. 94, 96, 103. A.A.: *E. Ehmann*, Schuldanerkenntnis und Vergleich, S. 123 f.; *Schäfer*, Das Abstraktionsprinzip beim Vergleich, S. 38 f.; *Schnorr v. Carolsfeld*, Beiträge zur Lehre vom Vergleich, S. 21 f.

ein beiderseitiges Nachgeben in diesem Fall entbehrlich sei[179], ist schon deshalb abzulehnen, weil sie auf einer Fehlinterpretation des Begriffs „Nachgeben“ aufbaut: Das „Nachgeben“ lässt sich, dies sei schon vorweggenommen, definieren als eine (vollständige oder teilweise) Aufgabe der ursprünglich aufgestellten eigenen Rechtsbehauptung (Rechtsprätention[180]), deren Richtigkeit vom Gegner infrage gestellt wird. Wer nachgibt, verzichtet lediglich auf die Durchsetzung seiner bisherigen Rechtsbehauptung und kommt so dem Gegner entgegen. Eine Zuwendung bzw. Vermögenseinbuße liegt hier nicht vor.

a) Nachgeben

Dadurch, dass sie irgendein Zugeständnis macht, gibt eine Vergleichspartei i.S.d. § 779 BGB nach; der Begriff „Nachgeben“ i.S.d. Vergleichsvorschrift ist nach dem allgemeinen Sprachgebrauch weit zu verstehen[181]. Für ein Nachgeben genügt demnach „jedes Opfer“[182] bzw. „jedes Zugeständnis“[183], *ohne dass es auf dessen Umfang ankäme*[184]. In der einschlägigen Rechtsprechung[185] und Literatur[186]

---

179 So z.B. *Blomeyer*, Zivilprozeßrecht, S. 343; *Fischer* in: Bamberger/Roth/Hau/Poseck, § 779 Rn. 67; *Hartmann* in: Baumbach/Lauterbach/Albers/Hartmann, Anh. § 307 Rn. 3; *Hedemann*, Der Vergleichsirrtum nach dem Recht des Deutschen Reiches, S. 70 ff. (75 f.); *Keßler*, DRiZ 1978, 79; *Wolfsteiner* in: MüKo-ZPO, § 794 Rn. 15.

180 Darunter ist eine „versuchte Rechtsaneignung“ zu verstehen, *Husserl*, Rechtskraft und Rechtsgeltung Bd. I, S. 90 (ff.).

181 Protokolle der Kommission für die zweite Lesung des Entwurfs des Bürgerlichen Gesetzbuchs, Band II, Berlin, 1898, S. 524 f; RG Gruchot 49, 106, 109 f.; 47, 934, 936; JW 1911, 648 Nr. 18; 1910, 280 Nr. 3; BGHZ 39, 60, 63 ff.; BGH NJW-RR 2005, 1303, 1304; NJW 1970, 1122, 1124; 1963, 2316, 2317; *Brödermann* in: PWW, § 779 Rn. 12; *E. Ehmann*, Schuldanerkenntnis und Vergleich, S. 109; *Fischer* in: Bamberger/Roth/Hau/Poseck, § 779 Rn. 16; *Gröschler* in: Soergel, 13. Aufl., § 779 Rn. 25; *Habersack* in: MüKo-BGB, § 779 Rn. 27; *Lorentz* in: Soergel, 12. Aufl., § 779 Rn. 25; *Marburger* in: Staudinger, § 779 Rn. 27; *Sprau* in: Grüneberg, § 779 Rn. 9; *Steffen* in: RGRK, § 779 Rn. 19.

182 So insbesondere RG Gruchot 47, 934, 936; JW 1910, 280 Nr. 3; *Marburger* in: Staudinger, § 779 Rn. 27; *Sprau* in: Grüneberg, § 779 Rn. 9; *Steffen* in: RGRK, § 779 Rn. 19.

183 Z.B. BGH NJW-RR 2005, 1303, 1304; *E. Ehmann*, Schuldanerkenntnis und Vergleich, S. 109.

184 BGH NJW-RR 1992, 363, 364.

185 BGH NJW 1964, 1787 f. (zur Frage, wann ein Vergleich sittenwidrig i.S.d § 138 BGB ist).

186 V.a. *Habersack* in: MüKo, § 779 Rn. 26; *Marburger* in: Staudinger, § 779 Rn. 27; *Müller* in: Erman, § 779 Rn. 19.

begegnet ferner häufig die Aussage, *die von den Vergleichsparteien gemachten Zugeständnisse bräuchten wirtschaftlich oder rechtlich nicht gleichwertig zu sein.* Dabei gewinnt man (wenigstens teilweise) den Eindruck, dass durch das „Nachgeben" notwendig eine Vermögensverschiebung bewirkt werde.

Schnorr v. Carolsfeld hat schon einst die These aufgestellt, wonach der Begriff „Nachgeben" materiell-wirtschaftlich zu erfassen sei; das Vermögen des Nachgebenden müsse von dessen subjektivem Standpunkt aus eine Einbuße erleiden, die etwa in (teilweisem) Erlass, (teilweiser) Anerkennung, Neubegründung einer Forderung liegen könne[187]. Mit dem Nachgeben werde notwendig ein – wenn auch vermeintliches[188] – Recht, nicht bloß eine tatsächliche Möglichkeit oder ein als solcher nicht einklagbarer („moralischer") Anspruch aufgegeben[189].

Gegen das Erfordernis einer aus der Sicht der nachgebenden Partei zu beurteilenden subjektiven[190] Vermögensminderung spricht allerdings schon, dass mit einer solchen letztlich bloß die durch den Vergleichsvertrag bewirkte Rechtsfolge (bzw. dessen rechtliche Wirkung) beschrieben wird. Von dieser mit dem Vergleichsabschluss möglicherweise[191] eintretenden Rechtsfolge muss man jedoch das Tatbestandsmerkmal „gegenseitiges Nachgeben" gedanklich trennen, um dessen begriffliche Bestimmung es hier allein geht[192]. Beim gegenseitigen Nachgeben handelt es sich um eine besondere Abschlussvoraussetzung des Vergleichs. Gem. § 779 Abs. 1 BGB wird der Vergleich *im Wege gegenseitigen Nachgebens* abgeschlossen. Mit dem gegenseitigen Nachgeben wird somit lediglich eine besondere Form des Zustandekommens des Vergleichsvertrages bezeichnet[193];

---

187 *Schnorr v. Carolsfeld*, Beiträge zur Lehre vom Vergleich, S. 31 ff., der insoweit von einer „Schmälerung des Vermögens des Behauptenden" (S. 31) spricht.

188 *Schnorr v. Carolsfeld*, Beiträge zur Lehre vom Vergleich, S. 32, Fn. 97.

189 *Schnorr v. Carolsfeld*, Beiträge zur Lehre vom Vergleich, S. 34.

190 Da es nicht auf die objektive, wahre Rechtslage, sondern allein auf die subjektive Sicht der Partei abzustellen ist, wird hier der Begriff „subjektiv" bevorzugt. Anders *Bork*, Der Vergleich, S. 244 ff. („hypothetisch") Ihm folgend: *Hammer*, Außergerichtliche Vergleichsvereinbarungen in den USA und in Deutschland, S. 137; *Veeser*, Der vollstreckbare Anwaltsvergleich, S. 77.

191 Zur Potenzialität des Vergleichs unten III. 2. a).

192 Ähnlich *Bork*, Der Vergleich, S. 242: „*Schnorr. v Carolsfeld* unterscheidet also nicht zwischen dem gegenseitigen Nachgeben einerseits und den in dem Vergleichsvertrag vereinbarten (oder durch ihn bewirkten) Rechtsfolgen andererseits."

193 So ausdrücklich *Bork*, Der Vergleich, S. 151, 176, 254; ferner *Marburger* in: Staudinger, § 779 Rn. 49; *Sturm*, Die Lehre vom Vergleiche nach Gemeinem und Preußischem Rechte unter Berücksichtigung des Entwurfs eines Bürgerlichen Gesetzbuchs für das Deutsche Reich, S. 6 („eigenartige Weise" der Vertragsschließung); *Tägert*, Beiträge

sie darf nicht mit den durch den Vertrag herbeigeführten materiellen Rechtsfolgen gleichgesetzt werden[194].

M.E. empfiehlt sich daher, den Begriff „Nachgeben" ohne Rücksicht auf den im Vergleichsvertrag vereinbarten oder durch ihn bewirkten materiellen Rechtsverzicht (Vermögenseinbuße) zu bestimmen. Und man darf sich insoweit sehr wohl mit einer rein begrifflichen Erklärung dessen Inhalts begnügen[195]. So hat schon *Sturm* das (für den Vergleich unverzichtbare) gegenseitige Nachgeben darin gesehen, dass „beide Theile von ihren ursprünglichen R e c h t s b e h a u p t u n g e n nachlassen, bis die beiderseitigen Behauptungen sich einigen"[196]. Dieser Ansatz wurde sodann von *Tägert* aufgegriffen, der das Nachgeben einer Partei erstmals als Prätentionsaufgabe bezeichnet hat[197]. Dementsprechend wird für die Annahme eines Nachgebens bisweilen verlangt, dass jede Partei einen von ihr bisher vertretenen, für sie günstigeren Standpunkt zugunsten des Gegners gänzlich oder teilweise aufgeben und diesem entgegenkommen muss[198].

Eine nähere Untersuchung des Nachgebens im Sinne einer Prätentionsaufgabe (bzw. -verzicht) findet sich bei *Bork*[199]. Dieser definiert das Nachgeben als

---

zur Theorie des Feststellungsvertrages, S. 24, 43; *Veeser*, Der vollstreckbare Anwaltsvergleich, S. 70. Zur prozessrechtlichen Deutung des Nachgebens *Häsemeyer*, ZZP 108 (1995), 289, 292.

194 Dazu *Tägert*, Beiträge zur Theorie des Feststellungsvertrages, S. 43: „Festzuhalten ist, daß auch bei diesem Geschäft [Feststellungsvertrag, durch den bestimmte Verpflichtungen der Parteien begründet werden] das gegenseitige Nachgeben des § 779 BGB. nicht mit den beiderseitigen Verpflichtungen, die der Vertrag erzeugt, identisch ist."; so auch *Bork*, Der Vergleich, S. 247 (248), Fn. 21 und S. 254.

195 A.A.: *Schnorr v. Carolsfeld*, Beiträge zur Lehre vom Vergleich, S. 31 ff. Plausible Einwände gegen die von *Schnorr v. Carolsfeld* befürwortete materiell-wirtschaftliche Betrachtungsweise finden sich bei *Bork*, Der Vergleich, S. 242 ff. Dem folgend: *Hammer*, Außergerichtliche Vergleichsvereinbarungen in den USA und in Deutschland, S. 137 f.; *Veeser*, Der vollstreckbare Anwaltsvergleich, S. 76 f.

196 *Sturm*, Die Lehre vom Vergleiche nach Gemeinem und Preußischem Rechte unter Berücksichtigung des Entwurfs eines Bürgerlichen Gesetzbuchs für das Deutsche Reich (Berlin, 1889), S. 6 f.

197 *Tägert*, Beiträge zur Theorie des Feststellungsvertrages, S. 21 ff. (23 f.).

198 RGZ 158, 210, 213; BGHZ 39, 60, 65; *Bork*, Der Vergleich, S. 151, 176, 248 ff.; *Hammer*, Außergerichtliche Vergleichsvereinbarungen in den USA und in Deutschland, S. 138 f.; *Marburger* in: Staudinger, § 779 Rn. 27; *Medicus/Lorenz*, Schuldrecht I, S. 126; *Veeser*, Der vollstreckbare Anwaltsvergleich, S. 78 f.; ferner *Häsemeyer*, ZZP 108 (1995), 289, 292, der unter „Nachgeben" einen Verzicht auf den „Streitaustrag" begreifen will.

199 *Bork*, Der Vergleich, S. 248 ff.

„entgegenkommenden Verzicht auf die Durchsetzung ursprünglicher Prätentionen" und damit „jedes gegnerfreundliche Parteiverhalten"[200]. Demzufolge geben die Parteien nach, indem sie auf ihre anfänglich aufgestellten Behauptungen über die Rechtslage verzichten. Indessen brauchen sie nicht zu einer gemeinsamen Überzeugung in Bezug auf die Streitpunkte zu gelangen: Keine Partei muss beim Vergleich dem Gegner das Zugeständnis machen, dieser habe zum Teil recht[201]. Das Nachgeben i.S.d. § 779 Abs. 1 BGB verlangt vielmehr, dass jede Partei auf die Weiterverfolgung (der Richtigkeit) ihres ursprünglichen Standpunktes oder die Durchsetzung ihrer bisherigen Rechtsbehauptung verzichtet; man nimmt von der Feststellung der „rechtlichen Wahrheit" Abstand[202].

Dafür, dass unter dem Nachgeben nichts Anderes verstanden werden kann als Verzicht auf die Weiterverfolgung ursprünglich aufgestellter Prätentionen, spricht insbesondere, dass der Parteiwille bei einem Vergleich immer auch auf die (wenigstens teilweise) Durchsetzung bzw. Sicherung eigener Prätention gerichtet ist[203]. Die beabsichtigte (teilweise) Durchsetzung eigener Prätention erfolgt dadurch, dass der Gegner nicht mehr an seiner ursprünglichen Prätention (Standpunkt, Behauptung) im vollen Umfang festhält, und zwar durch das Nachgeben des Gegners, der von seiner anfänglichen Rechtsbehauptung abrückt und auf deren Weiterverfolgung verzichtet.

Gegen die hier befürwortete Betrachtungsweise bestehen grundsätzlich auch in den Fällen keine Bedenken, in denen eine Partei zwar ihren ursprünglichen Standpunkt völlig durchsetzt, dem Gegner jedoch in anderer Weise ihre

---

200 *Bork*, Der Vergleich, S. 246 ff. Im Anschluss daran: *Hammer*, Außergerichtliche Vergleichsvereinbarungen in den USA und in Deutschland, S. 138 f.; *Veeser*, Der vollstreckbare Anwaltsvergleich, S. 78 f.

201 RG SeuffA 60 (1905), 275, 276 Nr. 146; *Bork*, Der Vergleich, S. 248; *Steffen* in: RGRK, § 779 Rn. 19; *Strecker* in: Planck, Vorbem. zu § 779 Anm. I. 1. c); *Tägert*, Beiträge zur Theorie des Feststellungsvertrages, S. 22, wo ein „Überzeugungswandel" für entbehrlich gehalten wird, dort Fn. 12 m.w.N.; ähnlich *Veeser*, Der vollstreckbare Anwaltsvergleich, S. 78, Fn. 399.

202 Ebenso: LAG Düsseldorf JurBüro 1986, 873 (Verzicht auf „die Feststellung der wahren Rechtslage"); *Bork*, Der Vergleich, S. 249 (Verzicht auf „die Ermittlung der ‚Wahrheit'"), 252 (Verzicht auf „die Feststellung der ursprünglichen Rechtslage"); *Sturm*, Die Lehre vom Vergleiche nach Gemeinem und Preußischem Rechte unter Berücksichtigung des Entwurfs eines Bürgerlichen Gesetzbuchs für das Deutsche Reich, S. 9 (Verzicht auf „die rechtliche Wahrheit"); ferner BGHZ 39, 60, 65 und *Manigk*, JW 1932, 1132, 1133.

203 Dazu unten III. 2. b).

Kompromissbereitschaft zeigt[204]. So z.B. beim sog. Zuständigkeitsvergleich erklären die Parteien übereinstimmend, dass das fragliche Recht nunmehr dem einen Teil zustehen soll, der sich dafür verpflichtet, einen bestimmten Geldbetrag als Abfindungssumme an den anderen zu zahlen. In diesem Fall könnte man meinen, dass der (jetzt sichere) Rechtsinhaber nicht auf die Durchsetzung seiner anfänglichen Prätention verzichtet habe[205]. Diese Aussage geht indes fehl: Die ursprüngliche Prätention des Rechtsinhabers hat sich nicht nur auf sein strittiges Recht bezogen, sondern auch das Nichtbestehen einer Abfindungszahlungspflicht umfasst. Diese Prätention hat sich in ihrer Gesamtheit nachteilig für den Rechtsinhaber geändert. Der Rechtsinhaber hat nämlich darauf verzichtet, seine bisherige Rechtsbehauptung (Anerkennung seines Rechts ohne Übernahme einer Abfindungszahlungspflicht) in vollem Umfang durchzusetzen. Er nimmt vielmehr fortan eine neue für den Gegner günstigere Prätention (Bestehen eines Abfindungszahlungsanspruchs) ein. Damit kann ein Nachgeben des Rechtsinhabers hier unproblematisch bejaht werden[206].

Die von einer Partei gemachten Konzessionen müssen sich nicht zwingend auf ein und dasselbe streitige Rechtsverhältnis selbst beziehen. Vielmehr können sie ein anderes (streitiges oder ungewisses) Rechtsverhältnis betreffen[207]. So liegt ein Nachgeben vor, wenn der Gläubiger gegen (vollumfängliche) Anerkennung seiner (ursprünglich vom Schuldner bestrittenen) Forderung dem Schuldner bewilligt, eine weitere Geldschuld aus einem anderen Rechtsverhältnis in Raten abzuzahlen. Der Gläubiger verzichtet auch hier auf die Weiterverfolgung (der

---

204 RGZ 116, 143, 146; RG Recht 1920 Nr. 631; *Bork*, Der Vergleich, S. 245 f., 249 f.; *E. Ehmann*, Schuldanerkenntnis und Vergleich, S. 109; *Fischer* in: Bamberger/Roth/Hau/Poseck, § 779 Rn. 16; *Habersack* in: MüKo-BGB, § 779 Rn. 27; *Marburger* in: Staudinger, § 779 Rn. 27; *Sprau* in: Grüneberg, § 779 Rn. 9; *Steffen* in: RGRK § 779 Rn. 19; *Veeser*, Der vollstreckbare Anwaltsvergleich, S. 79.

205 So offenbar *Tägert*, Beiträge zur Theorie des Feststellungsvertrages, S. 21: „Bemerkenswert ist, dass das Nachgeben des Gegners sich nicht gerade auf eine Prätentionsaufgabe zu beziehen braucht. Es genügt, wenn er etwas Gleichwertiges bietet, etwa die Übernahme besonderer Verpflichtungen".

206 Zum Ganzen *Bork*, Der Vergleich, S. 249 f. (mit anderen Beispielen).

207 So ausdrücklich RG WarnRspr. 1930 Nr. 89; *Bork*, Der Vergleich, S. 250; *Brödermann* in: PWW, § 779 Rn. 12; *Fischer* in: Bamberger/Roth/Hau/Poseck, § 779 Rn. 16; *Habersack* in: MüKo-BGB, § 779 Rn. 27; *Marburger* in: Staudinger, § 779 Rn. 27; *Sprau* in: Grüneberg, § 779 Rn. 9; *Steffen* in: RGRK, § 779 Rn. 19; *Veeser*, Der vollstreckbare Anwaltsvergleich, S. 79; ferner *Schnorr v. Carolsfeld*, Beiträge zur Lehre vom Vergleich, S. 34.

Richtigkeit) seiner Rechtsbehauptung über die ursprüngliche Rechtslage und erweist sich als konzessionsbereit, indem er nun einen dem Schuldner günstigeren Standpunkt über die (Gesamt-)Rechtslage vertritt[208].

Deutet man mit der hier vertretenen Auffassung das Nachgeben i.S.d. § 779 Abs. 1 BGB ausschließlich als „gegnerfreundliches Parteiverhalten", das auf einer ganz anderen Ebene als die durch den Vertrag erzeugte materielle Rechtswirkung (Zuwendung, Vermögenseinbuße) liegt, so muss man zugleich sagen dürfen, dass das (gegenseitige) Nachgeben keinen wertmäßig messbaren Vorgang darstellt[209]. Die Kompromiss- bzw. Konzessionsbereitschaft einer Partei als freundliche, gefällige (innere) Haltung gegenüber dem Gegner ist nämlich an sich wert- sowie vermögensneutral[210]. Schon aus diesem Grund sind die Formulierungen wie „jedes Opfer genügt, das eine Partei auf sich nimmt, mag es auch ganz geringfügig sein"[211] oder „die beiderseitigen Zugeständnisse brauchen einander nicht gleichwertig zu sein"[212] zu ungenau, missverständlich und sollten daher besser gemieden werden.

Für die (einseitige) Unsicherheit in den Fällen des § 779 Abs. 2 BGB dürften mithin folgende Überlegungen gelten[213]: Soweit die Unsicherheit der Rechtsverwirklichung ausnahmsweise in der Person beider Parteien besteht, wird ein (echtes) beiderseitiges Nachgeben zum einen problemlos darin zu erblicken sein, dass die Parteien von der Ermittlung der wirklichen Aussichten für die (ggf. zwangsweise) Anspruchsrealisierung abstehen. Sie verzichten darauf, ihre gemeinsamen[214] oder getrennten[215] Zweifel über die Erfüllbarkeit des Anspruchs

---

208 Zum Ganzen *Bork*, Der Vergleich, S. 250. Nach ihm sollen auch solche Zugeständnisse als Nachgeben anzusehen sein, die sich auf bloß moralische Ansprüche beziehen, *Bork*, Der Vergleich, S. 250, Fn. 31.

209 Ähnlich *Bork*, Der Vergleich, S. 253.

210 Dazu *Rietsch*, Der besondere Voraussetzungstatbestand beim Vergleich, S. 91 (das Nachgeben sei ein „ethisches, kein juristisches Erfordernis", allenfalls als „Anstandspflicht" anzusehen).

211 BGHZ 39, 60, 63.

212 BGH NJW 1964, 1787 („die Leistung des einen braucht der Leistung des anderen nicht gleichwertig zu sein"); *Habersack* in: MüKo-BGB, § 779 Rn. 27; *Marburger* in: Staudinger, § 779 Rn. 27.

213 Dazu *Bork*, Der Vergleich, S. 252.

214 D.h., dass sich die Aussagen der Parteien decken, *Bork*, Der Vergleich, S. 237, 251; *Schnorr v. Carolsfeld*, Beiträge zur Lehre vom Vergleich, S. 17.

215 D.h., dass die Behauptungen der Parteien voneinander abweichen, *Schnorr v. Carolsfeld*, Beiträge zur Lehre vom Vergleich, S. 17.

klären zu lassen. Stattdessen beseitigen sie diese mit dem Abschluss eines die Wahrheit „ignorierenden“[216] Vergleichs. Zum anderen nehmen beide Parteien nun neue Standpunkte ein, die einen Minuspunkt gegenüber den „*behaupteten*“ oder wegen der Unsicherheit – wenn auch nur theoretisch – „*möglichen* günstigsten Standpunkten“ enthalten[217]. Die Parteien verfolgen also die von ihnen behauptete oder für möglich gehaltene für sich günstigste Prätention nicht mehr und erweisen sich damit als kompromissfähig[218]. Ein Nachgeben liegt auf beiden Seiten vor.

Gleiches gilt auch für die einseitige Ungewissheit. Der bereits in Verzug geratene Schuldner, der über seine eigene Liquidität sicher weiß, erklärt sich gegen Teilerlass seiner längst fälligen Schuld zur sofortigen (Teil-)Zahlung bereit. Auch in diesem Fall verzichtet der Schuldner wie auch der Gläubiger auf die Weiterverfolgung seines ursprünglichen Standpunktes: Indem der Schuldner trotz der eingetretenen Fälligkeit seine Schuld nicht bezahlt, mit dem an seiner Zahlungsfähigkeit zweifelnden Gläubiger verhandelt und es schließlich zum Vergleichsschluss kommen lässt, macht er sich den Standpunkt des Gläubigers („Ich bin mir nicht sicher, ob der Schuldner meiner Forderung nachkommen kann“) stillschweigend zu eigen[219]. Verzichtet wird vom Schuldner nicht nur auf die Feststellung der Richtigkeit seines dergestalt angeeigneten Standpunktes, sondern er verzichtet auch auf den aufgrund der *gemeinsamen* Unsicherheit möglichen günstigsten Standpunkt. Es besteht daher keine zwingende Notwendigkeit, entgegen dem Wortlaut des § 779 BGB in den Fällen des Abs. 2 ein einseitiges Nachgeben des Gläubigers genügen zu lassen.

---

216 So *Sturm*, Die Lehre vom Vergleiche nach Gemeinem und Preußischem Rechte unter Berücksichtigung des Entwurfs eines Bürgerlichen Gesetzbuchs für das Deutsche Reich, S. 9 (Vergleich sei ein das Recht ignorierender Streitbeendigungsvertrag).

217 So bereits *Schnorr v. Carolsfeld*, Beiträge zur Lehre vom Vergleich, S. 30; auch *Bork*, Der Vergleich, S. 251 (Fn. 37) allerdings mit unzutreffender Kritik an dem Erstgenannten.

218 Dazu *Schnorr v. Carolsfeld*, Beiträge zur Lehre vom Vergleich, S. 30: „In diesem Falle [im Fall der gemeinsamen Ungewissheit] muß es genügen, wenn die Parteien nicht eine der extremen Möglichkeiten ihrem Vertrag zugrunde legen.“

219 *Bork*, Der Vergleich, S. 252, Fn. 39. Wie schon *Bork* richtigerweise bemerkt, gelten hier die alten Rechtsgrundsätze: *qui non improbat, probat* (Wer nicht missbilligt, billigt); *qui tacet, consentire videtur* (Wer schweigt, scheint zuzustimmen). Da es um eine konkludente Äußerung des Standpunktes, nicht um eine Willenserklärung geht, ist unerheblich, dass das Schweigen grundsätzlich ohne rechtliche Bedeutung ist. Demgegenüber sehr skeptisch *Hedemann*, Der Vergleichsirrtum nach dem Recht des Deutschen Reiches, S. 65 (diese Konstruktion sei „viel zu gewagt“).

Als Ergebnis kann man somit festhalten: Eine Partei gibt nach, wenn sie von ihrer ursprünglichen Prätention „abrückt" und dem Gegner „entgegenkommt". Ein Nachgeben i.S.d. § 779 BGB erfordert keine Aufgabe einer (auch nur vermeintlichen) vermögensmäßigen Rechtsposition. Das Tatbestandsmerkmal bedeutet vielmehr lediglich freundliche, gefällige Haltung einer Partei, die sie gegenüber dem Gegner einnimmt, und betrifft damit eine besondere Abschlussform des Vertrags. Es ist nicht mit den durch den Vertrag bewirkten materiellen Rechtsfolgen gleichzusetzen.

b) Gegenseitigkeit

Nach dem Wortlaut des § 779 Abs. 1 BGB kommt ein Vergleich *im Wege gegenseitigen Nachgebens* zustande. Die früher vereinzelt vertretene Ansicht[220], ein Vergleich sei auch dann anzunehmen, wenn der mit dem Vertrag angestrebte Bereinigungszweck, der allein das Wesen des Vergleichs charakterisiere, auf anderem Wege als per gegenseitiges Nachgeben erreicht werde, ist damit unvereinbar und deshalb abzulehnen. Wird der Streit durch (einseitiges) Nachgeben einer Partei beendet, so liegt kein Vergleich vor[221].

Ein *gegenseitiges* Nachgeben ist zu bejahen, wenn *beide Parteien* nachgeben. Eine synallagmatische Verbindung der gemachten Zugeständnisse dergestalt, dass jede Partei nur deshalb nachgibt, weil die andere auch nachgibt, ist dabei nicht notwendig[222]. Der Begriff „Gegenseitigkeit" ist vielmehr i.S.d. *Beiderseitigkeit* zu nehmen. Der Gegenansicht[223] lässt sich entgegenhalten, dass diese darauf beruht, dass das Erfordernis gegenseitigen Nachgebens begrifflich wie inhaltlich falsch ausgelegt wird: Das Nachgeben beinhaltet keine Vermögenseinbußen (bzw. Zuwendungen, Leistungen[224]), sondern bezeichnet die auf die

---

220 So insbesondere *Rietsch*, Der besondere Voraussetzungstatbestand beim Vergleich, S. 90 ff.

221 BGH MDR 1998, 1092, 1093 (bei nur einseitigem Nachgeben liege ein deklaratorisches Anerkenntnis vor).

222 *Bork*, Der Vergleich, S. 270 f.; *Gröschler* in: Soergel, 13. Aufl., § 779 Rn. 25; *Hammer*, Außergerichtliche Vergleichsvereinbarungen in den USA und in Deutschland, S. 140; *Marburger* in: Staudinger, § 779 Rn. 27; *Veeser*, Der vollstreckbare Anwaltsvergleich, S. 81 f.

223 RGZ 158, 210, 213; OLG München NJW 1969, 1306, 1307; *E. Ehmann*, Schuldanerkenntnis und Vergleich, S. 124 ff.; *Schäfer*, Das Abstraktionsprinzip beim Vergleich, S. 33, 206 ff.; *Schnorr v. Carolsfeld*, Beiträge zur Lehre vom Vergleich, S. 42, 93 f.; *Sprau* in: Grüneberg, § 779 Rn. 10.

224 So aber BGH NJW 1964, 1787.

Beseitigung von Streit oder Ungewissheit gerichtete freundliche Haltung gegenüber dem Gegner, durch die der Vergleichsabschluss, schließlich die „friedliche Bereinigung“ in die Wege geleitet wird[225]. Das gegenseitige Nachgeben ermöglicht daher erst den Abschluss eines Vergleichs. Es steht in keiner Beziehung zum Vergleichsinhalt oder den durch den Vertrag bewirkten Leistungen[226].

5. Erfordernis des Abschlusses eines Vertrags

Gem. § 779 Abs. 1 BGB bedarf der Vergleich des Abschlusses eines Vertrags[227]. Das wirksame Zustandekommen des Vergleichsvertrags richtet sich nach den allgemeinen Vorschriften wie etwa nach den §§ 104 ff., 116 ff., 130 ff., 145 ff. BGB[228]. Der Vergleich unterliegt danach grundsätzlich keinem Formzwang; er kann mündlich, aber auch konkludent geschlossen werden[229]. Ganz anders verhält es sich jedoch, wenn der Vergleich formbedürftige Abreden z.B. nach den §§ 311b, 492, 623, 766, 925, 2033, 2371, 2385 BGB enthält. Hier ist die Beobachtung der für sie gesetzlich vorgeschriebenen Form erforderlich[230]

---

225 *Bork*, Der Vergleich, S. 270 f.; ebenso *Häsemeyer*, ZZP 108 (1995), 289, 292, der das Nachgeben als solches Verhalten auffasst, das „die Alternative bildet zum förmlichen Streitaustrag und Rechtszwang gegenüber dem Gegner“.

226 Bereits oben 4. a); auch *Bork*, Der Vergleich, S. 270; (dem folgend) *Veeser*, Der vollstreckbare Anwaltsvergleich, S. 81.

227 V.a. *Gröschler* in: Soergel, 13. Aufl., § 779 Rn. 36; *Hammer*, Außergerichtliche Vergleichsvereinbarungen in den USA und in Deutschland, S. 141; *Lorentz* in: Soergel, 12. Aufl., § 779 Rn. 36; *Marburger* in: Staudinger, § 779 Rn. 31; *Veeser*, Der vollstreckbare Anwaltsvergleich, S. 82; Eingehend zum Vertragserfordernis *Bork*, Der Vergleich, S. 271 ff.

228 Statt aller *Habersack* in: MüKo-BGB, § 779 Rn. 29; *Marburger* in: Staudinger, § 779 Rn. 31.

229 Dies entspricht einhelliger Ansicht: RGZ 142, 1, 3; 94, 147, 152; 56, 333, 335; RG JW 1905, 721; BGH NJW 2003, 589, 590; *Brödermann* in: PWW, § 779 Rn. 13; *Fischer* in: Bamberger/Roth/Hau/Poseck, § 779 Rn. 32; *Gröschler* in: Soergel, 13. Aufl., § 779 Rn. 37; *Habersack* in: MüKo-BGB, § 779 Rn. 29, 40; *Lorentz* in: Soergel, 12. Aufl., § 779 Rn. 37; *Marburger* in: Staudinger, § 779 Rn. 34 (f.); *Müller* in: Erman, § 779 Rn. 22; *Sprau* in: Grüneberg, § 779 Rn. 3; *Stadler* in: Jauernig, § 779 Rn. 9; *Steffen* in: RGRK, § 779 Rn. 21 (ff.).

230 Neben den zuvor genannten Kommentatoren insbesondere RGZ 94, 147, 152 f. (Grundstücksveräußerung); 89, 259, 261 f. (Leibrente); 72, 209, 210 (Erbschaftsveräußerung); RG JW 1905, 721 (Erbschaftsveräußerung); BGH NJW-RR 2008, 643, 645 Rn. 24 (Verbraucherdarlehen); OLG Karlsruhe WM 2007, 590, 592 (Verbraucherdarlehen); zur Nichtanwendbarkeit des § 4 HOAI auf Architektenhonorarvergleiche BGH NJW-RR 1987, 1374; 1987, 13; OLG Düsseldorf NJW-RR 1998, 1099.

(Ausnahme: Formfreiheit für vergleichsweise erteilte Schuldversprechen oder Schuldanerkenntnisse nach § 782 BGB). Die mit den Formvorschriften des BGB verfolgten Formzwecke (oder Formwirkungen) dürften beim Vergleich genauso einschlägig sein.

III. Wirkung des Vergleichs

Nachdem bisher die einzelnen Tatbestandsvoraussetzungen des Vergleichs untersucht wurden, soll nunmehr dargelegt werden, wie der Vergleichsvertrag auf dessen Gegenstand, nämlich das streitige oder ungewisse Ausgangsrechtsverhältnis einwirkt. Dabei soll besonderes Augenmerk auf die Problematik der causa des Vergleichsvertrags (genauer: dessen Feststellungszwecks[231]) gerichtet werden, die nachfolgend ausführlich behandelt wird.

Die materiell-rechtlichen Wirkungen des Vergleichs können durch eine Gegenüberstellung der Rechtslagen vor und nach dem Abschluss des Vergleichsvertrags ermittelt werden[232]. Ausgangspunkt ist die Hauptwirkung des Vergleichs, die das BGB diesem ausdrücklich zuschreibt: die Beseitigung von Streit oder Ungewissheit über ein Rechtsverhältnis, die Herbeiführung der Rechtsklarheit[233]. Der Vergleich ordnet die streitigen oder ungewissen Rechtsbeziehungen der Vertragsparteien neu; durch ihn wird vertraglich festgelegt, was fortan zwischen den Parteien gelten soll.

1. Unbedingte Konstitutivität des Vergleichs

Einer von einigen Autoren[234] – wenn auch mit teilweise unterschiedlichen Ansatzpunkten – vertretenen Meinung zufolge wirkt der Vergleich stets

231 Der mit der causa identische (bereicherungsrechtliche) Rechtsgrund bestimmt sich nach dem Leistungszweck, *Bork*, Der Vergleich, S. 149.

232 U.a. *Bork*, Der Vergleich, S. 110, der angesichts der unklaren Ausgangsrechtslage die Vergleichsmethode zugleich für bedenklich hält; *Ritzmann*, Über den Feststellungsvertrag, S. 17 f.

233 *Lehmann*, Der Prozeßvergleich, S. 79; *Marburger* in: Staudinger, § 779 Rn. 37; ebenso *Schäfer*, Das Abstraktionsprinzip beim Vergleich, S. 40.

234 Z.B. *Lehmann*, Der Prozeßvergleich, S. 80 f.; *Rümelin*, AcP 97 (1905), 211, 294 f.; *Schnorr v. Carolsfeld*, Beiträge zur Lehre vom Vergleich, S. 48 und auch 66 f.; *Zitelmann*, Das Recht des BGB, S. 144; ferner *Enneccerus/Lehmann*, Recht der Schuldverhältnisse Bd. II, S. 812: „Als Mittel der Neuordnung kommt die Neuschaffung dieser [streitigen oder ungewissen] Beziehungen durch einen rechtsbegründenden oder rechtsvernichtenden Willensakt in Frage, dem man aber nach dem Parteiwillen grundsätzlich keinen novierenden Charakter zusprechen darf."

konstitutiv. Ohne Rücksicht auf die ursprüngliche Rechtslage schafft er demnach einen vom (streitigen oder ungewissen) Ausgangsrechtsverhältnis verschiedenen, eigenständigen (neuen) Tatbestand, aus dem die Begründung oder Aufhebung des fraglichen Rechtsverhältnisses folgt. Der Vergleichsvertrag stellt damit einen „rechtsbegründenden oder rechtsvernichtenden Willensakt“[235] dar und die vergleichsweise Neuordnung der streitigen oder ungewissen Rechtsbeziehungen ist immer als eine Neuschaffung dieser Beziehungen anzusehen.

So will namentlich *Schnorr v. Carolsfeld* annehmen, dass der Vergleich *unbedingt* wirkender „kausaler[236] Vertrag“ sei; er beinhalte lediglich eine „Verweisung auf einen *eventuell* früher gegebenen Tatbestand“[237].

2. Lehre von den Feststellungsverträgen

Demgegenüber ist nach der Lehre von den Feststellungsverträgen der Vergleich neben dem sog. kausalen (deklaratorischen) Schuldanerkenntnis als „Feststellungsvertrag“ oder „Feststellungsgeschäft“ zu deuten, dessen Zweck darin bestehen soll, Rechtsstreit oder -ungewissheit zu beheben, damit Rechtsfrieden zwischen den Parteien wieder herzustellen[238]. Gemeint ist mit diesen

---

235 So ausdrücklich *Enneccerus/Lehmann*, Recht der Schuldverhältnisse Bd. II, S. 812 und *Lehmann*, Der Prozeßvergleich, S. 80.

236 Damit ist wohl gemeint, dass der Vergleich seinen Rechtsgrund in sich selbst trägt, *Schnorr v. Carolsfeld*, Beiträge zur Lehre vom Vergleich, S. 48 (Vergleich sei Rechtsgrund).

237 Zum Begriff des „verweisenden Rechtsgrundes oder Tatbestandes“ *Schnorr v. Carolsfeld*, Beiträge zur Lehre vom Vergleich, S. 46 ff.

238 Die Lehre von den Feststellungsverträgen dürfte als h.M. bezeichnet werden. So *Breetzke*, NJW 1969, 1408, 1412; *Dubischar* in: AK, § 779 Rn. 2; *Esser/Weyers*, Schuldrecht Bd. II/1, S. 372; *Gerhardt* in: Athenäum-Zivilrecht Bd. I, 695, 762; *Gröschler* in: Soergel, 13. Aufl., § 779 Rn. 4; *Habersack* in: MüKo-BGB, § 779 Rn. 32; *Häsemeyer*, ZZP 108 (1995), 289 ff.; *Hofstetter*, BB 1963, 1459, 1460; *Larenz*, Schuldrecht Bd. I, S. 94; *Lehmann*, Der Prozeßvergleich, S. 79 ff.; *Lorentz* in: Soergel, 12. Aufl., § 779 Rn. 4; *Marburger*, Das kausale Schuldanerkenntnis als einseitiger Feststellungsvertrag, S. 35 f.; *ders.* in: Staudinger, § 779 Rn. 37; *Oertmann*, Recht der Schuldverhältnisse, § 781 Anm. 2, a); *Pagenstecher*, Zur Lehre von der materiellen Rechtskraft, S. 94 ff., 100 ff.; *Pawlowski*, AT des BGB, S. 432 f.; *Ritzmann*, Über den Feststellungsvertrag, S. 7 ff.; *Rümelin*, AcP 97 (1905), 211, 269, 294; *Stadler* in: Jauernig, § 779 Rn. 2; *Tägert*, Beiträge zur Theorie des Feststellungsvertrages, S. 1 ff.; *v. Tuhr*, Der AT des Deutschen Bürgerlichen Rechts Bd. II/2, S. 264 ff.; *Weitnauer*, JZ 1985, 555, 557; *Zitelmann*, Das Recht des BGB, S. 143, 148; ferner *Kübler*, Feststellung und Garantie, S. 129 ff., der

Oberbegriffen des sog. Feststellungsvertrags bzw. -geschäfts wohl ein Rechtsgeschäft, welches darauf gerichtet ist, einen gegenwärtig bestrittenen, unsicheren oder unklaren Rechtszustand unter den Parteien fortan in einen unbestreitbaren, sicheren und klaren umzuwandeln[239]. Insoweit spricht man gemeinhin auch von „Feststellungszweck" oder „Feststellungswirkung" des Vergleichsvertrags[240]. Der endgültige Bestand der mit dem Vergleich verbundenen Vermögensverschiebungen hängt von der Erreichung des Feststellungszwecks ab; dieser rechtfertigt die vergleichsweise gewährten Zuwendungen selbstständig und bildet daher die besondere causa des Vergleichs[241].

Gegen die Rechtsfigur des Feststellungsvertrags wenden sich inzwischen einige Autoren[242].

So sucht etwa *Baumann* in seiner Bielefelder Dissertation der Lehre von den Feststellungsverträgen als zu undogmatisch und gesetzessystemwidrig entgegenzutreten[243].

Auch *E. Ehmann* protestiert bei seiner Untersuchung des außergerichtlichen Vergleichs gegen dessen besonderen Feststellungszweck, für welchen er den Begriff „Streitbeseitigungszweck" synonym verwendet[244], und bezeichnet entgegen der heute herrschenden Lehre den Vergleichszweck als „Austauschzweck mit angestaffeltem Abwicklungszweck"[245].

Im Folgenden wird zunächst erläutert, inwiefern die von *Baumann* gegen den Feststellungsvertrag erhobenen Einwände unberechtigt sind. Dabei soll anhand der von jenem als unhaltbar verworfenen Darstellungen *Küblers*[246] sowie *Marburgers*[247] u.a. – zumindest implizit – versucht werden, die Wirkung des Vergleichsvertrags zu beschreiben. Eine weitere – auch nur implizite – Wirkungsbeschreibung geschieht, indem anschließend kritisch auf die Vorstellung

---

den Vergleich nicht vom Feststellungsvertrag abgrenzen will, *Kübler*, Feststellung und Garantie, S. 135.

239 Statt aller *Larenz*, Schuldrecht Bd. I, S. 94.

240 Wie Fn. 238.

241 Statt aller *Bork*, Der Vergleich, S. 149 ff.

242 U.a. *Baumann*, Das Schuldanerkenntnis; *E. Ehmann*, Schuldanerkenntnis und Vergleich.

243 *Baumann*, Das Schuldanerkenntnis, S. 154 ff.

244 *E. Ehmann*, Schuldanerkenntnis und Vergleich, S. 130.

245 *E. Ehmann*, Schuldanerkenntnis und Vergleich, S. 101 ff., 128 ff.

246 *Kübler*, Feststellung und Garantie, S. 129 ff.

247 *Marburger*, Das kausale Schuldanerkenntnis als einseitiger Feststellungsvertrag, S. 35 f.

Ehmanns, wonach der Vergleich ein „gegenseitiger Risikoübernahmevertrag" sei, eingegangen wird.

a) *Auffassung Baumanns*

Baumann kritisiert wiederholt, die von *Kübler* vorgenommene Begrenzung des angeblichen Feststellungsvertrags, nämlich des Vergleichs auf Schuldverhältnisse stehe im Widerspruch zum eindeutigen Wortlaut des § 779 BGB, welcher von einem Rechtsverhältnis spreche[248]. Dieses von *Baumann* gegen den Feststellungsvertrag vorgebrachte Argument scheint indes mehr als verwunderlich. Denn bei *Kübler* geht eindeutig hervor, dass er unter Schuldverhältnissen alle Rechtsbeziehungen zwischen Personen verstehen will, gleich, ob diese schuld-, sachen-, familien-, oder erbrechtlicher Natur sind[249].

Nach *Baumann* würde die Anerkennung einer selbstständigen Feststellungswirkung insbesondere „eine Durchbrechung des numerus clausus der Aktstypen" in der deutschen Rechtsordnung zur Konsequenz haben[250]. Offensichtlich wird dabei jedoch verkannt, dass mit dem Feststellungsvertrag kein neuer Vertragstyp geschaffen werden sollte, der neben Verpflichtungs- und Verfügungsgeschäfte träte, sondern der Begriff – was später zu zeigen sein wird – lediglich solche Verträge bezeichnet, die Rechtsstreit oder -ungewissheit beseitigen sollen. Unabhängig davon ist auch in diesem Zusammenhang klarzustellen, dass Rechtsverhältnisse auch nach der Lehre vom Feststellungsvertrag nur insoweit feststellungsfähig sind, als sie der Dispositionsmacht der Parteien unterliegen.

Baumann setzt sich des Weiteren über die von *Marburger* konstruierte Unterscheidung zwischen dem „bedingt schuldbegründenden Feststellungsvertrag" einerseits und dem „als bedingter Verzicht auf Einreden wirkenden Feststellungsvertrag" andererseits schlicht hinweg, gibt die einzelnen Ausführungen *Marburgers* lediglich vermischt wieder und versucht dadurch diese zu entkräften[251].

Entgegen der Folgerung *Baumanns*[252] tritt *Marburger* indes dafür ein, dass der Feststellungsvertrag die materielle Rechtslage insoweit abändert, als sie

248 *Baumann*, Das Schuldanerkenntnis, S. 155, 157 f., 161.

249 *Kübler*, Feststellung und Garantie, S. 132: „Gegenstand der unmittelbaren Wirkung des Feststellungsvertrages sind Schuldverhältnisse; sie sind es auch dann, wenn sie auf sachen-, familien- oder erbrechtlichen Beziehungen beruhen."

250 *Baumann*, Das Schuldanerkenntnis, S. 157.

251 *Baumann*, Das Schuldanerkenntnis, S. 156, 158 f.

252 *Baumann*, Das Schuldanerkenntnis, S. 156.

mit der Vertragsfestsetzung nicht übereinstimmt[253]. Einmal schon aus diesem Grund überzeugen die Hinweise *Baumanns*, der Feststellungsvertrag sei mangels materiell-rechtlicher Wirkung mit dem prozessual allgemein unzulässigen Beweisvertrag identisch, sowie die abweichende Begriffswahl solle nur die prozessuale Unzulässigkeit des Letzteren verdecken, nicht. Zum anderen werden nicht alle Parteivereinbarungen mit beweisrechtlichem Inhalt als unwirksam angesehen; prozessual unzulässig, mithin nichtig sind nur solche Parteivereinbarungen bzw. Beweisverträge, die in die freie richterliche Beweiswürdigung i.S.d. § 286 ZPO eingreifen[254].

Ebenso unzutreffend scheint die Annahme *Baumanns*, *Marburger* gewähre den festgestellten Anspruch stets aus dem ursprünglichen Schuldverhältnis[255]: Streiten die Parteien über einen Erlöschenstatbestand oder herrscht darüber unter den Parteien Unsicherheit, so könnten die Parteien nach *Marburger* zwar „die einmal eingetretenen Wirkungen" des streitigen Erlöschenstatbestandes nicht mehr aufheben, jedoch den objektiv erloschenen Anspruch neu begründen; in diesem Fall wirke der Feststellungsvertrag als schuldbegründend und lasse den Anspruch bzw. das Schuldverhältnis neu entstehen, dessen Existenz streitig oder ungewiss war[256].

Weiterhin weist *Baumann* zu Unrecht darauf hin, dass die Auffassung *Pagenstechers* die Systematik des deutschen Sachenrechts durchbreche, da das Eigentum nach diesem durch den Feststellungsvertrag unmittelbar übergehen könne[257].

Nach *Pagenstecher* soll der Eigentumsübergang aber – je nach der wirklichen Rechtslage zwischen den Vertragsparteien – durch den Feststellungsvertrag nur deswegen eintreten, weil im Feststellungsvertrag die für die Übereignung z.B. nach den §§ 929 ff. BGB stets erforderliche dingliche Einigung der Parteien zu sehen sei, nicht etwa deshalb, weil die dingliche Rechtslage durch den Feststellungsvertrag nunmehr unmittelbar rechtsumgestaltend festgestellt würde[258]. Auf die Tatsache, dass *Pagenstecher* im Prozessrecht ein Anhänger der Lehre von

---

253 Nur hinsichtlich des Vergleichs *Marburger*, Das kausale Schuldanerkenntnis als einseitiger Feststellungsvertrag, S. 43, 45.

254 Statt aller *Greger* in: Zöller, vor § 284 Rn. 2b.

255 *Baumann*, Das Schuldanerkenntnis, S. 159.

256 *Marburger*, Das kausale Schuldanerkenntnis als einseitiger Feststellungsvertrag, S. 50.

257 *Baumann*, Das Schuldanerkenntnis, S. 161.

258 *Pagenstecher*, Zur Lehre von der materiellen Rechtskraft, S. 111 ff.

der materiellen Rechtskraft war, kann die Ablehnung des Feststellungsgeschäfts somit nicht ohne Weiteres gestützt werden[259].

Irreführend scheint ebenfalls die Annahme *Baumanns*[260], dass sich die Parteien durch den Feststellungsvertrag dazu verpflichten würden, sich nunmehr nach der darin beschriebenen Rechtslage behandeln zu lassen, auch wenn diese von der bisher bestehenden abweiche. Mit dieser ausschließlichen Deutung des Feststellungsvertrags als bloßes Verpflichtungsgeschäft verneint *Baumann* sodann eine eigenständige Feststellungswirkung, die neben Verpflichtungs- und Verfügungsgeschäfte tritt[261].

In diesem Zusammenhang muss es indes im Auge behalten werden, dass eine derartige Verpflichtung der Parteien lediglich eine Folgewirkung des Feststellungsvertrags beschreibt. Im Feststellungsvertrag kommt sie als solche in keiner Weise zum Ausdruck. Die Parteien denken nicht einmal daran, eine solche Pflicht zu begründen. Ihnen kommt es vielmehr darauf an, dasjenige vertraglich festzulegen, was fortan rechtens zwischen ihnen sein soll. Unmittelbar daraus, dass das Rechtsverhältnis nun in einem bestimmten Sinne feststeht, folgt nach zutreffender Auffassung *Marburgers*[262] das Verbot des Zurückgreifens auf die alte Rechtslage; einer zusätzlichen vertraglichen Verpflichtung der Parteien dazu, den im Vertrag festgelegten Rechtszustand als von vornherein bestehend zu behandeln, bedarf es daher nicht.

Andererseits ist *Baumann* wohl zuzugeben, dass es dem Feststellungsvertrag keine „selbständige, urteilsähnliche, materiell-rechtliche Feststellungswirkung" im Sinne reiner Deklaration zuerkannt werden kann[263]: Gegen die im Schrifttum oftmals verwendete Terminologie „Feststellungswirkung" des Feststellungsvertrags wendet *Bork* unter Verweis auf *Lehmann*[264] ein, dass von einer Feststellung

259 So aber *Baumann*, Das Schuldanerkenntnis, S. 160.

260 *Baumann*, Das Schuldanerkenntnis, S. 161.

261 *Baumann*, Das Schuldanerkenntnis, S. 162.

262 *Marburger*, Das kausale Schuldanerkenntnis als einseitiger Feststellungsvertrag, S. 42. Ausführlich zum Verbot des Rückgriffs auf die frühere Rechtslage.

263 So *Ritzmann*, Über den Feststellungsvertrag, S. 16 f.

264 Nach *Lehmann*, Der Prozeßvergleich, S. 79 f. bedeute „eine echte Feststellung" stets „einen Wissensakt". Nur das Urteil als staatlicher Deklarationsakt könne „die Wirkung der Unbestreitbarkeit des Festgestellten" erzeugen. Nach geltendem Recht könne ein Rechtsverhältnis weder positiv noch negativ durch ein Rechtsgeschäft rückwirkend festgestellt werden; ähnlich *Hegler*, Beiträge zur Lehre vom prozessualen Anerkenntnis und Verzicht, S. 86 ff., insbesondere S. 89 ff., der ein „judikatsähnliches" materiellrechtliches Feststellungsgeschäft mit „rückdatierender" Wirkung gänzlich ablehnt.

begrifflich nur dort die Rede sein könne, wo ein Austausch von Wissenserklärungen erfolgt sei[265]. So träfen die Vergleichsparteien nach *Bork* keine Feststellung in dem Sinne, dass sie deklaratorisch einen Zustand oder eine Rechtslage beschreiben würden[266].

Eine kritische Stellung zum Begriff des Feststellungsvertrags nimmt daneben auch *Häsemeyer* ein[267]. Er hält den Begriff für wenig tauglich, zumal Feststellungsverträge auf rechtlich strittiger oder ungewisser Grundlage geschlossen würden, „die gerade nicht eigentlich mehr »festgestellt« wird oder werden soll [...]".

In der Tat sind die Vergleichsparteien aufgrund ihres Nichtwissens von der tatsächlichen Rechtslage außerstande, diese zu deklarieren. Von den Parteien kann stets nur solcher tatsächliche oder rechtliche Zustand – dem buchstäblichen Wortsinn der Feststellung nach – festgestellt werden, der schon im sicheren Bewusstsein der Parteien vorhanden ist. Durch den Vergleich wird das zuvor strittige oder zweifelhafte Rechtsverhältnis nicht mehr – dem buchstäblichen Wortsinn der Feststellung nach – festgestellt. Hierzu müssten die Parteien stets den Streit austragen, statt sich darüber zu vergleichen[268]. Die Parteien setzen vielmehr fest, was für die zukünftigen Rechtsbeziehungen zwischen ihnen maßgebend sein soll. Und diese Festsetzung der künftig maßgebenden Rechtsbeziehungen tritt dann regelmäßig äußerlich in der Gestalt einer Feststellung (= Deklaration) der bisherigen Beziehungen auf[269].

Stimmt die – also nur formal – von den Parteien festgestellte Rechtslage zufälligerweise mit der ursprünglichen, wahren überein, so dürfte es m.E. wohl nicht zu bestreiten sein, dass der Feststellungsvertrag in diesem Fall zumindest faktisch nur deklaratorisch wirkt[270].

Soweit der nunmehr im Vertrag festgelegte Rechtszustand mit dem bisherigen identisch ist, tritt im Grunde keine Änderung der materiellen Rechtslage

---

265 *Bork*, Der Vergleich, S. 156; (im Anschluss daran) *Veeser*, Der vollstreckbare Anwaltsvergleich, S. 71., die den Ausdruck »Feststellungsvertrag« „nur sehr zurückhaltend" verwenden will.

266 *Bork*, Der Vergleich, S. 156; (im Anschluss daran) *Veeser*, Der vollstreckbare Anwaltsvergleich, S. 71.

267 *Häsemeyer*, ZZP 108 (1995), 289, 290.

268 *Häsemeyer*, ZZP 108 (1995), 289, 290.

269 So ausdrücklich *Lehmann*, Der Prozeßvergleich, S. 79.

270 *Larenz*, Schuldrecht Bd. I, S. 94; *Marburger* in: Staudinger, § 779 Rn. 44; *Pagenstecher*, Zur Lehre von der materiellen Rechtskraft, S. 97 f.

ein. Vertraglich festgelegt wird dann lediglich das, was schon vor dem Vertragsschluss ohnehin für die Parteien galt. Beispiel:

> A behauptet, seine restliche Forderung gegen B betrage 5.000 EUR, wohingegen B meint, er schulde dem A nur noch 3.000 EUR. Um den Streit gütlich beizulegen, einigen sie sich darauf, dass B an A einen Betrag von 4.000 EUR zu zahlen hat.

Hat die Restschuld des B hier tatsächlich 4.000 EUR betragen, so wirkt der geschlossene Vertrag tatsächlich nur deklaratorisch. Denn an der ursprünglichen Rechtslage wird durch den Vertrag – faktisch betrachtet! – letztlich gar nichts geändert; demnach erhält A von B bloß das, was ihm gegen diesen bereits zuvor zugestanden hat.

Diese deklaratorische Wirkung des Feststellungsvertrags ist dennoch materiell-rechtlich niemals in dem Sinne zu verstehen, dass dadurch rechtsgeschäftlich das zuvor streitige oder ungewisse Rechtsverhältnis, welches den Gegenstand des Feststellungsvertrags bildet, wie bei einem Urteil fortan verbindlich festgestellt wäre. Veranschaulicht wird diese Erkenntnis im folgenden Beispielsfall:

> A und B streiten außergerichtlich über das Eigentumsrecht an einem bestimmten Mobiliar mit einem bestimmten Gegenwert, welches sich im Besitz des A befindet. Um den Streit zu beenden, schließen beide einen Vertrag ab, in dem sie u.a. erklären, A sei der Eigentümer des fraglichen Gegenstandes.

Hat das streitbefangene Mobiliar in diesem Fall tatsächlich im Eigentum des A gestanden, so ergibt sich dessen Eigentümerstellung bereits daraus. Dem A steht das zuvor strittige Eigentumsrecht an der fraglichen Sache zu, weil er ursprünglich der wahre Eigentümer der Sache war und nach dem Vertragsschluss weiter der Eigentümer derselben geblieben ist. Das Eigentumsrecht des A besteht nicht etwa deshalb, weil es die Parteien vertraglich bindend für bestehend erklärt hätten (wozu sie auch nicht imstande sind).

Weicht der von den Parteien festgesetzte Rechtszustand von dem bisher bestehenden ab, wirkt der Feststellungsvertrag demgegenüber stets konstitutiv[271].

---

271 A.A.: Z.B. *Zeiler*, AcP 103 (1908), 461, 464 f., wonach das „konkrete" Schuldanerkenntnis im Gegensatz zum sog. abstrakten Schuldanerkenntnis in seinem Bestand stets vom streitigen/ungewissen Schuldverhältnis abhängig sei. Das sog. kausale bzw. deklaratorische Schuldanerkenntnis bildet neben dem Vergleich einen Unterfall des Feststellungsvertrages.

Es bleibt somit festzuhalten: Den Feststellungsverträgen kommt keine eigene, materiell-rechtliche Feststellungswirkung im Sinne reiner Deklarationswirkung zu[272].

Dies vermag gleichwohl eine gänzliche Ablehnung des Feststellungsvertrags nicht zu rechtfertigen: Eine derartige Feststellung existiert immerhin in den Parteivorstellungen, wonach die bislang streitige oder zweifelhafte Rechtsbeziehung zukünftig festgestellt werden soll. Diesem typischen, von den Parteien stets verfolgten besonderen Feststellungs- bzw. Außerstreitstellungszweck sollte m.E. die rechtliche Anerkennung in irgendeiner Form erhalten. Wollte man diesem Zweckmoment nicht jedwede rechtliche Bedeutung versagen, so müsste man doch mit der Lehre von den Feststellungsverträgen diese rechtlich anerkennen[273].

Geht man nunmehr vom hier gefundenen Ergebnis aus, dass es unter Feststellungsverträgen nur solche Verträge zu verstehen sind, bei denen lediglich die Parteiabsicht auf Feststellung oder Außerstreitstellung gerichtet ist[274], so sind

---

272 Dies wird nicht einmal von *Pagenstecher*, einem Vertreter der aus heutiger Sicht abzulehnenden Lehre von der materiellen Rechtskraft befürwortet. Besteht das von den Parteien festgestellte Recht in der Wahrheit nicht, so lässt „der seiner Idee nach stets deklaratorische“ Feststellungsvertrag auch nach *Pagenstecher* jenes Recht entstehen, allerdings nur insoweit, als „es eben die Parteien durch Änderungen ihrer rechtlichen Beziehungen erzeugen könnten“, *Pagenstecher*, Zur Lehre von der materiellen Rechtskraft, S. 96 ff., 137 ff. Im Übrigen sucht *Pagenstecher* als Vertreter der vorgenannten Lehre lediglich die Urteilswirkungen solchen des Feststellungsvertrags gleichzustellen – und nicht umgekehrt! –. Die Theorie *Pagenstecher*s zum Feststellungsvertrag scheinen manche Autoren nicht richtig zu erfassen, so z.B. *Baumann*, Das Schuldanerkenntnis, S. 159 ff.; ferner *Hofstetter*, BB 1963, 1459, 1460, der dem Feststellungsvertrag eine verbindliche, rückwirkende Feststellungswirkung zuschreiben will. Dabei verweist er (unzutreffend) ausdrücklich auf *Pagenstecher*, Zur Lehre von der materiellen Rechtskraft, S. 94 ff., 108 ff.

273 Nach *Rümelin*, AcP 97 (1905), 211, 291 f. könne eine Gruppe von Verträgen als „Feststellungsverträge i. e. S.“ bezeichnet werden, bei denen die Parteiabsicht der Außerstreitstellung hervortrete. Nach dieser Parteiabsicht solle der Inhalt der Feststellung fortan für das ganze künftige Verhältnis der Parteien maßgebend sein, also „weder gerichtlich noch außergerichtlich bestritten werden.“ „Die Möglichkeit und Tatsächlichkeit einer derartigen Parteiabsicht“ sei unbestreitbar. Den Umstand, dass diese Feststellungs- oder Außerstreitstellungsabsicht der Parteien nach geltendem Recht „nicht direkt sanktioniert wird“, betrachtet er dann als unwesentlich bzw. unschädlich, *Rümelin*, AcP 97 (1905), 211, 293 f.

274 *Lehmann*, Der Prozeßvergleich, S. 81: „Was die Vergleichserklärung als solche charakterisiert, ist ihr Zweck, nämlich die Beseitigung des Streites oder der Ungewissheit

die historischen Argumente *Baumanns*[275] bereits aus diesem Grund widerlegbar und vermögen somit nicht zu überzeugen.

Baumann kommt des Weiteren zu der Annahme, dass laut *Kübler* wie auch *Marburger* einzelne Tatbestandsmerkmale eines gesetzlichen Schuldverhältnisses oder ein solches Schuldverhältnis als Ganzes rechtsgeschäftlich verbindlich festgestellt werden könnten[276]. Herrscht über das tatsächliche Vorliegen eines gesetzlichen Haftungstatbestandes bzw. dessen einzelnen Tatbestandsmerkmals – z.B. eine unerlaubte Handlung i.S.d. § 823 Abs. 1 BGB – unter den Parteien Streit oder Ungewissheit, schließen diese deshalb einen Vertrag ab, in dem das in seiner Existenz strittige oder ungewisse gesetzliche Schuldverhältnis – formal betrachtet – positiv festgestellt wird, so lässt dieser Feststellungsvertrag materiell gleichwohl kein gesetzliches Schuldverhältnis entstehen, wenn ein solches vorher tatsächlich nicht bestanden hat. Vielmehr wird durch den Feststellungsvertrag – wie schon der Begriff des Feststellungsvertrages besagt – ein vertragliches Schuldverhältnis zwischen den Vertragsschließenden begründet. Diese müssen nur auf der Rechtsfolgenebene so gestellt werden, als wäre der fragliche gesetzliche Haftungstatbestand tatsächlich gegeben.

In derartigen Fällen wirkt der Feststellungsvertrag immer forderungsbegründend[277]. Gehaftet wird in diesen Fällen stets aus dem Feststellungsvertrag selbst, nicht etwa aus § 823 Abs. 1 BGB. Diese vertragliche Forderung wird freilich denselben Inhalt wie eine gesetzlich begründete, z.B. eine Schadensersatzforderung des § 823 Abs. 1 BGB aufweisen. Diese Forderung ist abstrakt[278], d.h. in

---

[…] Nur im Hinblick auf diesen Zweck ist es erlaubt, von Feststellungsgeschäften zu reden."

275 *Baumann*, Das Schuldanerkenntnis, S. 162 ff., der sich im Wesentlichen darauf beruft, dass die Normierung des Anerkennungsvertrags – als Synonym für den Feststellungsvertrag – mit materieller Feststellungswirkung von der Zweiten Kommission abgelehnt wurde, Protokolle der Kommission für die zweite Lesung des Entwurfs des Bürgerlichen Gesetzbuchs, Band II, Berlin, 1898, S. 490 ff. Dass auch die Anhänger der Lehre von den Feststellungsverträgen eine eigenständige, materielle Feststellungswirkung im Sinne reiner Deklarationswirkung ablehnen, ergibt sich aber aus der vorstehenden Erörterung.

276 *Baumann*, Das Schuldanerkenntnis, S. 171 f.

277 *Kübler*, Feststellung und Garantie, S. 133 f. spricht von „*potenzieller Rechtsbegründung* oder Konstitutivität" des Feststellungsvertrags, während *Marburger*, Das kausale Schuldanerkenntnis als einseitiger Feststellungsvertrag, S. 38 ff. den Begriff der „bedingten" Schuldbegründung oder Konstitutivität bevorzugt.

278 Dieses mehrdeutige Wort ist ausschließlich in dem hier dargestellten Sinne zu verstehen.

ihrer Entstehung sowie ihrem Bestand von dem alten streitigen Schuldverhältnis unabhängig, selbstständig[279]. Mit seiner Willenserklärung kann der Anerkennende doch niemals verbindlich zum Deliktstäter i.S.d. §§ 823 ff. BGB werden. Hier lässt es sich nicht genug betonen: Dem Feststellungsvertrag kann keine selbstständige, materielle Feststellungswirkung i.S.v. Deklarationswirkung beigelegt werden[280].

Deutlich sichtbar wird das Missverständnis *Baumann*s über den Feststellungsvertrag schließlich an dessen etwas befremdendem Vergleichskonzept, dieser enthalte „die Inhaltsänderungen des ursprünglichen Schuldverhältnisses als Nebenabreden[281]. Nach der Auffassung *Baumanns* könne man damit „ohne dogmatische Schwierigkeiten" auf das Rechtsinstitut des Feststellungsvertrags als eigenständige dritte Kategorie neben dem Verpflichtungs- und dem Verfügungsgeschäft verzichten. Dabei nimmt *Baumann* vorbehaltlos die rechtsändernde Verfügungswirkung des Vergleichs an, und stellt diese als einzig entscheidenden Anlass zur Entwicklung der Lehre von den Feststellungsverträgen dar.

Dies ist jedoch nicht richtig: Wie schon oben erörtert, soll der Begriff „Feststellungsvertrag" nur unter dem Blickwinkel des mit diesem Vertrag zu erreichenden, von den Parteien stets verfolgten Zwecks der Beseitigung von Streit oder Ungewissheit aufgefasst werden. Das Wort „Feststellung" von Feststellungsverträgen soll nicht bedeuten, als würde dadurch etwas verbindlich festgestellt, sondern es ist nur im Hinblick auf den Vertragszweck zu verstehen. Denn der Feststellungsvertrag hat keine materiell-rechtliche Feststellungswirkung, die neben die Verpflichtungs- und die Verfügungswirkung träte. Eine derartige eigenständige Feststellungswirkung wird in der Tat auch nicht von den

279 Soweit *Marburger*, Das kausale Schuldanerkenntnis als einseitiger Feststellungsvertrag, S. 119 freilich darstellt, „[...] noch begründe er [also, der Feststellungsvertrag] ein Schuldverhältnis, das von dem vorher streitigen oder ungewissen völlig unabhängig ist.", steht dies der hier vertretenen Auffassung, die durch den Feststellungsvertrag begründete Forderung ist in ihrer Entstehung sowie in ihrem Bestand vom alten streitigen Schuldverhältnis unabhängig, selbstständig, nicht entgegen: *Marburger* meint damit lediglich, dass die durch den Feststellungsvertrag erst entstehende Forderung nach der erkennbaren Parteiabsicht in ihren Rechtswirkungen der streitigen oder ungewissen entsprechen solle. Danach soll die neu begründete Forderung kein „völlig neues Schuldverhältnis" sein, „das hinsichtlich seiner rechtlichen Eigenschaften anderen Regeln unterliegt als das vorher streitige oder ungewisse.", *Marburger*, Das kausale Schuldanerkenntnis als einseitiger Feststellungsvertrag, S. 62 f.

280 Etwas Gegenteiliges wird wohl weder von *Kübler* noch von *Marburger* behauptet.

281 *Baumann*, Das Schuldanerkenntnis, S. 177 f.

Anhängern der Lehre von den Feststellungsverträgen beteuert[282]. Mit der Lehre von den Feststellungsverträgen ist man vielmehr bestrebt, bestimmte Rechtsgeschäfte, deren Zweck es ist, Rechtsstreit oder -ungewissheit zu beseitigen – und einen solchen Zweck bezeichnet man dabei als Feststellungszweck – unter einer einheitlichen Kategorie zusammenzufassen und deren Eigenart sodann gerade in dieser besonderen gemeinsamen Zweckkategorie zu definieren, um sie so von den übrigen Rechtsgeschäften abzuheben. Mangels eigenständiger, materiellrechtlicher Feststellungswirkung ergibt der Begriff „Feststellungsvertrag" auch nur unter diesem finalen Aspekt einen Sinn[283].

b) Auffassung E. Ehmanns

Für *E. Ehmann* stellt sich der Vergleich als „gegenseitigen Risikoübernahmevertrag" dar, „bei dem die Parteien gegenseitig teilweise die Risiken der Unrichtigkeit der Prätention der anderen Partei übernehmen"[284]. Wenn z.B. A von B die Zahlung der Restschuld von 5.000 EUR verlangt, B aber nur noch 3.000 EUR schuldig zu sein meint und sich beide schließlich auf 4.000 EUR einigen, hätte A nach der Vorstellung *E. Ehmann*s hier in Höhe von 1.000 EUR das Risiko der Unrichtigkeit der Prätention des B übernommen, während B dafür ebenfalls in Höhe von 1.000 EUR das Risiko der Unrichtigkeit der Prätention des A übernommen hätte.

Es trifft unbestreitbar zu, dass der Vergleich für die Parteien stets ein risikobehaftetes Rechtsgeschäft ist[285]. Denn mit dem Vergleich geht jede Partei das Risiko jeder für sie nachteiligen Abweichung der im Vergleich geregelten Rechtslage von der objektiv bestehenden ein. Dieses Risiko besteht beim Vergleich eben deshalb, weil die Frage unbekannt, jedenfalls ungeklärt bleibt, ob und wenn ja, zu wessen Lasten die im Vergleich festgelegte und die ursprüngliche Rechtslage auseinandergehen[286]. Hat die ursprüngliche Restschuld des B im Beispielsfall tatsächlich 5.000 EUR betragen (mit der Folge, dass der Vergleich zulasten des A von der ursprünglichen Rechtslage abweicht), so hat A durch die vergleichsweise

282 Anders etwa *Hofstetter*, BB 1963, 1459, 1460, der den Feststellungsvertrag weder als Verpflichtungs- noch als Verfügungsgeschäft ansieht.

283 *Bork*, Der Vergleich, S. 98, 156 ff., der statt des „unglücklichen" Begriffs des Feststellungsvertrags eine neue Terminologie „Bereinigungsvertrag" empfiehlt.

284 *E. Ehmann*, Schuldanerkenntnis und Vergleich, S. 115.

285 *Bork*, Der Vergleich, S. 110, 113; *Dubischar* in: AK, § 779 Rn. 4.

286 *Bork*, Der Vergleich, S. 113, der insoweit von einer „wirtschaftlichen Potenzialität des Vergleichs" spricht; *Dubischar* in AK, § 779 Rn. 4.

Einigung 1.000 EUR verloren. Hatte B hingegen recht, hat also dessen ursprüngliche Restschuld tatsächlich nur 3.000 EUR betragen (in diesem Fall weicht der Vergleich zuungunsten des B von der wahren Rechtslage ab), hat B durch den Vergleich 1.000 EUR verloren. Es kann aber auch sein, dass die ursprüngliche Restschuld tatsächlich genau 4.000 EUR betragen hat. Dann hat keiner von beiden etwas verloren. Da es offenbleibt, ob A oder B durch den Vergleich 1000 EUR verloren hat, ist dieser für beide ein „Risikogeschäft" über 1.000 EUR.

Ebenso richtig dürfte die Ansicht *E. Ehmann*s sein, dass die Parteien eines Vergleichs ihre Prozessrisiken „privatautonom im Wege gegenseitigen Nachgebens verteilen"[287]. Wenn A den von B bestrittenen Differenzbetrag von 2.000 EUR einklagen würde, müsste A das Risiko tragen, mit der Klage abgewiesen zu werden und damit mit leeren Händen zu gehen. Im Prozess müsste B seinerseits damit rechnen, dass das Gericht der Zahlungsklage des A in vollem Umfang stattgibt. In diesem Fall müsste B an A 2.000 EUR zahlen. Diese Risiken verteilen A und B aber im Wege der vergleichsweisen Einigung auf 1.000 EUR.

Unter Zugrundelegung der Überlegung, dass jede Vergleichspartei das Risiko der Unrichtigkeit der Prätention der anderen auf sich nehme, kommt *E. Ehmann* sodann zu der Schlussfolgerung, dass der Vergleich somit „gegenseitiger Risikoübernahmevertrag" sei[288]. Diese Folgerung, wenn sie auch auf den ersten Blick folgerichtig scheinen mag, überzeugt jedoch nicht: Der Ansatz *E. Ehmann*s, wonach die Parteien „gegenseitig teilweise die Risiken der Unrichtigkeit der Prätention der anderen Partei übernehmen" ist wenig einleuchtend. Denn dagegen spricht bereits, dass die Vergleichsparteien in aller Regel das Ziel verfolgen, ihre eigene Prätention zumindest teilweise gegen den Gegner durchzusetzen. Durch das Nachgeben der einen Partei soll die Prätention der anderen zum Teil verwirklicht werden; diese soll ja fortan vor künftigem Bestreiten jener Partei gesichert bzw. geschützt werden.

Demgegenüber zwingt die Vorstellung *E. Ehmann*s eher zur Annahme, dass die Parteien eines Vergleichs namentlich beabsichtigen würden, die Risiken der Unrichtigkeit der eigenen Prätention aufeinander zu überwälzen, die sie im Fall eines Prozesses tragen müssten. Durch das Nachgeben der einen Partei soll demnach die Unrichtigkeit der Prätention der anderen teilweise von jener übernommen werden. So hätte A in Höhe von 1.000 EUR das Risiko der Unrichtigkeit der Prätention des B übernommen und im Gegenzug dessen Nachgeben erhalten,

287 *E. Ehmann*, Schuldanerkenntnis und Vergleich, S. 115.
288 *E. Ehmann*, Schuldanerkenntnis und Vergleich, S. 115.

das in der Übernahme der Unrichtigkeit der Prätention des A in der gleichen Höhe durch B liegen soll.

Das kann aber nicht richtig sein. Unter Zugrundelegung der Auffassung *E. Ehmanns* würde der Vergleich doch einen völlig anderen Sinngehalt haben, als denjenigen, welchen die Parteien dem Vergleich beizumessen pflegen. Die Parteien wollen – einfach formuliert – *quasi* die Richtigkeit ihrer eigenen Prätentionen (teilweise) vom jeweiligen Gegner *zugestanden* wissen[289]. Durch den Vergleich soll die Prätention der einen Partei künftig nicht mehr von der anderen bestritten werden. Erlangt werden soll dadurch letztlich die Rechtsgewissheit.

Bei dieser Betrachtungsweise hat A in Höhe von 1.000 EUR *quasi* die Richtigkeit seiner Prätention von B *zugestanden* bekommen und seinerseits dem B ein Nachgeben gewährt, indem er in Höhe von 1.000 EUR *quasi* die Richtigkeit der negativen Prätention des B *zuerkannt* hat.

Angenommen, A und B einigen sich im Wege des Vergleichs auf 4.500 EUR: Nach der hier vertretenen Auffassung hat A in Höhe von 1.500 EUR *quasi* die Richtigkeit seiner Prätention von B *zugestanden* bekommen. Im Gegenzug hat A aber seinerseits dem B in Höhe von 500 EUR *quasi* die Richtigkeit dessen negativer Prätention *zugestanden.*

Würde es sich hingegen beim Vergleich um einen gegenseitigen Risikoübernahmevertrag handeln, so müssten es die Parteien jedenfalls in ihr Bewusstsein aufgenommen haben, das Risiko der Unrichtigkeit der Prätention der jeweils anderen Partei einzugehen. Dies dürfte beim Vergleich indes nur äußerst selten der Fall sein. Den Parteien geht es zweifellos darum, die Unbestreitbarkeit der eigenen Prätention zu erlangen. Dieser letztlich auf die Erlangung der Rechtssicherheit gerichtete, insoweit mehr als eindeutige Geschäfts- bzw. Rechtsfolgenwille der Parteien kann nicht ohne Weiteres als solcher aufgefasst oder im Willen umgedeutet werden, die Risiken der Unrichtigkeit der Prätention der jeweils anderen Partei zu übernehmen. Vielmehr werden sich die Parteien überhaupt keine Gedanken darüber machen.

Der von *E. Ehmann* gewählte Begriff „gegenseitiger Risikoübernahmevertrag" lässt indes die auf die Erlangung der Rechtssicherheit gerichtete Parteiabsicht

---

289 Gemeint sei hier lediglich, dass die Parteien nunmehr einen für ihren Gegner günstigeren Standpunkt einnehmen, wobei sie weiterhin behaupten mögen, dass ihr ursprünglicher, für sie selbst günstigerer Standpunkt richtig war, *Bork*, Der Vergleich, S. 248 f. Dass die Vergleichsparteien nicht einander zugestehen müssen, dass der jeweilige Gegner (teilweise) recht habe, wurde bereits dargelegt.

ganz und gar nicht erkennen. Bereits aus diesem Grund dürfte der Begriff abzulehnen sein.

Als Ergebnis darf gelten: Zwar kann der Vergleich insofern als Risikogeschäft angesehen werden, als es stets offenbleibt, ob bzw. zu wessen Lasten die im Vergleich festgelegte Rechtslage und die ursprüngliche auseinanderfallen. Er ist aber kein gegenseitiger Risikoübernahmevertrag, bei dem die Parteien gegenseitig die Unrichtigkeitsrisiken übernehmen würden, sondern ein Vertrag, durch den die Parteien ihre eigene Prätention fortan vor jedem künftigen Bestreiten der jeweils anderen Partei sichern bzw. schützen wollen. Er ist ein Vertrag, welcher auf die Erlangung der Rechtssicherheit abzielt.

Nach der Ansicht *E. Ehmann*s sei der Vergleich ein Grundgeschäft[290], soweit er „das *caput controversum*"[291] materiell-rechtlich neu ordne; insofern verwirkliche der Vergleich „das Erfüllungsprogramm" des ursprünglich strittigen Rechtsverhältnisses nicht und müsse so vom Bestand dieses Rechtsverhältnisses unabhängig sein, was bereits gegen die Einordnung als Abwicklungsgeschäft spreche[292].

Hingegen soll der Vergleich zugleich ein Abwicklungsgeschäft darstellen, soweit er „das *caput non controversum*"[293], also „den ‚als feststehend zugrunde gelegten Sachverhalt' in Bezug nimmt", dessen Richtigkeit der wirksame Vergleich stets voraussetze[294]. Der Vergleich sei insoweit nur dann gerechtfertigt, wenn der als feststehend zugrunde gelegte Sachverhalt richtig, d.h. der mit dem Vergleich verfolgte Abwicklungszweck (Erfüllungs- oder Sicherungszweck[295]) erreicht worden sei, wie es die Regelung des § 779 BGB nachweise[296].

---

290 Durch die sog. „Grundgeschäfte" sollen nach *E. Ehmann*, Schuldanerkenntnis und Vergleich, S. 41, 112 im Gegensatz zu den sog. „Abwicklungsgeschäften" zwischen den Parteien eine oder mehrere Vermögensverschiebungen begründet werden; ähnlich *Klinke*, Causa und genetisches Synallagma, S. 50, der den mit jeder Zuwendung verfolgten Zweck, nämlich den Leistungszweck für „erstmalig als Kausal- oder Grundgeschäft vereinbart" erachtet.

291 Dies bedeutet den streitigen Teil des streitigen Rechtsverhältnisses, *E. Ehmann*, Schuldanerkenntnis und Vergleich, S. 101.

292 *E. Ehmann*, Schuldanerkenntnis und Vergleich, S. 102, 116.

293 Darunter ist der unstreitige Teil des streitigen Rechtsverhältnisses zu verstehen, *E. Ehmann*, Schuldanerkenntnis und Vergleich, S. 102.

294 *E. Ehmann*, Schuldanerkenntnis und Vergleich, S. 102, 116.

295 *E. Ehmann*, Schuldanerkenntnis und Vergleich, S. 42.

296 *E. Ehmann*, Schuldanerkenntnis und Vergleich, S. 102, 116.

E. Ehmann legt seiner vorstehenden Konstruktion offenbar die auf *Stampe*[297] zurückgehende Zweiteilung der sog. „Güterschiebungsgeschäfte"[298] in „Grundgeschäfte" und „Hilfsgeschäfte" zugrunde[299], ohne dass er freilich

---

297 *Stampe*, Das Causa-Problem des Civilrechts, S. 23 ff.; *ders.*, ZHR 55 (1904), 387, 390 ff, 399 f. Nach der Auffassung *Stampe*s sei der Parteiwillensakt im wirtschaftlichen Verkehr immer auf die Herbeiführung eines „wirtschaftlichen Gesamterfolges" gerichtet, sodass die rechtsgeschäftliche causa stets unter dem wirtschaftlichen Gesichtspunkt zu definieren sei. Die Rechtsgeschäfte ließen sich demnach in „Güterzuweisungs-" und „Güterschiebungsgeschäfte" und die Letzteren wiederum in „Grund-" und „Hilfsgeschäfte" einteilen. Das „Grundgeschäft" sei nach der Terminologie *Stampe*s dann mit dem Parteiwillens- bzw. „Feststellungsakt über Art und Objekt der gewollten Güterschiebung" (z.B. Kauf, Schenkung, Darlehen etc.) gleichzusetzen und beinhalte so die rechtsgeschäftliche causa. So seien die sog. obligatorischen Verträge allesamt „Grundgeschäfte" und würden mithin selbst die rechtsgeschäftliche causa darstellen. Da sich die Wirkungen des so zu verstehenden „Grundgeschäftes" aber lediglich auf „die Statuierung obligatorischer Verpflichtungen" erstrecken würden, müssten nach der Ansicht *Stampe*s zum betreffenden „Grundgeschäft" weitere auf einzelne dingliche Rechtsänderungen gerichtete Willensakte, nämlich „die sog. solutorischen Hilfsgeschäfte" hinzutreten, die zur Realisierung der causa, also des „Grundgeschäftes" dienen und in Bezug auf die von ihnen hervorgebrachten endgültigen Rechtsänderungen – bis auf einige Ausnahmen, z.B. Vorverträge oder Vergleiche, *Stampe*, Das Causa-Problem des Civilrechts, S. 33 – grundsätzlich von der Gültigkeit oder Wirksamkeit des „Grundgeschäftes" abhängen würden. Derartige kausale oder abstrakte „Hilfsgeschäfte" sollen daher für sich allein nicht fähig sein, „d e f i n i t i v e Rechtswirkungen zu erzeugen". Zu den „Hilfsgeschäften" zählt *Stampe* u.a. „die Sicherungsgeschäfte", hierunter auch Anerkenntnisse sowie Vergleiche mit, *Stampe*, Das Causa-Problem des Civilrechts, S. 30.

298 Diese von *Stampe* verwendete Terminologie sei „sprachlich unschön", *Westermann*, Die causa im französischen und deutschen Zivilrecht, S. 69. Gemeint sein dürfte wohl damit ein Rechtsgeschäft, das auf den „Uebergang eines zur Zeit einem bestimmten Vermögen zuständigen Gutes in ein andres Vermögen" abzielt, *Stampe*, Das Causa-Problem des Civilrechts, S. 23. Als sinnverwandte Ausdrücke können z.B. Vermögens(-wert)verschiebungs-, Güterverschiebungs-, Güterbewegungs-, Wertbewegungs- sowie Vermögenszuwendungsgeschäfte in Betracht kommen.

299 Die Annahme rechtfertigt sich aus Folgendem: Im Rahmen seiner gesamten Abhandlung stützt sich *E. Ehmann* an verschiedenen Stellen (z.B. *E. Ehmann*, Schuldanerkenntnis und Vergleich, S. 41, Fn. 49, S. 42, Fn. 61) auf die Ausführungen *Klinke*s aus dessen Kölner Dissertation, Causa und genetisches Synallagma. Dieser beruft sich wiederum u.a. auf *Westermann*, Die causa im französischen und deutschen Zivilrecht (so z.B. *Klinke*, Causa und genetisches Synallagma, S. 50, Fn. 3), der die von *Stampe*, Das Causa-Problem des Civilrechts, S. 23 ff. konstruierte Gegenüberstellung von Grund- und Hilfsgeschäften als wissenschaftlich „wertvoll" ansieht, *Westermann*,

die Unterscheidung zwischen „Grundgeschäften“ einerseits und „Hilfs- bzw. Abwicklungsgeschäften“ andererseits konsequent durchführt. So soll der Vergleich nach dem Konzept *E. Ehmanns* ein Grundgeschäft und zugleich ein Abwicklungsgeschäft sein, während man bei der Betrachtungsweise *Stampes* davon ausgehen dürfte, dass sich ein Güterschiebungsgeschäft immer nur der einen von den beiden Geschäftskategorien zuordnen lässt; die Begrifflichkeiten „Grundgeschäft“ und „Hilfs- bzw. Abwicklungsgeschäft“ stehen sich als Gegensätze gegenüber. Ein und dasselbe Vermögensverschiebungsgeschäft ist demnach stets *entweder* als „Grundgeschäft“ *oder* als „Abwicklungsgeschäft“ zu werten, und kann nicht gleichzeitig das eine *und* das andere Geschäft sein. Denkbar ist freilich, dass ein Vermögensverschiebungsgeschäft irgendwelche Elemente von den beiden Geschäften aufweist. So können die Parteien ihre Leistungen und Leistungsversprechen in irgendeiner Form von der Erreichung von verschiedenartigen, gemischten Zwecken abhängig machen[300]. In solchen Fällen wird für die Einordnung des fraglichen Geschäfts darauf abzustellen sein, welcher Leistungszweck im Vordergrund steht, also was der Primärzweck der Leistung oder des Leistungsversprechens ist. Der Primärzweck der Zuwendung als – stets finalen – menschlichen Handelns[301] gilt dabei als hinreichend taugliches Kriterium für die Unterscheidung zwischen dem „Grundgeschäft“ und dem „Hilfs- bzw. Abwicklungsgeschäft“[302].

Der Gläubiger kann z.B. beim Ausfall des Hauptschuldners oder in einem der Fälle des § 773 Abs. 1 BGB sofort vom Bürgen verlangen, dass dieser die an den Hauptschuldner gezahlte Darlehenssumme an den Gläubiger zurückzahlt. Ein derartiger Anspruch gegen den Bürgen steht dem Gläubiger unmittelbar aus der Bürgschaft gem. § 765 BGB zu (und nicht aus dem zwischen

---

Die causa im französischen und deutschen Zivilrecht, S. 73 f.; dazu auch *Rümelin*, AcP 97 (1905), 211, 218, wonach die gesonderte Betrachtung von Grund- und Hilfsgeschäften „zu einer erheblichen Förderung der Causalehre“ geführt haben soll. *Klinke*, Causa und genetisches Synallagma, S. 52, Fn. 20 nimmt bei seiner Darstellung von „Abwicklungsgeschäften“ sogar ausdrücklich Bezug auf *Stampe*, Das Causa-Problem des Civilrechts, S. 24, 30. Im Übrigen ist er der Ansicht, dass die Lehre *Stampes* eher unter dem Blickwinkel der „*Geschichte der Rechtsdogmatik*“ zu betrachten sei, *Klinke*, Causa und genetisches Synallagma, S. 34.

300 *H. Ehmann*, Die Gesamtschuld, S. 172.

301 Statt vieler *Klinke*, Causa und genetisches Synallagma, S. 20.

302 So unterteilen sich Zuwendungen bei *Klinke* je nach dem dabei verfolgten Primärzweck in „Grundgeschäfte“ und „Abwicklungsgeschäfte“, *Klinke*, Causa und genetisches Synallagma, S. 50 ff.

ihm und dem Hauptschuldner abgeschlossenen Darlehensvertrag i.S.d. § 488 BGB). Hinsichtlich der Bürgschaftsleistung wirkt die Bürgschaft stets selbst anspruchsbegründend und verschafft dem Gläubiger der Hauptschuld einen eigenständigen – wenn auch in ihren rechtlichen Wirkungen zur Hauptschuld akzessorischen – Anspruch gegen den Bürgen[303]. Bei dem Bürgschaftsvertrag handelt es sich nach unbestrittener Auffassung um einen kausalen Vertrag[304]. Obwohl dieser eine von der Hauptschuld verschiedene, eigene Leistungspflicht des Bürgen begründet (damit eine Zuwendung enthält), wird er in Anbetracht von seinem primären Sicherungszweck nahezu einheitlich als „Hilfs- bzw. Abwicklungsgeschäft" angesehen[305].

An dieser grundsätzlichen Einordnung der Bürgschaft als „Abwicklungsgeschäft" dürfte sich auch nichts dadurch ändern, dass der Gläubiger seinerseits dem Bürgen eine irgendwie geartete Gegenleistung[306] erbringt. Zwar kann die Bürgschaft in diesem Fall als „Bestandteil eines gegenseitigen Vertrages" i.S.d. §§ 320 ff. BGB zu betrachten sein[307]. Hierdurch wird jedoch nicht zu leugnen sein, dass die Bürgschaft, die an sich ein rechtlich eigenständiger Vertrag und als solcher bindend ist, in erster Linie zum Sicherungszweck geleistet wird. Bei dem von den Parteien neben diesem Sicherungszweck vereinbarten sog. „Austauschzweck" handelt es sich dann lediglich um einen Sekundärzweck[308], der nach dem vorher Gesagten für die Beurteilung der Bürgschaft als „Abwicklungsgeschäft" unberücksichtigt bleiben muss. Der Umstand, dass sich der Gläubiger verpflichtet, dem Bürgen selbst eine andere Leistung zu erbringen, vermag mithin nichts daran zu ändern, dass die Bürgerschaft zu den sog. „Abwicklungsgeschäften" zu zählen ist. Für den Inhalt der Verpflichtungen des Bürgen bleiben allein die §§ 765 ff. BGB weiterhin maßgeblich[309].

---

303 BGHZ 139, 214, 217; *Sprau* in: Grüneberg, Einf. vor § 765 Rn. 1.

304 Statt vieler *Stürner* in: Staudinger, Vorbem. zu §§ 765 ff Rn. 7.

305 Statt vieler *Klinke*, Causa und genetisches Synallagma, S. 52 f. Auch *E. Ehmann* vertritt die Ansicht, dass die Bürgschaft ein „Abwicklungsgeschäft" sei, *E. Ehmann*, Schuldanerkenntnis und Vergleich, S. 43.

306 Als Beispiele nennt *H. Ehmann* die Zahlung einer der Höhe nach bestimmten Risikoprämie sowie die Unterlassung einer Strafanzeige gegen den Hauptschuldner, *H. Ehmann*, Die Gesamtschuld, S. 174.

307 RGZ 66, 425, 426; BGH NJW 1996, 930, 931; *Habersack* in: MüKo-BGB, § 765 Rn. 6.

308 Von *H. Ehmann* wird freilich der Begriff „(an-)gestaffelter Zweck" verwendet, *H. Ehmann*, Die Gesamtschuld, S. 58, 171 ff.

309 *Habersack* in: MüKo-BGB, § 765 Rn. 6.

Auf den Vergleich dürften die vorstehenden Überlegungen entsprechende Anwendung zu finden haben; anders als bei der Bürgschaft, bei der sich der Gläubiger verpflichtet, seinerseits dem Bürgen eine Gegenleistung zu erbringen, scheint es im Fall des Vergleichs schon sehr fraglich, gar zweifelhaft, ob die Parteien mit dem Vergleich immer den sog. Austauschzweck[310] verfolgen[311]. Solche Bedenken bestehen jedenfalls hinsichtlich der im Vergleichsvertrag vereinbarten Leistungspflichten. Denn nicht selten enthält der Vergleich einseitige Verpflichtungen nur der einen Partei. Von einem Austausch zweier Leistungsverpflichtungen kann in diesem Fall wohl nicht die Rede sein[312].

---

310 D.h. die Güterbewegung bzw. Zuwendung erfolgt „um einer Gegenleistung willen",statt vieler *H. Ehmann*, Die Gesamtschuld, S. 58, 123, 135. Nach *H. Ehmann*, Die Gesamtschuld, S. 139 sei der Austauschzweck „unzweifelhaft" ein Wesensbestandteil der sog. „typischen Austauschverträge" wie z.B. Kauf-, Miet- und Dienstvertrag.

311 Dagegen sollen nach *Bork*, Der Vergleich, S. 151 f., 154 doppelte Bedenken bestehen; zum einen seien wechselseitige Zuwendungen beider Parteien nicht sicher feststellbar, insbesondere könne ein Austausch von Zuwendungen nicht im gegenseitigen Nachgeben gesehen werden, da dieses „nur eine besondere Form des Zustandekommens des Vertrages, eben nicht den Zweck des Vertrages beschreibe. Ferner erfolge eine Vermögensmehrung angesichts der „Potentialität des Vergleichs" nur auf einer Seite. Zum anderen sei die Verfolgung eines Austauschzwecks selbst dann zu verneinen, wenn die Parteien im Einzelfall einander Leistungen versprechen würden, denn sie wollten mit ihrer jeweiligen Leistung ausschließlich den Streitbeseitigungszweck des Vergleichs „fördern". Ein dem vergleichstypischen sog. „Bereinigungszweck" (*Bork*, Der Vergleich, S. 158) angestaffelter Austauschzweck sei nur dann zu bejahen, wenn im Rahmen eines Vergleichs ein neuer, an sich eigenständiger Austauschvertrag abgeschlossen werde.

312 Der Gedanke *v. Tuhr*s, Der AT des Deutschen Bürgerlichen Rechts Bd. II/2, S. 264, wonach der Anerkennende als Entgelt für seine einseitige Anerkennung „die Vermeidung eines Prozesses" und letztlich „die Herstellung der Rechtssicherheit" erhalte, kann nicht ohne Weiteres auf den Vergleich übertragen werden. Denn abgesehen davon, dass *v. Tuhr* den Vergleich ohnehin schon deshalb als gegenseitigen oder entgeltlichen Vertrag behandeln will, weil dieser im Wege gegenseitigen Nachgebens zustande komme, *v. Tuhr*, Der AT des Deutschen Bürgerlichen Rechts Bd. II/2, S. 264 f., wird die Herstellung des Rechtsfriedens beim Vergleich anders als bei der dort in Rede stehenden – einseitigen! – „echten Anerkennung" von beiden Parteien beabsichtigt. Die Vermeidung des Austrags eines Rechtsstreits liegt wohl im gemeinsamen Interesse der Vergleichspartner. Die durch den Vergleich hergestellte Rechtssicherheit kommt tatsächlich den beiden zugute. Selbst *v. Tuhr* führt dazu aus: „[…] auch der Anerkennende verspricht sich [beim Vergleich!] von der Herstellung eines sicheren Rechtszustandes gewisse Vorteile […]", *v. Tuhr*, Der AT des Deutschen Bürgerlichen Rechts Bd. II/2, S. 265, Fn. 103.

Wenn A und B vereinbaren, dass der Letztere noch 4.000 EUR an den Ersteren zu zahlen hat, scheint es nicht ganz ohne Zweifel, ob B diese Zahlungsverpflichtung „um einer Gegenleistung willen" eingegangen ist, also (für seine Zahlungspflicht) den Erhalt einer Gegenleistung oder eines Gegenleistungsversprechens des A bezweckt hat. Der betreffende Vergleich enthält eine bloße einseitige Zahlungsverpflichtung des B, damit findet kein Austausch zweier Leistungsverpflichtungen statt: Eine vergleichsmäßige Gegenleistung bzw. Gegenverpflichtung des A gibt es wohl hier nicht.

Aber auch wenn die Gegenseitigkeit bzw. Entgeltlichkeit der Leistungspflichten oder Leistungen im Einzelfall aus dem konkreten Vergleichsinhalt folgt – und wenn man in diesem Fall die Verfolgung eines Austauschzwecks durch die Vergleichsparteien nicht gänzlich abstreiten will[313] –, ist der Austauschzweck nach dem Gesagten allenfalls als Sekundärzweck zu betrachten[314], der als solcher dann für die Typisierung des Vergleichsvertrags keine Berücksichtigung finden darf. Den Primärzweck des Vergleichs bildet stets dessen Feststellungs- bzw. Außerstreitstellungszweck[315]; er kann mithin kein Grundgeschäft sein[316].

Wie schon mehrfach betont, ist der Parteiwille bei einem Vergleich ausnahmslos auf die Beseitigung von Streit oder Ungewissheit, damit die Wiederherstellung der Rechtssicherheit gerichtet. Dieser Feststellungszweck ist „wesentlicher Bestandteil des Vergleichs"[317] und gerade in jenem findet der Vergleich seinen

313 Dagegen *Bork*, Der Vergleich, S. 152.

314 *Lehmann*, Der Prozeßvergleich, S. 82; *Oertmann*, Recht der Schuldverhältnisse, Vorbem. zu § 779 Anm. 1; *v. Tuhr*, Der AT des Deutschen Bürgerlichen Rechts Bd. II/2, S. 264 f. Für diese Autoren ist der Vergleich freilich schon deshalb ein Austauschvertrag, weil er im Wege gegenseitigen Nachgebens zustande kommt; dagegen *E. Ehmann*, Schuldanerkenntnis und Vergleich, S. 130, Fn. 180, wonach der Austauschzweck und der „reine" Abwicklungszweck beim Vergleich in einem echten Konkurrenzverhältnis stünden; ferner *Bork*, Der Vergleich, S. 152, der den Austausch lediglich als „Mittel" zur Förderung des typischen Vergleichszwecks betrachtet.

315 Statt vieler *Marburger* in: Staudinger, § 779 Rn. 37. Dagegen sieht *H. Ehmann* den Vergleichszweck („Friedenszweck") als dem Austauschzweck angestaffelt an. Im Übrigen bezeichnet er jenen als „aus den Elementen des Erfüllungs- und Sicherungszwecks" zusammengesetzten „Abwicklungszweck", *H. Ehmann*, Die Gesamtschuld, S. 172 f.; zur Entgeltlichkeitscausa des Vergleichs auch *Zitelmann*, Das Recht des BGB, S. 148 f.

316 Denn nach *E. Ehmann*, Schuldanerkenntnis und Vergleich, S. 41 f., 112 f., kommt als Primärzweck von Grundgeschäften entweder der Austauschzweck oder der „Unentgeltlichkeitszweck" in Betracht.

317 So ausdrücklich *Lenel*, AcP 79 (1892), 49, 82, der diesen Zweck zugleich als „Vergleichsinhalt im weiteren Sinn" bezeichnet.

eigentlichen Charakter, was unmittelbar aus der Legaldefinition des § 779 Abs. 1 BGB zu entnehmen ist[318]; verfolgen die Parteien mit ihrem Vertrag keinen derartigen Feststellungszweck, handelt es sich selbst dann nicht um einen Vergleich, wenn die Parteien einander Zugeständnisse machen. Ein Vertrag, der wechselseitige Zuwendungen, z.B. Eigentumsaufgabe gegen Abfindungszahlung beinhaltet, wird erst dadurch zum Vergleich, dass die Vertragsparteien zugleich den Zweck verfolgen, einen Streit z.B. über das Eigentumsrecht auf diese Weise endgültig beizulegen. Der stattfindende wechselseitige Leistungsaustausch steht dann im Dienst dieses eigentlichen Vergleichszwecks und ist damit nur das „Mittel" zur Erreichung desselben[319].

Freilich behauptet *E. Ehmann*, dass dieser Feststellungs- bzw. Streitbeseitigungszweck „kein Zweck eigener Art" sei; er setze sich vielmehr aus dem Austauschzweck und dem „reinen" Abwicklungszweck zusammen[320].

Wie *E. Ehmann* dabei besonders hervorhebt, findet sich im Schrifttum auch die These, die Parteien würden beim Vergleich Leistungen/Zuwendungen austauschen, indem sie gegenseitig nachgeben müssten; mit ihrem Nachgeben leiste jede Partei etwas, und diese Leistung erfolge um der Gegenleistung der jeweils anderen willen[321].

---

318 *Bork*, Der Vergleich, S. 152 f.; *Kübler*, Feststellung und Garantie, S. 135 f.; *Lehmann*, Der Prozeßvergleich, S. 82; *Lenel*, AcP 79 (1892), 49, 82; *Marburger*, Das kausale Schuldanerkenntnis als einseitiger Feststellungsvertrag, S. 36; *ders.* in: Staudinger, § 779 Rn. 45; *Pagenstecher*, Zur Lehre von der materiellen Rechtskraft, S. 101 f.; *Schnorr v. Carolsfeld*, Beiträge zur Lehre vom Vergleich, S. 100; ähnlich *v. Tuhr*, Der AT des Deutschen Bürgerlichen Rechts Bd. II/2, S. 264.

319 *Bork*, Der Vergleich, S. 152; *Esser* in: FS für Lehmann Bd. II, 713, 717; *Lehmann*, Der Prozeßvergleich, S. 82, 93; *Lenel*, AcP 79 (1892), 49, 82; *Marburger*, Das kausale Schuldanerkenntnis als einseitiger Feststellungsvertrag, S. 36; *Pagenstecher*, Zur Lehre von der materiellen Rechtskraft, S. 100; *Veeser*, Der vollstreckbare Anwaltsvergleich, S. 72.

320 *E. Ehmann*, Schuldanerkenntnis und Vergleich, S. 102, 130, 206.

321 Motive zu dem Entwurf eines BGB für das Deutsche Reich, Band II, Berlin/Leipzig, 1888, S. 651; *E. Ehmann*, Schuldanerkenntnis und Vergleich, S. 116 ff., 124 ff.; *H. Ehmann*, Die Gesamtschuld, S. 172; *Lehmann*, Der Prozeßvergleich, S. 82; *Oertmann*, Recht der Schuldverhältnisse, Vorbem. zu § 779 Anm. 1; *v. Tuhr*, Der AT des Deutschen Bürgerlichen Rechts Bd. II/2, S. 264 f.; *Windscheid/Kipp*, Lehrbuch des Pandektenrechts Bd. II, § 413 (S. 835 f.); *Zitelmann*, Das Recht des BGB, S. 148 f. Für alle Genannten ist der Vergleich ein gegenseitiger/entgeltlicher Vertrag. Auch *E. Ehmann*, Schuldanerkenntnis und Vergleich, S. 121 f. will etwa den Vergleich über die Höhe eines dem Grunde nach unbestrittenen Anspruchs als „Austausch eines unecht bedingten Erlasses (§ 397 BGB) gegen ein unecht bedingtes Leistungsversprechen" begreifen. Derartige Erfassung des Vergleichs, die in Wahrheit nichts Anderes als

Aus der Gegenseitigkeit des Nachgebens - wodurch sich der Vergleich vom sog. kausalen (deklaratorischen) Schuldanerkenntnis unterscheidet[322] - wird demgemäß auf einen Austausch von Leistungen/Zuwendungen gefolgert.

Diese Ansicht vermag jedoch nicht zu überzeugen: „Gegenseitiges Nachgeben“ besagt, dass jede Partei einen von ihr bisher vertretenen, für sie günstigeren Standpunkt zugunsten des Gegners gänzlich oder teilweise aufgibt[323]. Ausgetauscht werden von den Parteien dementsprechend lediglich „Prätentionsverzichte“, genauer gesagt, Verzichte auf die Weiterverfolgung (der Richtigkeit) ihres ursprünglichen Standpunktes oder solche auf die Durchsetzung ihrer bisherigen Rechtsbehauptung[324]. Gegenseitiges Nachgeben i.S.d. § 779 Abs. 1 BGB liegt dann vor, wenn die Parteien von ihren ursprünglichen Positionen „abrücken“ und dem Gegner „entgegenkommen“[325]. Die bloße Aufgabe einer Rechtsbehauptung ist dann niemals mit einem Verzicht auf eine materielle Vermögensposition gleichzusetzen; sie ist stets „vermögensneutral“ und damit keine Zuwendung[326].

Die Annahme, dass gegenseitiges Nachgeben nichts Anderes als beiderseitigen Verzicht auf die Weiterverfolgung ursprünglich aufgestellter Prätentionen bedeutet[327], erhärtet sich auch durch die Erkenntnis, dass jede Partei beim

---

eine Beschreibung der durch ihn bewirkten Rechtsfolgen ist, besagt jedoch nichts über den Zweck des Vergleichsvertrags. Wie es unten zeigen wird, vermag sie keinen Austauschzweck des Vergleichs zu begründen.

322 *Habersack* in: MüKo-BGB, § 779 Rn. 68; *Marburger*, Das kausale Schuldanerkenntnis als einseitiger Feststellungsvertrag, S. 46 f.; *ders.* in: Staudinger, § 779 Rn. 28.

323 RGZ 158, 210, 213; BGHZ 39, 60, 65; BAG NJW 2015, 1198, 1199 f.; *Bork*, Der Vergleich, S. 151, 176, 248 ff.; *Marburger* in: Staudinger, § 779 Rn. 27; *Medicus/Lorenz*, Schuldrecht I, S. 126; *Tägert*, Beiträge zur Theorie des Feststellungsvertrages, S. 23 f.; ferner *Häsemeyer*, ZZP 108 (1995), 289, 292, der unter „Nachgeben“ einen Verzicht auf den „Streitaustrag“ begreifen will.

324 LAG Düsseldorf JurBüro 1986, 873 (zum Vorliegen gegenseitigen Nachgebens durch den Verzicht auf die Feststellung der wahren Rechtslage); *Bork*, Der Vergleich, S. 248 f., der es nicht für erforderlich erachtet, dass die Parteien beim Vergleich auf ihre ursprünglichen Rechtsbehauptungen verzichten oder einander zustehen, dass der Gegner „(teilweise) Recht gehabt habe“.

325 *Bork*, Der Vergleich, S. 248 ff. bezeichnet diesen entgegenkommenden Prätentionsverzicht als „gegnerfreundliches Parteiverhalten“.

326 *Bork*, Der Vergleich, S. 151.

327 Demgegenüber führt *Tägert* aus: „Bemerkenswert ist, dass das Nachgeben des Gegners sich nicht gerade auf eine Prätentionsaufgabe zu beziehen braucht. Es genügt, wenn er etwas Gleichwertiges bietet, etwa die Übernahme besonderer Verpflichtungen“, *Tägert*, Beiträge zur Theorie des Feststellungsvertrages, S. 21. Offensichtlich hat er

Vergleich ihrer durch die gegensätzliche Prätention des Gegners „gewissermaßen bedrohten" Rechtsposition zur (zumindest teilweisen) vertraglichen Geltung zu verhelfen sucht[328]. Die von ihr beabsichtigte (teilweise) Durchsetzung eigener Prätention vollzieht sich dadurch, dass der Gegner nicht mehr an seiner ursprünglichen, jener widersprechenden Prätention (Standpunkt, Behauptung) in vollem Umfang festhält und eine neue für sie günstigere Prätention einnimmt. Anders formuliert: Die gewollte Sicherung der eigenen Rechtsbehauptung erfolgt durch das Nachgeben des Gegners, der von seiner anfänglichen Rechtsbehauptung abrückt und auf deren Weiterverfolgung verzichtet.

Zum Abschluss eines Vergleichs tauschen die Parteien mit nötigem Bindungswillen Erklärungen in Gestalt von (teilweisen) Prätentionsverzichten; es werden keinerlei materielle Leistungen ausgetauscht[329].

---

dabei diejenigen Fälle vor Augen, in denen sich eine Partei mit ihrer ursprünglichen Prätention durchsetzt, dem Gegner jedoch in anderer Weise entgegenkommt. So z.B. beim sog. Zuständigkeitsvergleich, d.h. einem Vergleich über die Rechtsinhaberschaft erklären die Parteien übereinstimmend, dass das fragliche Recht nunmehr dem einen Teil zusteht, der dafür dem anderen Teil einen bestimmten Geldbetrag als Abfindung zahlen soll. Man könnte in diesem Fall meinen, dass der Rechtsinhaber nicht auf die Durchsetzung seines anfänglichen Standpunktes verzichtet habe. Wie *Bork*, Der Vergleich, S. 249 f. zu Recht erkennt, geht diese Annahme aber fehl: Die ursprüngliche Prätention des Rechtsinhabers hat sich nicht nur auf sein strittiges Recht bezogen. Vielmehr hat sie auch das Nichtbestehen einer Abfindungszahlungspflicht umfasst. Diese Prätention hat sich in ihrer Gesamtheit nachteilig für den Rechtsinhaber geändert. Der Rechtsinhaber hat darauf verzichtet, seine bisherige Rechtsbehauptung (Anerkennung seines Rechts ohne Übernahme einer Abfindungszahlungspflicht) in vollem Umfang durchzusetzen. Stattdessen nimmt er einen neuen für den Gegner günstigeren Standpunkt ein.

328 Beim Vergleich ist der Parteiwille auf die (teilweise) Sicherung/Durchsetzung/Festigung eigener Prätention gerichtet.

329 *Bork*, Der Vergleich, S. 151 f., 248 ff.; *Tägert*, Beiträge zur Theorie des Feststellungsvertrages, S. 22 ff., der insoweit von einem „bindenden Prätentionsverzicht" spricht. Dieser erkennt aber die durch die Prätentionsaufgabe des einen Teils bewirkte „Stärkung" bzw. „Festigung" der Position des anderen als wirtschaftliche „Bereicherung" an und bejaht im Ergebnis die Entgeltlichkeitscausa des Vergleichs, *Tägert*, Beiträge zur Theorie des Feststellungsvertrages, S. 26 ff. Diese Sichtweise vermag nicht zu überzeugen: Abgesehen davon, dass die von *Tägert* dabei angegebene Begründung, eine Bereicherung werde schon in der Erlangung eines formalen Bucheigentums gesehen, nicht schlüssig ist, interpretiert dieser die wahre Parteiabsicht falsch. Jede der Parteien ist zur (teilweisen) Aufgabe ihrer ursprünglichen Prätention nur bereit, wenn dadurch die Rechtsungewissheit beseitigt werden kann. Das letzte Ziel des Vergleichsvertrags ist aus der Sicht der Parteien die Beseitigung von Streit oder Ungewissheit, damit

Das gegenseitige Nachgeben betrifft mithin nur eine besondere Art des Zustandekommens des Vertrags[330]. Dass jede Partei mit der (teilweisen) Prätentionsaufgabe dem Gegner entgegenkommt, ermöglicht erst den Abschluss des Vergleichsvertrags, durch den die Rechtsungewissheit beseitigt wird, und stellt daher lediglich ein „Mittel" zu diesem Vergleichszweck dar[331].

Weiterhin zeigt eine genauere Analyse der inneren psychologischen Lage der Parteien, dass die Entgeltlichkeit kein Geschäftszweck des Vergleichs sein kann: Der Begriff „Zweck" bedeutet dessen formalem Inhalt nach im Allgemeinen etwas, was man mit einer Handlung will oder beabsichtigt. Er drückt sowohl den „Inhalt des Wollens" als auch den äußeren „Erfolg" und damit das „Ziel des Handelns" aus[332]. Der Gegensatz vom so zu verstehenden Zweck bildet dann Mittel, durch das jener realisiert, bzw. erreicht werden soll. Zur Herbeiführung des erstrebten Erfolgs ist stets das Handeln als Mittel notwendig, da der bloße Erfolgswille als innerer Trieb noch nicht zum Ziel führen kann[333]. Scharf auseinanderzuhalten sind mithin die Begrifflichkeiten „Zweck" und „Mittel".

Danach lässt sich nur schwer behaupten, dass die Parteien mit dem Vergleich beabsichtigen würden, einen Leistungsaustausch zu bewirken.

Wenn also A von B 5.000 EUR begehrt, B jedoch behauptet, nur 3.000 EUR zu schulden, und sie sich auf den mittleren Betrag von 4.000 EUR vergleichen, so geht A gewiss nicht davon aus, von B einen Vermögenswert erhalten zu haben. Aus seiner Sicht ist A selbst derjenige, der auf 1.000 EUR verzichtet hat. Umgekehrt glaubt B gewiss nicht, mit dem Vergleich eine Vermögensmehrung erlangt zu haben: B wird meinen, 1.000 EUR mehr zahlen zu müssen, mithin um diesen Betrag ärmer geworden zu sein. Jede Partei glaubt – wenn auch vermeintlich –,

---

die Wiederherstellung der Rechtssicherheit. Zu verwerfen ist desgleichen auch seine Ansicht, das Interesse an der Beseitigung von Streit oder Ungewissheit sei beim Vergleich geringer als dasjenige an einer (zumindest teilweisen) Durchsetzung der eigenen Rechtsprätention, *Tägert*, Beiträge zur Theorie des Feststellungsvertrages, S. 21.

330 So ausdrücklich *Bork*, Der Vergleich, S. 151, 176, 254; *Marburger* in: Staudinger, § 779 Rn. 49; *Tägert*, Beiträge zur Theorie des Feststellungsvertrages, S. 24; *Veeser*, Der vollstreckbare Anwaltsvergleich, S. 70 f.

331 BAG NJW 2015, 1198, 1199 f.; *Bork*, Der Vergleich, S. 151, 249, 252; *Esser* in: FS für Lehmann Bd. II, 713, 717; *Hofstetter*, BB 1963, 1459, 1460, der das Nachgeben als „Preis für die Erlangung der Gewissheit" darstellt; *Lehmann*, Der Prozeßvergleich, S. 82, 93; *Marburger*, Das kausale Schuldanerkenntnis als einseitiger Feststellungsvertrag, S. 36; *ders.* in: Staudinger, § 779 Rn. 49.

332 Statt aller *Klinke*, Causa und genetisches Synallagma, S. 20.

333 Statt vieler *Klinke*, Causa und genetisches Synallagma, S. 20.

mit dem Nachgeben ein Opfer in Wert von 1.000 EUR gebracht zu haben[334]. Nach ihrer Vorstellung hat nur der Gegner eine Zuwendung erhalten und ist damit alleine bereichert. Daher scheint verfehlt, hier anzunehmen, dass mit dem Vergleich ein Austauschzweck verfolgt würde. Ebenso geht die Annahme einer Schenkung trotz der (subjektiv beurteilten) einseitigen Bereicherung fehl, da keine Partei „um der Bereicherung des Gegners willen" gehandelt hat. Unabhängig davon fehlt eine Einigung der Parteien darüber, dass der Gegner eine Zuwendung erhält[335].

Es stellt sich die Frage, was die Parteien mit dem Vergleich erreichen wollten. Die Antwort kann nur lauten: die Beseitigung von Streit oder Ungewissheit. Zu diesem typischen Vergleichszweck nimmt jede Partei „eventuell" – da die rechtliche Wirkung des Vergleichs infolge des unter den Parteien herrschenden Streits oder Ungewissheit über die wahre Rechtslage stets offenbleibt – die durch den Vergleich bewirkte Zuwendung an den Gegner hin[336]. Die Beseitigung von Streit oder Ungewissheit ist somit „alleiniger und ausschließlicher Zweck des Vergleichs"[337].

Demgegenüber ist das gegenseitige Nachgeben nur ein Mittel, das zur Erreichung dieses Feststellungszwecks dient. Es besagt lediglich, dass der Vergleichsvertrag durch beiderseitige Prätentionsverzichte zustande kommt.

Kommt man nun auf die vorerwähnte Lehre *Stampe*s[338] zurück, so wird das „Grundgeschäft" nach dessen Terminus definiert: ein Parteiwillens- bzw. Feststellungsakt „über Art und Objekt der gewollten Güterschiebung"[339]. Bei einem Vergleich sind die Parteien aber meistens nicht einmal in der Lage, gemeinsame Aussagen darüber zu machen, in welcher Richtung sich eine Güterschiebung (Vermögensverschiebung, Güterbewegung, Zuwendung) durch den Vergleich

334 *Pagenstecher*, Zur Lehre von der materiellen Rechtskraft, S. 101, wo die eigene Bereicherung bereits deshalb als wirtschaftlicher Zweck des Vergleichs verneint wird, weil jede Partei glaube, „etwas aufzugeben".

335 *Tägert*, Beiträge zur Theorie des Feststellungsvertrages, S. 25.

336 *Pagenstecher*, Zur Lehre von der materiellen Rechtskraft, S. 102. Für die Parteien ist der Vergleich daher ein Risikogeschäft.

337 So ausdrücklich *Bork*, Der Vergleich, S. 154; *Pagenstecher*, Zur Lehre von der materiellen Rechtskraft, S. 97, 103. Wer dies bestreiten will, müsste sich schlechthin darüber hinwegsetzen, was die Parteien eigentlich, endlich zu erreichen gesucht haben. Es ist nicht einzusehen, weshalb der vergleichsimmanente Feststellungs- bzw. Außerstreitstellungszweck vollständig in den Hintergrund treten soll.

338 Zur Lehre *Stampe*s oben Fn. 297.

339 *Stampe*, Das Causa-Problem des Civilrechts, S. 24; *ders.*, ZHR 55 (1904), 387, 391 ff.

vollzogen hat. Sie wissen schon gar nicht, ob eine solche Zuwendung mit dem Vergleich tatsächlich gegeben ist. Es kann nämlich nicht ausgeschlossen werden, dass der nunmehr im Vergleich festgelegte Rechtszustand mit dem bisherigen, wahren identisch ist, sodass sich durch den Vergleich wirtschaftlich gar nichts geändert hat[340]. Die Parteien bleiben stets im Ungewissen, wie die ursprüngliche Sach- sowie Rechtslage war, und wie der Vergleich auf ihr streitiges Rechtsverhältnis tatsächlich einwirkt[341]. Beim Vergleich fehlt daher eine Einigung der Parteien über eine bestimmte Güterschiebung. Der Vergleich ist kein Feststellungsakt über Art und Objekt der *in concreto* gewollten Güterschiebung und damit kein Grundgeschäft im Sinne *Stampes*[342].

Nach *E. Ehmann* soll der Vergleich kein Abwicklungsgeschäft sein, soweit er den streitigen Teil des streitigen Rechtsverhältnisses materiell-rechtlich neu ordne, weil er in diesem Fall das dem ursprünglichen Rechtsverhältnis entspringende „Erfüllungsprogramm" durchbreche[343]. In diesem Zusammenhang trifft es zwar zu, dass der Vergleich (außer im Fall der zufälligen Übereinstimmung

340 *Bork*, Der Vergleich, S. 110.

341 Theoretisch besteht wohl die Möglichkeit, die Rechtslage vor dem Vergleichsabschluss festzustellen, damit die tatsächliche Wirkung des Vergleichs zu ermitteln, *Bork*, Der Vergleich, S. 110, Fn. 2, 113 f. Soweit er dabei annehmen will, die Überprüfbarkeit der ursprünglichen Sach- und Rechtslage sei nach *Kübler*, Feststellung und Garantie, S. 133 f., *Dubischar* in: AK, § 779 Rn. 4 sowie *Pawlowski*, Rechtsgeschäftliche Folgen nichtiger Willenserklärungen, S. 116 ff. schlechtweg ausgeschlossen (*Bork*, Der Vergleich, S. 113, Fn. 19), so scheint diese Deutung indes abwegig: Bei einem Vergleich bleibt es offen, ob der vergleichsweise festgesetzte Rechtszustand mit dem ursprünglichen übereinstimmt oder von ihm abweicht, da eine solche Frage aufgrund der vergleichsweisen Einigung der Parteien jedenfalls für diese irrelevant geworden ist. Für die Parteien wäre es auch sinnlos, nach dem Vergleichsabschluss über den ursprünglichen Rechtszustand aufzuklären. Damit wird jedoch nicht gesagt, dass eine Überprüfung der wahren Sach- und Rechtslage „generell" verwehrt ist. Dies behauptet auch keiner der aufgeführten Autoren. Zur Möglichkeit einer „gemeinsamen Parteiaussage" über die ursprüngliche Rechtslage, *Tägert*, Beiträge zur Theorie des Feststellungsvertrages, S. 3 f.

342 Es sei darauf hingewiesen, dass die Lehre *Stampe*s im Schrifttum nicht ganz selten beanstandet wird. So z.B. *Enneccerus/Nipperdey*, AT des Bürgerlichen Rechts Bd. I/2, S. 917, Fn. 6; *Klingmüller*, ZHR 58 (1906), 152, 159 ff.; *Krawielicki*, Grundlagen des Bereicherungsanspruchs, S. 163, Fn. 551; *Westermann*, Die causa im französischen und deutschen Zivilrecht, S. 72 f. Die von allen Genannten geübten Kritiken betreffen indes lediglich die von *Stampe* befürwortete Bestimmung der (rechtsgeschäftlichen) causa als Grundgeschäft wie z.B. Kauf, Schenkung, Darlehen etc.

343 *E. Ehmann*, Schuldanerkenntnis und Vergleich, S. 42, Fn. 61, S. 116.

von der ursprünglichen und der im Vergleich geregelten Rechtslage) eine durch das ursprüngliche Rechtsverhältnis vorgezeichnete, programmierte Güterschiebung (Vermögensverschiebung, Güterbewegung, Zuwendung) nicht bewirkt (er ist eben kein Erfüllungsgeschäft!), sondern eine neue begründet[344]. Das ändert aber nichts daran, dass der Vergleich kein Grundgeschäft ist; zu beachten ist stets, dass es neben Erfüllungsgeschäften noch andere Abwicklungsgeschäfte gibt, v.a. solche, durch die eine – wenn auch nur vermeintlich – bestehende Schuld gesichert oder modifiziert werden soll[345]. Die Erfüllung i.S.d. § 362 BGB stellt lediglich einen Unterfall der Abwicklung dar. Danach ist der Vergleich ein Hilfs- bzw. Abwicklungsgeschäft, weil er das streitige oder ungewisse Rechtsverhältnis zur endgültigen Abwicklung bringen soll[346]. Dass der Vergleich „das im ursprünglichen Rechtsverhältnis angelegte Erfüllungsprogramm" nicht verwirklicht, ist danach für die Einordnung als Abwicklungsgeschäft unerheblich.

E. Ehmann will den Vergleich ferner deshalb nicht als Abwicklungsgeschäft einordnen, weil dieser vom Bestand des ursprünglich streitigen Rechtsverhältnisses gerade unabhängig ist[347]. Das kann jedoch nicht richtig sein. Denn auch Erfüllungsgeschäfte sind in ihrer Wirksamkeit von ihnen zugrunde liegenden Geschäften (z.B. der obligatorische Vertrag als Grundgeschäft[348]) abstrahiert, also unabhängig[349] – man denke nur an die dingliche Übereignung einer beweglichen Sache gem. § 929 Satz 1 BGB, die in ihrem rechtlichen Bestand von

344 Zur konstitutiven Wirkung des Vergleichs a).

345 *H. Ehmann*, Die Gesamtschuld, S. 136, 184 ff.; *Klinke*, Causa und genetisches Synallagma, S. 52; *Weitnauer*, DB 1984, 2496, 2497; *ders.*, JZ 1985, 555, 557; ebenso *Stampe*, Das Causa-Problem des Civilrechts, S. 30 f. („sog. solutorische Hilfsgeschäfte").

346 Statt aller *H. Ehmann*, Die Gesamtschuld, S. 172 f., wonach der Vergleichszweck ein „aus den Elementen des Erfüllungs- und Sicherungszwecks" zusammengesetzter „Abwicklungszweck" sein soll; *Weitnauer*, DB 1984, 2496, 2497; *ders.*, JZ 1985, 555, 557. Dieser bezeichnet den „Schuldfeststellungszweck" des Vergleichs als Abwicklungszweck.

347 *E. Ehmann*, Schuldanerkenntnis und Vergleich, S. 116.

348 *Klinke*, Causa und genetisches Synallagma, S. 50.

349 Freilich steht die zum Zweck der Erfüllung erbrachte Leistung zum erfüllten Leistungsversprechen (= Forderung) insofern in einem Abhängigkeitsverhältnis, als von dessen Wirksamkeit ihr endgültiger Bestand abhängt; besteht die zu erfüllende Forderung nicht, so ist die erlangte Leistung gem. § 812 Abs. 1 Satz 1 1. Alt. BGB herauszugeben. Zu beachten ist jedoch, dass dieser Kondiktionsanspruch nur obligatorischer Natur ist, *Krawielicki*, Grundlagen des Bereicherungsanspruchs, S. 3. Demnach bleibt die Wirksamkeit der Leistung vom Nichtbestehen der zu erfüllenden Forderung stets unberührt.

demjenigen des z.B. zu erfüllenden Kaufvertrags unabhängig ist – und bei ihnen handelt es sich zweifellos um Abwicklungsgeschäfte[350], wofür auch *E. Ehmann* selbst eintritt[351]. Dass der Vergleich in seinem Bestand vom in Bezug genommenen Rechtsverhältnis unabhängig ist, steht mithin die Einordnung als Abwicklungsgeschäft nicht entgegen.

Nach der Auffassung *E. Ehmanns* sollen schließlich der Austauschzweck und der „reine" Abwicklungszweck nicht etwa „in einer Finalreihe hintereinander", sondern „nebeneinander" stehen[352]. Auch das ist nicht plausibel: Abgesehen davon, dass *E. Ehmann* dabei jegliches Argument vermissen lässt, erscheint seine Annahme, der Austauschzweck und der reine Abwicklungszweck seien Zwecke gleicher Ordnung, nahezu widersinnig, sofern *E. Ehmann* zugleich meinen will, in § 779 Abs. 1 BGB sei ein Fall der Verfehlung des Abwicklungszwecks geregelt[353]. Nach dieser Vorschrift ist ein Vergleich „unwirksam, wenn der nach dem Inhalt des Vertrags als feststehend zugrunde gelegte [!] Sachverhalt der Wirklichkeit nicht entspricht und der Streit oder die Ungewissheit bei Kenntnis der Sachlage nicht entstanden sein würde". Es ist dann aber nicht einzusehen, weshalb die bloße Verfehlung des Abwicklungszwecks – nicht auch des Austauschzwecks – die Unwirksamkeit des Vergleichs, damit die Kondizierbarkeit der darin enthaltenen bzw. dadurch bewirkten Zuwendungen zur Folge haben soll. Denn nach *E. Ehmann* müsste der Austauschzweck selbstständig einen hinreichenden Rechtfertigungsgrund für die zur Neuordnung des streitigen Rechtsverhältnisses erbrachten Leistungen/Zuwendungen liefern; wäre der Austauschzweck erreicht, so dürften demnach die zum Zweck des Austausches erbrachten Leistungen wohl behalten werden.

Im Ergebnis dürfte damit erwiesen sein, dass die Einordnung des Vergleichs als Grundgeschäft verfehlt ist. Den Vergleich beherrscht der Feststellungs- bzw. Streitbeseitigungszweck, also ein Hilfs- bzw. Abwicklungszweck[354]. Beim

---

350 *Stampe*, Das Causa-Problem des Civilrechts, S. 30 ff., der von „Hilfsgeschäften" spricht.

351 *E. Ehmann*, Schuldanerkenntnis und Vergleich, S. 42 f.

352 *E. Ehmann*, Schuldanerkenntnis und Vergleich, S. 130, Fn. 180, wenngleich er den Abwicklungszweck stets als dem Austauschzweck angestaffelt erklärt.

353 *E. Ehmann*, Schuldanerkenntnis und Vergleich, S. 102. Zum Problem der dogmatischen Einordnung des § 779 Abs. 1 BGB *Bork*, Der Vergleich, S. 352 ff.

354 *H. Ehmann*, die Gesamtschuld, S. 172 f. verwendet den Terminus „Feststellungszweck" nicht und beschreibt diesen Abwicklungszweck („Friedenszweck") als aus dem Erfüllungs- und Sicherungszweck gemischt. Aus seinen weiteren Ausführungen geht gleichwohl hervor, dass er unter dem „Friedenszweck" den Zweck der Beseitigung von Streit oder Ungewissheit verstehen will; kritisch gegenüber einer pauschalen Bezeichnung des Vergleichszwecks als Abwicklungszwecks *Bork*, Der Vergleich, S. 154; Nach

Vergleich handelt es sich daher um ein Hilfs-[355] bzw. Abwicklungsgeschäft[356]. Es besteht somit kein Anlass mehr, die Frage nach der Entgeltlichkeit des Vergleichs zu stellen[357].

3. Fazit

Als Fazit kann man festhalten, dass der Vergleich insofern Feststellungsvertrag ist, als er darauf abzielt, Rechtsstreit oder -ungewissheit zu beseitigen und damit die Rechtssicherheit wiederherzustellen. Dieser vergleichsimmanente Feststellungszweck, der dadurch erreicht wird, dass der Vergleich das zukünftig für die Parteien maßgebliche Rechtsverhältnis festlegt und fortan ein Zurückgreifen auf die alte Rechtslage verbietet, bildet den Rechtsgrund für die vergleichsweise vollzogenen Zuwendungen, mithin die causa des Vergleichs. Es handelt sich um ein Hilfs- bzw. Abwicklungsgeschäft.

Kübler, Feststellung und Garantie, S. 136, Fn. 65 soll der Begriff „Hilfsgeschäft" nur dann unbedenklich sein, „wenn er nicht darüber hinwegtäuscht, dass beim Feststellungsvertrag und Vergleich möglicherweise das ‚Hilfsgeschäft' das zugrunde liegende Rechtsverhältnis erst schafft".

355 *Bork*, Der Vergleich, S. 164; *Kübler*, Feststellung und Garantie, S. 136; *Rümelin*, AcP 97 (1905), 211, 226 f.; *ders.*, AcP 98 (1906), 169, 201; *Stampe*, Das Causa-Problem des Civilrechts, S. 30 ff.

356 *Rümelin*, AcP 98 (1906), 169, 201; auch *H. Ehmann* will den Vergleich ersichtlich als Abwicklungsgeschäft verstehen. Er behandelt diesen im Anschluss an Erfüllungs- und Sicherungsgeschäfte unter dem Gesichtspunkt „Die Verfehlung von Abwicklungszwecken", *H. Ehmann*, Die Gesamtschuld, S. 184 ff.

357 *E. Ehmann*, Schuldanerkenntnis und Vergleich, S. 42 tritt dafür ein, dass Abwicklungsgeschäfte „vermögensmäßig neutral" seien; so auch *Klinke*, Causa und genetisches Synallagma, S. 78.

B. Prozessvergleich

Auf den Prozessvergleich nach deutschem Recht wird im Rahmen dieser Arbeit nicht eingegangen. An dieser Stelle sei lediglich erwähnt, dass der Prozessvergleich nach ganz herrschender Auffassung hierzulande eine Doppelnatur besitzt[358].

---

358 BGH, NJW 2019, 310, 311; 2005, 3576, 3577 m.w.N. Aus der Kommentarliteratur statt aller *Geimer* in: Zöller, § 794 Rn. 3.

C. Fazit

Beim Vergleich i.S.d. § 779 BGB handelt es sich um einen schuldrechtlichen Vertrag, der Klarheit über das streitige oder ungewisse Rechtsverhältnis schaffen und damit Rechtsfrieden wieder herstellen soll. Gegenstand des Vergleichs kann jede konkretisierte – wenn auch nur in der Parteivorstellung existente – Rechtsbeziehung zwischen den Vergleichsparteien sein, die mindestens ein subjektives Recht enthält, soweit sie nicht deren Dispositionsbefugnis entzogen ist. Darunter fällt auch die rein prozessuale (dreiseitige) Rechtsbeziehung, die durch die Klageerhebung i.S.d. § 253 Abs. 1 ZPO zur Entstehung gelangt. Über die Rechtsbeziehung muss Streit oder Ungewissheit bestanden haben, wobei Letztere auch schon vorliegt, wenn die Verwirklichung eines Anspruchs unsicher ist. Der Vergleichsvertrag kommt mittels gegenseitigen Nachgebens zustande, das als beiderseitiger entgegenkommender Prätentionsverzicht vermögensneutral ist. Er ist ein Feststellungsvertrag in dem Sinne, dass er die zuvor streitige oder ungewisse Rechtsbeziehung fortan festlegt und neu ordnet. Zugleich bildet er den Rechtsgrund für die zu seinem Feststellungszweck bewirkten Zuwendungen. Er ist ein kausales Hilfs- bzw. Abwicklungsgeschäft.

Schlussbetrachtung

Die wesentlichen Ergebnisse der vorliegenden Arbeit lassen sich wie folgt zusammenfassen:

1. Nachdem sich Korea gegen Ende des 19. Jahrhunderts mehr oder weniger gezwungenermaßen der Außenwelt geöffnet hatte, wurde in Korea das kontinental-europäische Recht rezipiert. Bis dahin dauerte der Einfluss des traditionellen Rechts Chinas in Korea an, welches seinerseits auf der konfuzianischen Lehre basierte. Dieses konfuzianisch geprägte traditionelle koreanische Recht besaß jedenfalls im Bereich des Zivilrechts sowohl in materieller als auch in prozessualer Hinsicht gewisse, als fortschrittlich zu bewertende Elemente, die sich sehr wohl mit den Grundwertungen des geltenden Zivilrechtsordnung Südkoreas in Einklang bringen lassen. Das traditionelle Recht steht dem modernen somit nicht völlig fremd gegenüber. Der neuere Ansatz, eine nachhaltige Harmonisierung des traditionellen und des geltenden Rechts anzustreben, ist begrüßenswert. Zwingende Voraussetzung dafür ist jedoch eine umfassende Erforschung des traditionellen koreanischen Rechts, die einzig und allein der südkoreanischen Rechtswissenschaft obliegt.
2. Es entspricht der ganz überwiegenden Auffassung in Südkorea, dass das südkoreanische Zivilrecht dem kontinental-europäischen Rechtskreis angehört. Dies trifft insoweit zu, als die Rechtskreiszugehörigkeit Südkoreas maßgeblich nach der Quelle des rezipierten Rechts bestimmt wird. Andererseits ist nicht von der Hand zu weisen, dass konfuzianisch geprägte traditionelle Werte in der südkoreanischen Rechtswirklichkeit nach wie vor eine nicht unerhebliche Rolle spielen. Gleiches dürfte in China und Japan gelten. Es würde jedoch – selbst unter Berücksichtigung weiterer kultureller Parallelen zwischen den genannten Ländern – zu weit gehen, von einem ostasiatischen Rechtskreis oder gar von einem ostasiatischen gemeinen Recht zu sprechen. Richtigerweise sollte von einer gemeinostasiatischen Rechtskultur die Rede sein.
3. Der Vergleich nach südkoreanischem Recht kommt gem. Art. 731 ZGB dadurch zustande, dass die Parteien übereinkommen, den zwischen ihnen bestehenden Streit im Wege gegenseitigen Nachgebens zu beendigen. Anlass des Vergleichsabschlusses muss der Streit der Parteien über ein Rechtsverhältnis sein. Bloße Ungewissheit der Parteien fällt nicht unter den Begriff des Streits. Eine analoge Anwendung der Vergleichsvorschriften der Art. 731 ff. ZGB auf die Fälle der Ungewissheit der Parteien scheidet mangels

planwidriger Regelungslücke aus. Auch bei der Unsicherheit der Verwirklichung eines Anspruchs ist kein Vergleich möglich. Das Erfordernis gegenseitigen Nachgebens begründet kein Austauschverhältnis; die von den Parteien gemachten Zugeständnisse müssen nach zutreffender Ansicht in Südkorea weder kausal noch final miteinander verknüpft sein. Die in Art. 732 ZGB gesetzlich normierte konstitutive Wirkung des Vergleichs besagt lediglich, dass der Vergleich einen eigenständigen Rechtsgrund für die vergleichsweise bewirkten Zuwendungen schafft und also eine eigene causa hat.
Nach der geltenden Gesetzeslage Südkoreas handelt es sich beim gerichtlichen Vergleich um eine reine Prozesshandlung, die nach Art. 220 ZPO in seinen Wirkungen einem rechtskräftigen Urteil gleichsteht. Bei prozessualen Mängeln des gerichtlichen Vergleichs wird der frühere Rechtsstreit nur dann fortgesetzt, wenn die gerügten Mängel einen Wiederaufnahmegrund i.S.d. Art. 451 Abs. 1 ZPO darstellen.

4. Demgegenüber kommt nach deutschem Recht ein Vergleichsvertrag gem. § 779 BGB auch dann in Betracht, wenn die Parteien über ein Rechtsverhältnis im Ungewissen sind, ohne zugleich darüber zu streiten. Auch die Unsicherheit der Verwirklichung eines Anspruchs bildet einen tauglichen Ausgangspunkt des Vergleichsvertrags. Es handelt sich um einen Feststellungsvertrag, der auf die Beseitigung von Streit oder Ungewissheit, damit die Wiederherstellung der Rechtssicherheit gerichtet ist. Der Ausdruck „Feststellung“ ist dabei ausschließlich in diesem finalen Zusammenhang zu verstehen. Der Vergleich bildet den rechtfertigenden Grund für die zu seinem Feststellungszweck bewirkten Zuwendungen. Er ist ein kausales Hilfs- bzw. Abwicklungsgeschäft.

Literaturverzeichnis

Bamberger, Heinz Georg/Roth, Herbert/Hau, Wolfgang/Poseck, Roman (Hrsg.), Bürgerliches Gesetzbuch, Kommentar, Band 3, §§ 705 - 1017, PartGG, ProdHaftG, ErbbauRG, WEG, 4. Aufl., München, 2019 (zit.: *Bearbeiter* in: Bamberger/Roth/Hau/Poseck).

Baum, Harald, Rechtsdenken, Rechtssystem und Rechtswirklichkeit in Japan: Rechtsvergleichung mit Japan in: RabelsZ, hrsg. von Ulrich Drobnig, Klaus J. Hopt und Hein Kötz u.a., 59. Jahrgang (1995), S. 258 - 292 (zit.: *Baum*, RabelsZ 59 (1995), 258 ff.).

Baumann, Wolfgang, Das Schuldanerkenntnis, Schriften zum Bürgerlichen Recht, Band 153, Dissertation, Berlin, 1992 (zit.: *Baumann*, Das Schuldanerkenntnis).

Baumbach, Adolf (Begr.), Beck'sche Kurz-Kommentare, Band 1, Zivilprozessordnung mit FamFG, GVG und anderen Nebengesetzen, fortgef. zunächst von Wolfgang Lauterbach und sodann von Jan Albers sowie Peter Hartmann, 77. Aufl., München, 2019 (zit.: *Hartmann* in: Baumbach/Lauterbach/Albers/Hartmann).

Berges, August Maria, Der Prozeß als Gefüge: Der Zivilprozeß ein Verhandlungsverhältnis in: NJW, 1965, S. 1505 - 1509 (zit.: *Berges*, NJW 1965, 1505 ff.).

Blomeyer, Arwed, Zivilprozeßrecht: Erkenntnisverfahren, 2. Aufl., Berlin, 1985 (zit.: *Blomeyer*, Zivilprozeßrecht).

Bonin, Paul, Der Prozeßvergleich unter besonderer Berücksichtigung seiner personellen Erstreckung, Beiträge zum Zivilrecht und Zivilprozess, hrsg. von Rudolf Bruns, 8. Heft, Stuttgart, 1957 (zit.: *Bonin*, Der Prozeßvergleich).

Bork, Reinhard, Der Vergleich, Münsterische Beiträge zur Rechtswissenschaft, hrsg. von Hans-Uwe Erichsen, Helmut Kollhosser und Jürgen Welp, Band 32, Habilitationsschrift, Berlin 1988 (zit.: *Bork*, Der Vergleich).

Breetzke, Ernst, Der Vergleich bei verständigem Zweifel in: NJW, 1969, S. 1408 - 1412 (zit.: *Breetzke*, NJW 1969, 1408 ff.).

Brox, Hans (Begr.)/Walker, Wolf-Dietrich (Fortf.), Allgemeiner Teil des BGB, 45. Aufl., München, 2021 (zit.: *Brox/Walker*, AT des BGB).

Bülow, Oskar, Die Lehre von den Proceßeinreden und die Proceßvoraussetzungen, Gießen, 1868 (zit.: *Bülow*, Die Lehre von den Proceßeinreden und die Proceßvoraussetzungen).

Choe, Jonggo, Die koreanisch-deutsche Beziehung in der Rechtswissenschaft (Koreanisch: 법학을 통한 한독관계사 - Beobhageul Tonghan

Handokgwagesa) in: KDR, hrsg. von der koreanisch-deutschen Gesellschaft für Rechtswissenschaft, 2. Band (1980), S. 73 - 112 (zit.: *Jonggo Choe*, KDR 2 (1980), 73 ff.).

ders., Die Rezeption des Deutschen Rechts in Korea (in deutscher Sprache) in: KDR, hrsg. von der koreanisch-deutschen Gesellschaft für Rechtswissenschaft, 5. Band (1985), S. 23 - 32 (zit.: *Jonggo Choe*, KDR 5 (1985), 23 ff.).

ders., Über die Rezeption westlichen Rechts in Korea in: Zur Rezeption des deutschen Rechts in Korea, hrsg. von Manfred Rehbinder und Ju-Chan Sonn, 1. Aufl., Baden-Baden, 1990, S. 27 - 56 (zit.: *Jonggo Choe* in: Zur Rezeption des deutschen Rechts in Korea, 27 ff.).

ders., Die Theorie vom ostasiatischen gemeinen Recht (*ius commune*): Grundaufgabe der koreanischen, chinesischen sowie japanischen Rechtsgeschichten (Koreanisch: 동아시아 보통법론: 한중일 법사의 기본과제 - Dongasia Botongbeobron: HanJungil Beobsaui Gibongwaje) in: SNU Law, hrsg. von Seoul National University Law Research Institute, 40. Band, 2. Teil (1999), S. 67 - 85 (zit.: *Jonggo Choe*, SNU Law 40/2 (1999), 67 ff.).

ders., Einführung in das koreanische Recht (Koreanisch: 한국법입문 - Hangukbeobipmun), Seoul, 2003 (zit.: *Jonggo Choe*, Einführung in das koreanische Recht).

Choe, Seongho, Neues Zivilprozessrecht (Koreanisch: 신민사소송법 - Sinminsasosongbeob), Seoul, 2012 (zit.: *Seongho Choe*, Neues Zivilprozessrecht).

Coester, Michael, Probleme des abstrakten und kausalen Schuldanerkenntnisses in: JA, 1982, S. 579 - 583 (zit.: *Coester*, JA 1982, 579 ff.).

Ebel, Friedrich, Berichtung, transactio und Vergleich: Untersuchung zu Schuldversprechen und Vergleichsvertrag des Zivilrechts, Tübinger Rechtswissenschaftliche Abhandlungen, hrsg. von Mitgliedern der Juristischen Fakultät der Universität Tübingen, Band 48, Habilitationsschrift, Tübingen, 1978 (zit.: *Ebel*, Berichtung, transactio und Vergleich).

Ehmann, Erik, Schuldanerkenntnis und Vergleich, Münchner Universitätsschriften, Band 197, Dissertation, München, 2005 (zit.: *E. Ehmann*, Schuldanerkenntnis und Vergleich).

Ehmann, Horst, Die Gesamtschuld: Versuch einer begrifflichen Erfassung in drei Typen, Schriften zum Bürgerlichen Recht, Band 7, Dissertation, Berlin, 1972 (zit.: *H. Ehmann*, Die Gesamtschuld).

Enneccerus, Ludwig/Lehmann, Heinrich, Recht der Schuldverhältnisse, Lehrbuch des Bürgerlichen Rechts, begr. von Ludwig Enneccerus, Theodor Kipp und Martin Wolff, Zweiter Band, 15. Aufl., Tübingen, 1958 (zit.: *Enneccerus/Lehmann*, Recht der Schuldverhältnisse Bd. II).

Enneccerus, Ludwig/Nipperdey, Hans Carl, Allgemeiner Teil des Bürgerlichen Rechts, Zweiter Halbband: Entstehung, Untergang und Veränderung der Rechte, Ansprüche und Einreden, Ausübung und Sicherung der Rechte, Lehrbuch des Bürgerlichen Rechts, begr. von Ludwig Enneccerus, Theodor Kipp und Martin Wolff, Erster Band, 15. Aufl., Tübingen, 1960 (zit.: *Enneccerus/Nipperdey*, AT des Bürgerlichen Rechts Bd. I/2).

Esser, Josef, Heinrich Lehmann und die Lehre vom Prozessvergleich in: Das Deutsche Privatrecht in der Mitte des 20. Jahrhunderts: Festschrift für Heinrich Lehmann zum 80. Geburtstag, hrsg. von H. C. Nipperdey, II Band, Berlin/Frankfurt a. M./Tübingen, 1956, S. 713 - 737 (zit.: *Esser* in: FS für Lehmann Bd. II, 713 ff.).

Esser, Josef/Weyers, Hans-Leo, Schuldrecht, Band II, Besonderer Teil, Teilband 1, 8. Aufl., Heidelberg, 1998 (zit.: *Esser/Weyers*, Schuldrecht Bd. II/1).

Fikentscher, Wolfgang/Heinemann, Andreas, Schuldrecht, Allgemeiner und Besonderer Teil, 12. Aufl., Berlin/Boston, 2022 (zit.: *Fikentscher/Heinemann*, Schuldrecht).

Fischer, Otto, Recht und Rechtsschutz: Eine Erörterung der Grenzgebiete zwischen Privat*recht und* Civilprozeß in Beziehung auf den Entwurf eines Bürgerlichen Gesetzbuches für das Deutsche Reich, Beiträge zur Erläuterung und Beurtheilung des Entwurfs eines Bürgerlichen Gesetzbuches für das Deutsche Reich, hrsg. von Ernst Immanuel Bekker und Otto Fischer, Heft 6, Berlin, 1889 (zit.: *Fischer*, Recht und Rechtsschutz).

Gang, Daeseong, Zivilprozessordnung (Koreanisch: 민사소송법 - Minsasosongbeob), 2. Aufl., Seoul, 2015 (zit.: *Daeseong Gang*, ZPO).

Gang, Hyeonjung, Zivilprozessrecht (Koreanisch: 민사소송법 - Minsasosongbeob), 6. Aufl., Seoul, 2004 (zit.: *Hyeonjung Gang*, Zivilprozessrecht, 6. Aufl.).

ders., Zivilprozessrecht (Koreanisch: 민사소송법 - Minsasosongbeob), 7. Aufl., Seoul, 2018 (zit.: *Hyeonjung Gang*, Zivilprozessrecht).

Gerhardt, Walter, „Erlöschen und Umgestaltung von Schuldverhältnissen" in: Athenäum-Zivilrecht, Band 1, Grundlagen des Vertrags- und Schuldrechts, Frankfurt a.M., 1972, S. 695 - 768 (zit.: *Gerhardt* in: Athenäum-Zivilrecht Bd. I, 695 ff.).

Gernhuber, Joachim, Das Schuldverhältnis: Begründung und Änderung, Pflichten und Strukturen, Drittwirkungen, Handbuch des Schuldrechts in Einzeldarstellungen, hrsg. von Joachim Gernhuber, Band 8, Tübingen, 1989 (zit.: *Gernhuber*, Das Schuldverhältnis).

ders., Die Erfüllung und ihre Surrogate: sowie das Erlöschen der Schuldverhältnisse aus anderen Gründen, Handbuch des Schuldrechts in

Einzeldarstellungen, hrsg. von Joachim Gernhuber, Band 3, 2. Aufl., Tübingen, 1994 (zit.: *Gernhuber*, Die Erfüllung und ihre Surrogate).

Goldschmidt, James, Der Prozeß als Rechtslage: Eine Kritik des prozessualen Denkens, Abhandlungen aus der Berliner Juristischen Fakultät, II, Berlin, 1925 (Neudruck: Aalen, 1962) (zit.: *Goldschmidt*, Der Prozeß als Rechtslage).

Grüneberg, Bürgerliches Gesetzbuch mit Nebengesetzen, 81. Aufl., München, 2022 (zit.: *Bearbeiter* in: Grüneberg).

Gwak, Yunjik (Hrsg.), Kommentar zum Zivilgesetzbuch (Koreanisch: 민법주해 - Minbeobjuhae), XVI. Buch, Schuldrecht (9), Art. 703 - 733, Seoul, 1997 (zit.: *Bearbeiter* in: GwakKo).

ders., Einzelne Schuldverhältnisse: Lehrbuch des Zivilrechts IV (Koreanisch: 채권각론: 민법강의 IV - Chaegwongakron: Minbeobgangui), 6. Aufl., Seoul, 2007 (zit.: *Yunjik Gwak*, Einzelne Schuldverhältnisse).

Gyeong, Sugeun/Sin, Yeonghan/Lee, Giuk (Hrsg.), Großer Kommentar zum Zivilgesetzbuch (Koreanisch: 민법주석대전 - Minbeobjuseokdaejeon), 2. Buch, Recht der Schuldverhältnisse und einzelne Schuldverhältnisse, Seoul, 2009 (zit.: GSLKo).

Haase, R., Anmerkung zu BGH, Urt. v. 08.06.1972 - VII ZR 123/71 in: JR, 1973, S. 65 (zit.: *Haase*, JR 1973, 65).

Hadding, Walther, Rechtsverhältnis zwischen Person und Sache? in: JZ, 1986, S. 926 - 928 (zit.: *Hadding*, JZ 1986, 926 ff.).

ders., Schlußwort in: JZ, 1987, S. 454 - 455 (zit.: *Hadding*, JZ 1987, 454 f.).

Hahm, Pyong-Choon (Revidierte Romanisierung des Koreanischen: Ham, Byeongchun), The Korean Political Tradition and Law: Essays in Korean Law and Legal History (in englischer Sprache), Seoul, 1967 (zit.: *Pyong-Choon Hahm*, The Korean Political Tradition and Law).

Hammer, Frauke, Außergerichtliche Vergleichsvereinbarungen in den USA und in Deutschland, Schriftenreihe Verbraucherschutz, Produktsicherheit, Umweltschutz, hrsg. von Christian Kirchner, Hans-Jürgen Papier und Manfred Wandt, Band 12, Dissertation, Karlsruhe, 2004 (zit.: *Hammer*, Außergerichtliche Vergleichsvereinbarungen in den USA und in Deutschland).

Han, Jongyeol/Lee, Sanguk, Untersuchung des zeitlichen Wandels der koreanischen Rechtsgeschichte (Koreanisch: 한국법제의 시대적 변천에 관한 연구 - Hangukbeobjeui Sidaejeog Byeoncheone Gwanhan Yeongu) in: OCR, hrsg. von Kyungpook National University Oriental Culture Research Institute, 8. Band (1981), S. 55 - 92 (zit.: *Jongyeol Han/Sanguk Lee*, OCR 8 (1981), 55 ff.).

Häsemeyer, Ludwig, Zur materiellrechtlich-prozessrechtlichen Doppelnatur des außergerichtlichen Vergleichs und des deklaratorischen

Schuldanerkenntnisses in: ZZP, hrsg. von Dieter Leipold, Karl Heinz Schwab und Rolf Stürner, 108. Band (1995), S. 289 - 317 (zit.: *Häsemeyer*, ZZP 108 (1995), 289 ff.).

Hedemann, Justus Wilhelm, Der Vergleichsirrtum nach dem Recht des Deutschen Reiches, Abhandlungen zum Privatrecht und Civilprozeß des Deutschen Reiches, hrsg. von Otto Fischer, Neunter Band, Zweites Heft, Jena, 1903 (zit.: *Hedemann*, Der Vergleichsirrtum nach dem Recht des Deutschen Reiches).

Hegler, August, Beiträge zur Lehre vom prozessualen Anerkenntnis und Verzicht, Tübingen/Leipzig, 1903 (zit.: *Hegler*, Beiträge zur Lehre vom prozessualen Anerkenntnis und Verzicht).

Herschel, Wilhelm, Anmerkung zu BAG, Urt. v. 21.12.1972 - 5 AZR 319/72 in: ArbuR, 1973, S. 318 - 320 (zit.: *Herschel*, ArbuR 1973, 318 ff.).

Herold, Otto, Der Vergleich und der Irrthum bei diesem Vertrage: Ein Beitrag zur Kritik des „Entwurfs eines bürgerlichen Gesetzbuches für das Deutsche Reich" in: GrünhutsZ, hrsg. von C. S. Grünhut, 16. Band (1889), S. 694 - 704 (zit.: *Herold*, GrünhutsZ 16 (1889), 694 ff.).

Ho, Munhyeok, Zivilprozessrecht (Koreanisch: 민사소송법 - Minsasosongbeob), 13. Aufl., Paju, 2016 (zit.: *Munhyeok Ho*, Zivilprozessrecht).

ders., Grundzüge des Zivilprozessrechts (Koreanisch: 민사소송법원론 - Minsasosongbeobwollon), Paju, 2012 (zit.: *Munhyeok Ho*, Grundzüge des Zivilprozessrechts).

Hofstetter, Rolf, Außergerichtlicher Vergleich und Rücktritt in: BB, 1963, S. 1459 - 1462 (zit.: *Hofstetter*, BB 1963, 1459 ff.).

Hong, Gimun, Zivilprozessrecht (Koreanisch: 민사소송법 - Minsasosongbeob), 7. Aufl., Seoul, 2016 (zit.: *Gimun Hong*, Zivilprozessrecht).

Hubmann, Heinrich, Das Persönlichkeitsrecht, 2. Aufl., Köln/Graz, 1967 (zit.: *Hubmann*, Das Persönlichkeitsrecht).

Hübner, Heinz, Allgemeiner Teil des Bürgerlichen Gesetzbuches, 2. Aufl., Berlin/New York, 1996 (zit.: *Hübner*, AT des BGB).

Husserl, Gerhart, Rechtskraft und Rechtsgeltung: Eine rechtsdogmatische Untersuchung, Erster Band; Genesis und Grenzen der Rechtsgeltung, Berlin, 1925 (zit.: *Husserl*, Rechtskraft und Rechtsgeltung Bd. I).

Igarashi, Kiyoshi, Gibt es einen ostasiatischen Rechtskreis? in: Ins Wasser geworfen und Ozeane durchquert: Festschrift für Knut Wolfgang Nörr, hrsg. von Mario Ascheri, Friedrich Ebel, Martin Heckel, Antonio Padoa-Schioppa, Wolfgang Pöggeler, Filippo Ranieri und Wilhelm Rütten, Köln/Weimar/Wien, 2003, S. 419 - 430 (zit.: *Igarashi* in: FS für Nörr, 419 ff.).

Ishii, Ryōsuke, Japanische Rechtsgeschichte (Chinesisch: 日本法制史, Koreanisch: 일본법제사 - Ilbonbeobjesa), (vom Japanischen) ins Koreanische übers. von Byeongro Lee und Daehui Im, Tokio, [o. Jahr] (zit.: *Ishii*, Japanische Rechtsgeschichte).

Jeon, Bongdeok, Erlass der Verfassung des Großen Koreanischen Kaiserreichs und deren Grundprinzipien (Koreanisch: 대한국국제의 제정과 기본사상 - Daehangukgukseui Jejeonggwa Gibonsasang) in: LHR, hrsg. von The Korean Society of Legal History, 1. Band (1974), S. 1 - 20 (zit.: *Bongdeok Jeon*, LHR 1 (1974), 1 ff.).

Jeong, Dongyun/Yu, Byeonghyeon/Kim, Gyeonguk, Zivilprozessrecht (Koreanisch: 민사소송법 - Minsasosongbeob), 7. Aufl., Paju, 2019 (zit.: *Dongyun Jeong/Byeonghyeon Yu/Gyeonguk Kim*, Zivilprozessrecht).

Jeong, Geungsig, Jasan Hwak An und seine Erfassung der koreanischen Rechtsgeschichte: Erläuterung der Zivilisationsgeschichte in Joseon (Koreanisch: 자산 안확의 한국법사 이해: 조선문명사를 중심으로 - Jasan Anhwakui Hangukbeobsa Ihae: Joseonmunmyeongsareul Jungsimeuro) in: SNU Law, hrsg. von Seoul National University Law Research Institute, 38. Band, 3, 4. Teil (1997), S. 228 - 247 (zit.: *Geungsig Jeong*, SNU Law 38/3, 4 (1997), 228 ff.).

ders., Die Gewaltenteilung und die Rechtsstaatlichkeit in der Joseon Dynastie: Literarischer Überlegungsversuch (Koreanisch: 조선시대의 권력분립과 법치주의: 그 시론적 고찰 - Joseonsidaeui Gwonryeokbulibgwa Beobchijuui: Geu Sironjeok Gochal) in: SNU Law, hrsg. von Seoul National University Law Research Institute, 42. Band, 4. Teil (2001), S. 27 - 65 (zit.: *Geungsig Jeong*, SNU Law 42/4 (2001), 27 ff.).

Jeong, Geungsig/Im, Sanghyeok, Zusammenfassung des Sasongbeobseo im 16. Jahrhundert (Koreanisch: 십육세기 사송법서 집성 - Sibyuksegi Sasongbeobseo Jibseong), Seoul, 1999 (zit.: *Geungsig Jeong/Sanghyeok Im*, Zusammenfassung des Sasongbeobseo im 16. Jahrhundert).

Jeong, Jonghyu, Bürgerliches Recht in der Geschichte (Koreanisch: 역사속의 민법 - Yeoksasogui Minbeob), Seoul, 1994 (zit.: *Jonghyu Jeong*, Bürgerliches Recht in der Geschichte).

Ji, Wonrim, Lehrbuch des Zivilrechts (Koreanisch: 민법강의 - Minbeobgangui), 16. Aufl., Seoul, 2019 (zit.: *Wonrim Ji*, Zivilrecht).

Jo, Gyuchang, Der Einfluss des deutschen Rechts auf die Entwicklung der koreanischen Rechtskultur (Koreanisch: 한국법문화발전에 미친 독일법의 영향 - Hangukbeobmunhwae Michin Dogilbeobui Yeonghyang) in: KDR, hrsg. von der koreanisch-deutschen Gesellschaft für Rechtswissenschaft, 14. Band (2003), S. 297 - 330 (zit.: *Gyuchang Jo*, KDR 14 (2003), 297 ff.).

Jo, Jiman, Strafrecht in Joseon: Groß Ming-dynastisches Gesetz und nationales Gesetz (Koreanisch: 조선시대의 형사법: 대명률과 국전 - Joseonsidaeui

Hyeongsabeob: Daemyeongryulgwa Gukjeon), Seoul, 2007 (Neudruck: Seoul, 2009) (zit.: *Jiman Jo*, Strafrecht in Joseon).

Keßler, Heinrich, Erfordert der Prozeßvergleich gegenseitiges Nachgeben? in: DRiZ, 1978, S. 79 - 80 (zit.: *Keßler*, DRiZ 1978, 79 f.).

Kim, Gibeom, Das Zusammentreffen des kontinental-europäischen und des anglo-amerikanischen Rechts in der südkoreanischen Verfassung (Koreanisch: 우리 헌법에 있어서의 대륙법과 영미법의 교착 - Uri Heonbeobe Itseoseoui Daeryukbeobgwa Yeongmibeobui Gyochak) in: YLR, hrsg. von Yonsei University Lawschool Law Research Institute, 1. Band (1973), S. 9 - 24 (zit.: *Gibeom Kim*, YLR 1 (1973), 9 ff.).

Kim, Gijin, Zivilprozessordnung (Koreanisch: 민사소송법 - Minsasosongbeob), Paju, 2011 (zit.: *Gijin Kim*, ZPO).

Kim, Honggyu/Gang, Taewon, Zivilprozessordnung (Koreanisch: 민사소송법 - Minsasosongbeob), 4. Aufl., Seoul, 2017 (zit.: *Honggyu Kim*/Taewon *Gang*, ZPO).

Kim, Hyeongbae, Einzelne Schuldverhältnisse: Vertragsrecht (Koreanisch: 채권각론: 계약법 - Chegwongagron: Geyakbeob), 2. Aufl., Seoul, 2001 (zit.: *Hyeongbae Kim*, Einzelne Schuldverhältnisse).

Kim, Hyeongbae/Kim, Gyuwan/Kim, Myeongsuk, Lehrbuch des Zivilrechts (Koreanisch: 민법학강의 - Minbeobhakgangui), 15. Aufl., Seoul, 2016 (zit.: *Hyeongbae Kim/Gyuwan Kim/Myeongsuk Kim*, Zivilrecht).

Kim, Hyeontae, Das Zusammentreffen des kontinental-europäischen und des anglo-amerikanischen Rechts im südkoreanischen Privatrecht (Koreanisch: 우리 민법에 있어서의 대륙법과 영미법의 교착 - Uri Minbeobe Itseoseoui Daeryukbeobgwa Yeongmibeobui Gyochak) in: YLR, hrsg. von Yonsei University Lawschool Law Research Institute, 1. Band (1973), S. 37 - 51 (zit.: *Hyeontae Kim*, YLR 1 (1973), 37 ff.).

Kim, Jeunghan/Kim, Hakdong, Einzelne Schuldverhältnisse (Koreanisch: 채권각론 - Chaegwongakron), 7. Aufl., Seoul, 2006 (zit.: *Jeunghan Kim/Hakdong Kim*, Einzelne Schuldverhältnisse).

Kim, Junho, Lehrbuch des Zivilrechts: Theorien, Fälle und Rechtsprechung (Koreanisch: 민법강의: 이론, 사례, 판례 - Minbeobgangui: Iron, Sare, Pale), 25. Aufl., Paju, 2019 (zit.: *Junho Kim*, Zivilrecht).

Kim, Sangsu, Zivilprozessordnung (Koreanisch: 민사소송법 - Minsasosongbeob), 2. Aufl., Seoul, 2015 (zit.: *Sangsu Kim*, ZPO).

Kim, Sangyong, Vergleichsvertrag (Koreanisch: 화해계약 - Hwahaegeyak) in: DBvS, hrsg. von der Gesellschaft für Staatsprüfungen, 427. Band (1992), S. 57 - 71 (zit.: *Sangyong Kim*, DBvS 427 (1992), 57 ff.).

ders., Einzelne Schuldverhältnisse (Koreanisch: 채권각론 - Chaegwongakron), 3. Aufl., Goyang, 2016 (zit.: *Sangyong Kim*, Einzelne Schuldverhältnisse).

Kim, Taekmin, Allgemeine Grundsätze im Asiatischen Recht (Koreanisch: 동양법의 일반 원칙 - Dongyangbeobui Ilban Wonchik), Seoul, 2002 (zit.: *Taekmin Kim*, Allgemeine Grundsätze im Asiatischen Recht).

Klingmüller, Fritz, Causa und Schuldversprechen in: ZHR, begr. von L. Goldschmidt, hrsg. von K. Lehmann, 58. Band (1906), S. 152 - 193 (zit.: *Klingmüller*, ZHR 58 (1906), 152 ff.).

Klinke, Ulrich, Causa und genetisches Synallagma: Zur Struktur der Zuwendungsgeschäfte, Schriften zum Bürgerlichen Recht, Band 77, Dissertation, Berlin, 1983 (zit.: *Klinke*, Causa und genetisches Synallagma).

Krawielicki, Robert, Grundlagen des Bereicherungsanspruchs, Studien zur Erläuterung des bürgerlichen Rechts, begr. von Rudolf Leonhard, hrsg. von Franz Leonhard, Heft 56, Breslau, 1936 (Neudruck: Aalen, 1964) (zit.: *Krawielicki*, Grundlagen des Bereicherungsanspruchs).

Krüger, Wolfgang/Rauscher, Thomas (Hrsg.), Münchener Kommentar zur Zivilprozessordnung mit Gerichtsverfassungsgesetz und Nebengesetzen, Band 1, §§ 1 - 354, 6. Aufl., München, 2020 (zit.: *Bearbeiter* in: MüKo-ZPO).

ders., Münchener Kommentar zur Zivilprozessordnung mit Gerichtsverfassungsgesetz und Nebengesetzen, Band 2, §§ 355 - 945b, 6. Aufl., München, 2020 (zit.: *Bearbeiter* in: MüKo-ZPO).

Kübler, Friedrich, Feststellung und Garantie, Tübinger Rechtswissenschaftliche Abhandlungen, hrsg. von der Rechtswissenschaftlichen Abteilung der Rechts- und Wirtschaftswissenschaftlichen Fakultät der Universität Tübingen, Band 17, Habilitationsschrift, Tübingen, 1967 (zit.: *Kübler*, Feststellung und Garantie).

Larenz, Karl, Lehrbuch des Schuldrechts, Erster Band, Allgemeiner Teil, 14. Aufl., München, 1987 (zit.: *Larenz*, Schuldrecht Bd. I).

Lee, Deokhwan, Einzelne Schuldverhältnisse (Koreanisch: 채권각론 - Chaegwongakron), 1. Aufl., Seoul, 2010 (zit.: *Deokhwan Lee*, Einzelne Schuldverhältnisse).

Lee, Eunyeong, Einzelne Schuldverhältnisse (Koreanisch: 채권각론 - Chaegwongakron), 5. Aufl., Seoul, 2007 (zit.: *Eunyeong Lee*, Einzelne Schuldverhältnisse).

Lee, Jaejin, Das Verständnis des koreanischen Rechts (Koreanisch: 한국법의 이해 -Hangukbeobui Ihae), Seoul, 1998 (zit.: *Jaejin Lee*, Das Verständnis des koreanischen Rechts).

Lee, Seungil, Untersuchung von ostasiatischen Gewohnheitsrechten durch Japan und dessen Grundkonzeption für die Kolonialrechtssetzung: Über taiwanisches und koreanisches Gewohnheitsrecht (Koreanisch: 일제의 동아시아

구관조사와 식민지 법 제정 구상: 대만과 조선의 구관입법을 중심으로 - Iljeui Dongasia Gugwanjosawa Sikminji Beob Gusang: Daemangwa Joseonui Gugwanibbeobeul Jungsimeuro) in: EKG, hrsg. von der Gesellschaft für Erforschung der koreanischen Geschichte, 151. Band (2010), S. 271 - 307 (zit.: *Seungil Lee*, EKG 151 (2010), 271 ff.).

Lee, Siyun, Neues Zivilprozessrecht (Koreanisch: 신민사소송법 - Sinminsasosongbeob), 13. Aufl., Seoul, 2019 (zit.: *Siyun Lee*, Neues Zivilprozessrecht).

Lee, Taejae, Untersuchung der koreanischen Rechtsgeschichte in der frühen Neuzeit: Rezeption der westlichen Rechtstraditionen und Gesetzgebungsgeschichte (Koreanisch: 한국근대법사연구: 서양법사상의 계수와 입법사 - Hangukgeundaebeobsayeongu: Seoyangbeobsasangui Gesuwa Ibbeobsa) in: LSJ, hrsg. von Kyungpook National University Law School, 19. Band (1981), S. 1 - 13 (zit.: *Taejae Lee*, LSJ 19 (1981), 1 ff.).

Lehmann, Heinrich, Der Prozeßvergleich, Abhandlungen zum Privatrecht und Zivilprozess des Deutschen Reiches, hrsg. von Otto Fischer, 22. Band, 1. Heft, München, 1911 (zit.: *Lehmann*, Der Prozeßvergleich).

Lehmann, Heinrich/Hübner, Heinz, Allgemeiner Teil des Bürgerlichen Gesetzbuches, Lehrbücher und Grundrisse der Rechtswissenschaft, Erster Band, 16. Aufl., Berlin, 1966 (zit.: *Lehmann/Hübner*, AT des BGB).

Lenel, O., Nochmals die Lehre von der Voraussetzung in: AcP, hrsg. von Degenkolb, Franklin, Hartmann, Mandry und v. Kohlhaas, 79. Band (1892), S. 49 - 107 (zit.: *Lenel*, AcP 79 (1892), 49 ff.).

Lindacher, Walter F., Das „Schuldanerkenntnis“ an der Unfallstelle - LG Essen, NJW 1972, 1721 in: JuS, 1973, S. 79 - 82 (zit.: *Lindacher*, JuS 1973, 79 ff.).

Lüke, Gerhard, Betrachtungen zum Prozessrechtsverhältnis in: ZZP, hrsg. von Dieter Leipold, Karl Heinz Schwab und Rolf Stürner, 108. Band (1995), S. 427 - 454 (zit.: *Lüke*, ZZP 108 (1995), 427 ff.).

Manigk, Alfred, Anmerkung zu RG, Urt. v. 30.10.1930 - VIII ZR 396/30 in: JW, 1932, S. 1132 - 1134 (zit.: *Manigk*, JW 1932, 1132 ff.).

Marburger, Peter, Das kausale Schuldanerkenntnis als einseitiger Feststellungsvertrag, Neue Kölner Rechtswissenschaftliche Abhandlungen, hrsg. von der Rechtswissenschaftlichen Fakultät der Universität zu Köln, Heft 67, Dissertation, Berlin/New York, 1971 (zit.: *Marburger*, Das kausale Schuldanerkenntnis als einseitiger Feststellungsvertrag).

Martini, Hans, Zur Entstehung der Vergleichsgebühr (§ 23 BRAGebO) in: MDR, 1961, S. 731 - 736 (zit.: *Martini*, MDR 1961, 731 ff.).

Medicus, Dieter (Begr.)/Lorenz, Stephan (Fortf.), Schuldrecht I, Allgemeiner Teil, 22. Aufl., München, 2021 (zit.: *Medicus/Lorenz*, Schuldrecht I).

Möschel, Wernhard, Zweifelsfragen bei deklaratorischen Schuldanerkenntnissen in: DB, 1970, S. 913 - 920 (zit.: *Möschel*, DB 1970, 913 ff.).

Mugdan, Benno (Hrsg.), Die gesammten Materialien zum Bürgerlichen Gesetzbuch für das Deutsche Reich, Band II, Recht der Schuldverhältnisse, Berlin, 1899 (zit.: *Mugdan*, Die gesammten Materialien zum BGB für das Deutsche Reich Bd. II).

Mun, Junjo, Zur Methodik und Aufgabe der asiatischen Rechtswissenschaft (Koreanisch: 국내 아시아법제연구의 동향과 과제 - Gungnae Asiabeobjeyeonguui Donghyanggwa Gwaje) in: ALS, hrsg. von Korea Legislation Research Institute, 1. Band (2004), S. 59 - 77 (zit.: *Junjo Mun*, ALS 1 (2004), 59 ff.).

Mun, Junyeong, Die Entstehung von Gerichten und Staatsanwaltschaften: Geschichte des koreanischen Privatrechts (Koreanisch: 법원과 검찰의 탄생: 사법의 역사로 읽는 대한민국 - Beobwongwa Geomchalui Tansaeng: Sabeobui Yeoksaro Ikneon Daehanminguk), Seoul, 2010 (zit.: *Junyeong Mun*, Die Entstehung von Gerichten und Staatsanwaltschaften).

ders., Veränderungen des Justizsystems und bürgerliche Rechtsstreitigkeiten in der japanischen Kolonialzeit: Eine Analyse der Gerichtsverfahrensstatistiken (Koreanisch: 한말과 식민지시기 재판제도의 변화와 민사분쟁: 재판통계의 분석을 중심으로 - Hanmalgwa Sigminjisigi Jaepanjedoui Byeonhwawa Minsabunjaeng: Jaepantonggeui Bunseokeul Jungsimeuro) in: LHR, hrsg. von The Korean Society of Legal History, 46. Band (2012), S. 247 - 304 (zit.: *Junyeong Mun*, LHR 46 (2012), 247 ff.).

Musielak, Hans-Joachim/Voit, Wolfgang (Hrsg.), Zivilprozessordnung mit Gerichtsverfassungsgesetz, Kommentar, 19. Aufl., München, 2022 (zit.: *Bearbeiter* in: Musielak/Voit).

Nakano, Teiichiro, Das Prozessrechtsverhältnis in: ZZP, hrsg. von Rudolf Pohle und Karl Heinz Schwab, 79. Band (1966), S. 99 - 113 (zit.: *Nakano*, ZZP 79 (1966), 99 ff.).

Neuner, Jörg, Allgemeiner Teil des Bürgerlichen Rechts, begr. von Karl Larenz, 12. Aufl., München, 2020 (zit.: *Neuner*, AT des Bürgerlichen Rechts).

Niehues, Norbert, Rechtsverhältnis zwischen Person und Sache - eine Erwiderung auf Walther Hadding JZ 1986, 926 - in: JZ, 1987, S. 453 - 454 (zit.: *Niehues*, JZ 1987, 453 f.).

O, Siyeong, Zivilprozessordnung (Koreanisch: 민사소송법 - Minsasosongbeob), Seoul, 2004 (zit.: *Siyeong O*, ZPO).

Oertmann, Paul, Der Vergleich im gemeinen Civilrecht, Berlin, 1895 (zit.: *Oertmann*, Der Vergleich im gemeinen Civilrecht).

ders., Bürgerliches Gesetzbuch, Zweites Buch: Recht der Schuldverhältnisse, Zweite Abteilung §§ 433 bis 853, 5. Aufl., Berlin, 1929 (zit.: *Oertmann*, Recht der Schuldverhältnisse).

Pagenstecher, Max, Zur Lehre von der materiellen Rechtskraft, Berlin, 1905 (zit.: *Pagenstecher*, Zur Lehre von der materiellen Rechtskraft).

Park, Byeongho, Das Recht und der Rechtsgedanke in der Frühen Neuzeit (Koreanisch: 근세의 법과 법사상 - Geunseui Beobgwa Beobsasang), Seoul, 1996 (zit.: *Byeongho Park*, Das Recht und der Rechtsgedanke in der Frühen Neuzeit).

ders., Koreanische Rechtsgeschichte (Koreanisch: 한국법제사 - Hangukbeobjesa), Seoul, 2012 (zit.: *Byeongho Park*, Koreanische Rechtsgeschichte).

Park, Junseo (Hrsg.), Kommentar zum Zivilgesetzbuch (Koreanisch: 주석민법 - Juseokminbeob), Einzelne Schuldverhältnisse (5), § 703 - § 749, 3. Aufl., Seoul, 1999 (zit.: *Bearbeiter* in: ParkKo).

Park, Junseok, Beitrag zur Theorie von der ostasiatischen Rechtsphilosophie: Im Zusammenhang auf Rechtskodifikationen (Koreanisch: 동아시아 법철학론 소고: 법 계수의 문맥과 관련하여 - Dongasia Beobcheolhakron Sogo: Beob Gesuui Munmaekgwa Gwalyeonhayeo) in: LHR, hrsg. von The Korean Society of Legal History, 38. Band (2008), S. 177 - 201 (zit.: *Junseok Park*, LHR 38 (2008), 177 ff.).

Paul, Karl, Der Vergleich im Civilprozeß: Ein Beitrag zur Lehre von den Urteilssurrogaten, Leipzig, 1898 (zit.: *Paul*, Der Vergleich im Civilprozeß).

Pawlowski, Hans-Martin, Allgemeiner Teil des BGB, 7. Aufl., Heidelberg, 2003 (zit.: *Pawlowski*, AT des BGB).

ders., Rechtsgeschäftliche Folgen nichtiger Willenserklärungen (Amts- und Parteinichtigkeit von Rechtsgeschäften): Zum Verständnis von Privatautonomie und objektivem Recht, Göttinger Rechtswissenschaftliche Studien, hrsg. von der Juristischen Fakultät der Georg-August-Universität Göttingen, Band 57, Göttingen, 1966 (zit.: *Pawlowski*, Rechtsgeschäftliche Folgen nichtiger Willenserklärungen).

Pikart, H., Die Rechtsprechung des Bundesgerichtshofs zum außergerichtlichen und gerichtlichen Vergleich in: WM, 1967, S. 590 - 599 (zit.: *Pikart*, WM 1967, 590 ff.).

Prütting, Hanns/Wegen, Gerhard/Weinreich, Gerd (Hrsg.), BGB-Kommentar, 16. Aufl., Köln, 2021 (zit.: *Bearbeiter* in: PWW).

Reichsgerichtsräte-Kommentar, Das Bürgerliche Gesetzbuch mit besonderer Berücksichtigung der Rechtsprechung des Reichsgerichts und des Bundesgerichtshofes, Band II, 4. Teil, §§ 631 - 811, 12. Aufl., Berlin/ New York, 1978 (zit.: *Bearbeiter* in: RGRK).

Reinhardt, Rüdiger, Zur Vergleichsgebühr in Enteignungsangelegenheiten in: NJW, 1970, S. 697 (zit.: *Reinhardt*, NJW 1970, 697).

Reinicke, Dietrich, Das deklaratorische Schuldanerkenntnis: Zugleich eine Besprechung des BGH-Urteils VII ZR 83/67 v. 17.11.1969 in: NJW, 1970, S. 885 - 889 (zit.: *Reinicke*, NJW 1970, 885 ff.).

Rietsch, Karl Friedrich, Der besondere Voraussetzungstatbestand beim Vergleich, Berlin, 1906 (zit.: *Rietsch*, Der besondere Voraussetzungstatbestand beim Vergleich).

Ritzmann, Uve Jens, Über den Feststellungsvertrag, Dissertation, Hamburg, 1973 (zit.: *Ritzmann*, Über den Feststellungsvertrag).

Rösler, Hannes, Rechtsvergleichung als Erkenntnisinstrument in Wissenschaft, Praxis und Ausbildung in: JuS, 1999, S. 1084 - 1089 (zit.: *Rösler*, JuS 1999, 1084 ff.).

ders., Rechtsvergleichung als Erkenntnisinstrument in Wissenschaft, Praxis und Ausbildung (Fortsetzung) in: JuS, 1999, S. 1186 - 1191 (zit.: *Rösler*, JuS 1999, 1186 ff.).

Rümelin, M., Zur Lehre von den Schuldversprechen und Schuldanerkenntnissen des BGB in: AcP, hrsg. von Heck, M. Rümelin, Wendt, Bülow und v. Kohlhaas, 97. Band (1905), S. 211 - 360 (zit.: *Rümelin*, AcP 97 (1905), 211 ff.).

ders., Zur Lehre von den Schuldversprechen und Schuldanerkenntnissen des BGB (Fortsetzung) in: AcP, hrsg. von Heck, M. Rümelin, Wendt, Bülow und v. Kohlhaas, 98. Band (1906), S. 169 - 346 (zit.: *Rümelin*, AcP 98 (1906), 169 ff.).

Ryu, Changho, Die ostasiatische traditionelle Kultur und die Entwicklung des koreanischen Zivilrechts (Koreanisch: 동아시아의 문화전통과 한국 민법의 발전 - Dongasiaui Munhwajeontonggwa Hanguk Minbeobui Baljeon) in: ALS, hrsg. von Korea Legislation Research Institute, 3. Band (2005), S. 117 - 156 (zit.: *Changho Ryu*, ALS 3 (2005), 117 ff.).

Ryu, Seunghun, Vergangenheit, Gegenwart und Zukunft des koreanischen Zivilverfahrensrechts (Koreanisch: 한국 민사소송법제의 과거, 현재 그리고 미래 - Hanguk Minsasosongbeobjeui Gwageo, Hyeonjae Geurigo Mirae) in: SZ, hrsg. von der Gesellschaft der koreanischen Zivilrechtswissenschaft, 13. Band, 1. Teil (2005), S. 99 - 132 (zit.: *Seunghun Ryu*, SZ 13/1 (2005), 99 ff.).

Säcker, Franz Jürgen/Rixecker, Roland/Oetker, Hartmut/Limperg, Bettina (Hrsg.), Münchener Kommentar zum Bürgerlichen Gesetzbuch, Band 3, Schuldrecht - Allgemeiner Teil II, §§ 311 - 432, 9. Aufl., München, 2022 (zit.: *Bearbeiter* in: MüKo-BGB).

ders., Münchener Kommentar zum Bürgerlichen Gesetzbuch, Band 7, Schuldrecht - Besonderer Teil IV, §§ 705 - 853, Partnerschaftsgesellschaftsgesetz, Produkthaftungsgesetz, 8. Aufl., München, 2020 (zit.: *Bearbeiter* in: MüKo-BGB).

Schäfer, Alexander Maria, Das Abstraktionsprinzip beim Vergleich, Schriften zum deutschen und europäischen Zivil-, Handels- und Prozessrecht, hrsg. von F. W. Bosch, H. F. Gaul und O. Sandrock, Band 141, Dissertation, Bielefeld, 1992 (zit.: *Schäfer*, Das Abstraktionsprinzip beim Vergleich).

Schmidt, Herbert, Vergleichsgebühr bei einem „Vergleich“ in Enteignungsangelegenheiten? in: NJW, 1970, S. 229 - 230 (zit.: *Schmidt*, NJW 1970, 229 f.).

ders., Anmerkung zu BGH, Urt. v. 08.06.1972 - VII ZR 123/71 in: MDR, 1972, S. 1025 - 1026 (zit.: *Schmidt*, MDR 1972, 1025 f.).

Schnorr v. Carolsfeld, Ludwig, Beiträge zur Lehre vom Vergleich, Studien zur Erläuterung des bürgerlichen Rechts, begr. von Rudolf Leonhard, hrsg. von Franz Leonhard, 42. Heft, Breslau, 1929 (zit.: *Schnorr v. Carolsfeld*, Beiträge zur Lehre vom Vergleich).

Seo, Eulo, Die Rezeption des deutschen BGB in Korea (in deutscher Sprache) in: LJ, hrsg. von Ewha Womans University Law Research Institute, 10. Band, 2. Teil (2006), S. 125 - 143 (zit.: *Eulo Seo*, LJ 10/2 (2006), 125 ff.).

Shimada, Masao, Asiatische Rechtsgeschichte (Chinesisch: 東洋法史, Koreanisch: 아시아법사 - Asiabeobsa), hrsg. von Seongyeong Kim, (vom Japanischen) ins Koreanische übers. von Daehui Im, Wongil Park, Deokchan U und Gwangsu Lee, Seoul, 2000 (zit.: *Shimada*, Asiatische Rechtsgeschichte).

Soergel, Hs. Th. (Begr.)/Siebert, W. (Hrsg.), Soergel, Bürgerliches Gesetzbuch mit Einführungsgesetz und Nebengesetzen, Band 5/3, Schuldrecht 3/3, §§ 328 - 432, 13. Aufl., Stuttgart, 2010 (zit.: *Bearbeiter* in: Soergel).

ders., Soergel, Bürgerliches Gesetzbuch mit Einführungsgesetz und Nebengesetzen, Band 5/1, Schuldrecht IV/1, §§ 705 - 822, 12. Aufl., Stuttgart, 2007 (zit.: *Bearbeiter* in: Soergel, 12. Aufl.).

ders., Soergel, Bürgerliches Gesetzbuch mit Einführungsgesetz und Nebengesetzen, Band 11/2, Schuldrecht 9/2, §§ 759 - 779, 13. Aufl., Stuttgart, 2016 (zit.: *Bearbeiter* in: Soergel, 13. Aufl.).

Sim, Huigi, Die Rechtsgeschichtslehre Yeongsan Byeongho Parks (Koreanisch: 영산 박병호 교수의 법사학 세계 - Yeongsan Park Byeongho Gyosuui Beobsahak Sege) in: RUG, hrsg. von Forschungsorganisation für Recht und Gesellschaft, 14. Band, 1. Teil (1997), S. 135 - 175 (zit.: *Huigi Sim*, RUG 14/1 (1997), 135 ff.).

Song, Deoksu, Neues Lehrbuch des Zivilrechts (Koreanisch: 신민법강의 - Sinminbeobgangui), 12. Aufl., Seoul, 2019 (zit.: *Deoksu Song*, Zivilrecht).

Song, Hwaseon, Das Zivilgerichtsverfahren in Joseon (Koreanisch: 조선시대의 민사재판절차에 관한 소고 - Joseonsidaeui Minsajaepanjeolchae Gwanhan Sogo) in: AAMP, hrsg. von Changwon National University Graduate School of Business Administration, 3. Band (1994), S. 651 - 659 (zit.: *Hwaseon Song*, AAMP 3 (1994), 651 ff.).

Song, Sanghyeon, Zivilprozessrecht (Koreanisch: 민사소송법 - Minsasosongbeob), 4. Aufl., Seoul, 2004 (zit.: *Sanghyeon Song*, Zivilprozessrecht).

Song, Sanghyeon/Park, Ikhwan, Zivilprozessordnung (Koreanisch: 민사소송법 - Minsasosongbeob), 7. Aufl., Seoul, 2014 (zit.: *Sanghyeon Song/Ikhwan Park*, ZPO).

Stampe, Ernst, Das Causa-Problem des Civilrechts: Eine rechtspolitische Studie am § 365 B.G.B., Greifswald, 1904 (zit.: *Stampe*, Das Causa-Problem des Civilrechts).

ders., Causa und abstrakte Geschäfte: Eine Grundlegung für das Verständnis der §§ 780 - 782 des B.GB. in: ZHR, begr. von L. Goldschmidt, hrsg. von H. Keyßner und K. Lehmann, 55. Band (1904), S. 387 - 416 (zit.: *Stampe*, ZHR 55 (1904), 387 ff.).

v. Staudinger, Julius (Begr.), Kommentar zum Bürgerlichen Gesetzbuch mit Einführungsgesetz und Nebengesetzen, Buch 2, Recht der Schuldverhältnisse, §§ 765 - 778 (Bürgschaft), Berlin, 2020 (zit.: *Bearbeiter* in: Staudinger).

ders., Kommentar zum Bürgerlichen Gesetzbuch mit Einführungsgesetz und Nebengesetzen, Buch 2, Recht der Schuldverhältnisse, §§ 779 - 811, Berlin, 2015 (zit.: *Bearbeiter* in: Staudinger, 2015).

ders., Kommentar zum Bürgerlichen Gesetzbuch mit Einführungsgesetz und Nebengesetzen, Buch 3, Sachenrecht, §§ 925 - 931; Anhang zu §§ 929 ff: Sicherungsübereignung; §§ 932 - 984 (Erwerb und Verlust des Eigentums), Berlin, 2020 (zit.: *Bearbeiter* in: Staudinger).

Stein, Friedrich/Jonas, Martin (Hrsg.), Kommentar zur Zivilprozessordnung, Band 1, Einleitung, §§ 1 - 40, 22. Aufl., Tübingen, 2003 (zit.: *Bearbeiter* in: Stein/Jonas).

ders., Kommentar zur Zivilprozessordnung, Band 7, §§ 704 - 827, 22. Aufl., Tübingen, 2002 (zit.: *Bearbeiter* in: Stein/Jonas).

Strohal, E. (Hrsg.), Planck‘s Kommentar zum Bürgerlichen Gesetzbuch nebst Einführungsgesetz, II. Band, 2. Hälfte, Recht der Schuldverhältnisse (Besonderer Teil), 4. Aufl., Berlin/Leipzig, 1928 (zit.: *Bearbeiter* in: Planck).

Strohe, Karl-Heinz, Die gebührenrechtliche Problematik des außergerichtlichen Vergleichs gemäß § 779 BGB, dargestellt am Beispiel der Regulierungspraxis von KFZ-Haftpflichtschäden, Dissertation, Köln, 1976 (zit.: *Strohe*, Die gebührenrechtliche Problematik des außergerichtlichen Vergleichs gemäß § 779 BGB).

Stürner, Rolf (Hrsg.), Jauernig Bürgerliches Gesetzbuch Kommentar, 18. Aufl., München, 2021 (zit.: *Bearbeiter* in: Jauernig).

Sturm, August, Die Lehre vom Vergleiche nach Gemeinem und Preußischem Rechte unter Berücksichtigung des Entwurfs eines Bürgerlichen Gesetzbuchs für das Deutsche Reich: Eine Monographie, Berlin, 1889 (zit.: *Sturm*, Die Lehre vom Vergleiche nach Gemeinem und Preußischem Rechte unter Berücksichtigung des Entwurfs eines Bürgerlichen Gesetzbuchs für das Deutsche Reich).

Tägert, Hans, Beiträge zur Theorie des Feststellungsvertrages, Studien zur Erläuterung des bürgerlichen Rechts, begr. von Rudolf Leonhard, hrsg. von Franz Leonhard, 53. Heft, Breslau, 1934 (zit.: *Tägert*, Beiträge zur Theorie des Feststellungsvertrages).

Tempel, Otto, Der Prozessvergleich - Die Bedeutung seiner Rechtsnatur für den Abschluss und seine Wirkungen in: Festschrift für Gerhard Schiedermair zum 70. Geburtstag, hrsg. von Gerhard Lüke und Othmar Jauernig, 1. Aufl., München, 1976, S. 517 - 543 (zit.: *Tempel* in: FS für Schiedermair, 517 ff.).

Thomas, Heinz/Putzo, Hans (Begr.), Zivilprozessordnung, FamFG, EGZPO, GVG, EGGVG, EU-Zivilverfahrensrecht, Kommentar, fortgef. von Klaus Reichold, Rainer Hüßtege, Christian Seiler und Carl Friedrich Nordmeier, 43. Aufl., München, 2022 (zit.: *Bearbeiter* in: Thomas/Putzo).

Titze, Heinrich, Bürgerliches Recht: Recht der Schuldverhältnisse, Enzyklopädie der Rechts- und Staatswissenschaft, hrsg. von E. Kohlrausch und H. Peters, 4. Aufl., Berlin/Göttingen/Heidelberg, 1948 (zit.: *Titze*, Bürgerliches Recht).

v. Tuhr, Andreas, Der Allgemeine Teil des Deutschen Bürgerlichen Rechts, Systematisches Handbuch der Deutschen Rechtswissenschaft, hrsg. von Karl Binding, Zehnte Abteilung, Erster Teil, Erster Band, Leipzig, 1910 (Nachdruck: Berlin, 1957) (zit.: *v. Tuhr*, Der AT des Deutschen Bürgerlichen Rechts Bd. I).

ders., Der Allgemeine Teil des Deutschen Bürgerlichen Rechts, Systematisches Handbuch der Deutschen Rechtswissenschaft, hrsg. von Karl Binding, Zehnte Abteilung, Erster Teil, Zweiter Band, Erste Hälfte, München/Leipzig, 1914 (Nachdruck: Berlin, 1957) (zit.: *v. Tuhr*, Der AT des Deutschen Bürgerlichen Rechts Bd. II/1).

ders., Der Allgemeine Teil des Deutschen Bürgerlichen Rechts, Systematisches Handbuch der Deutschen Rechtswissenschaft, hrsg. von Karl Binding, Zehnte Abteilung, Erster Teil, Zweiter Band, Zweite Hälfte, München/Leipzig, 1918 (Nachdruck: Berlin, 1957) (zit.: *v. Tuhr*, Der AT des Deutschen Bürgerlichen Rechts Bd. II/2).

Veeser, Kristin, Der vollstreckbare Anwaltsvergleich, Prozessrechtliche Abhandlungen, hrsg. von Hanns Prütting, Heft 95, Köln/Berlin/Bonn/München, 1996 (zit.: *Veeser*, Der vollstreckbare Anwaltsvergleich).

Wassermann, Rudolf (Gesamt-hrsg.), Reihe Alternativkommentare, Kommentar zum Bürgerlichen Gesetzbuch, Band 3, Besonderes Schuldrecht, §§ 433 - 853, Neuwied/Darmstadt, 1979 (zit.: *Bearbeiter* in: AK).

Weitnauer, Hermann, Zwischenbilanz im Bereicherungsrecht: Zugleich eine Besprechung von Reuter/Martinek, Ungerechtfertigte Bereicherung in: DB, 1984, S. 2496 - 2501 (zit.: *Weitnauer*, DB 1984, 2496 ff.).

ders., Nochmals: Zum causa-Problem im Zivilrecht in: JZ, 1985, S. 555 - 558 (zit.: *Weitnauer*, JZ 1985, 555 ff.).

Westermann, Harm Peter, Die causa im französischen und deutschen Zivilrecht, Neue Kölner Rechtswissenschaftliche Abhandlungen, hrsg. von der Rechtswissenschaftlichen Fakultät der Universität zu Köln, Heft 53, Berlin, 1967 (zit.: *Westermann*, Die causa im französischen und deutschen Zivilrecht).

Westermann, Harm Peter/Grunewald, Barbara/Maier-Reimer, Georg (Hrsg.), Erman, Bürgerliches Gesetzbuch, Handkommentar mit AGG, EGBGB (Auszug), ErbbauRG, LPartG, ProdHaftG, VBVG, VersAusglG und WEG, Band II, 16. Aufl., Köln, 2020 (zit.: *Bearbeiter* in: Erman).

Windscheid, Bernhard/Kipp, Theodor, Lehrbuch des Pandektenrechts, Band 2, 9. Auflage, Frankfurt a. M., 1906 (2. Neudruck: Aalen, 1984) (zit.: *Windscheid/Kipp*, Lehrbuch des Pandektenrechts Bd. II).

Wolf, Ernst, Lehrbuch des Schuldrechts, Zweiter Band: Besonderer Teil, 1. Aufl., Köln/Berlin/Bonn/München, 1978 (zit.: *Wolf*, Schuldrecht Bd. II).

Yang, Byeonghoe, Lehrbuch des Zivilprozessrechts: Erkenntnisverfahren (Koreanisch: 민사소송법강의 - Minsasosongbeobgangui), 6. Aufl., Seoul, 2017 (zit.: *Byeonghoe Yang*, Zivilprozessrecht).

Yang, Changsu, Erforschung des Zivilrechts (Koreanisch: 민법연구 - Minbeobyeongu), 3. Band, Seoul, 1995 (zit.: *Changsu Yang*, Erforschung des Zivilrechts Bd. III).

Zeiler, Anspruchsverjährung und Schuldanerkenntnis in: AcP, hrsg. von Heck, M. Rümelin, Wendt, 103. Band (1908), S. 461 - 470 (zit.: *Zeiler*, AcP 103 (1908), 461 ff.).

Zeuner, Albrecht, Überlegungen zum Begriff des Rechtsverhältnisses i. S. von § 256 ZPO in: Festschrift für Ekkehard Schumann zum 70. Geburtstag, hrsg. von Peter Gottwald und Herbert Roth, Tübingen, 2001, S. 595 - 611 (zit.: *Zeuner* in: FS für Schumann, 595 ff.).

Zitelmann, Ernst, Das Recht des Bürgerlichen Gesetzbuchs: Allgemeiner Teil, Leipzig, 1900 (zit.: *Zitelmann*, Das Recht des BGB).

Zöller, Richard (Begr.), Zöller Zivilprozessordnung Kommentar, 34. Aufl., Köln, 2022 (zit.: *Bearbeiter* in: Zöller).

Zweigert, Konrad/Kötz, Hein, Einführung in die Rechtsvergleichung auf dem Gebiete des Privatrechts, Band I: Grundlagen, 2. Aufl., Tübingen, 1984 (zit.: *Zweigert/Kötz*, Einführung in die Rechtsvergleichung auf dem Gebiete des Privatrechts Bd. I, 2. Aufl.).

ders., Einführung in die Rechtsvergleichung: auf dem Gebiete des Privatrechts, 3. Aufl., Tübingen, 1996 (zit.: *Zweigert/Kötz*, Einführung in die Rechtsvergleichung, 3. Aufl.).

www.ingramcontent.com/pod-product-compliance
Ingram Content Group UK Ltd.
Pitfield, Milton Keynes, MK11 3LW, UK
UKHW021937290926
8980IPUK00016B/1679

9 783631 879757